Cyrano de Bergerac Romancier

Cyrano de Bergerac Romancier

Par Jacques Prévot
Ancien élève de l'École
Normale Supérieure
Docteur ès Lettres.

Librairie Belin 8, rue Férou - 75278 Cedex 06

© Librairie Classique Eugène Belin 1977   ISBN 2-7011-0297-9

L'Autre Monde est l'aboutissement d'une œuvre brève, mais particulièrement stimulante, dans laquelle se dessine le caractère complexe d'un écrivain dont le mal-être personnel et les convictions libertines se conjuguent pour donner naissance à des textes où l'acte d'écrire, d'abord conçu comme moyen de se poser dans le refus, ouvre la porte à l'imaginaire et se tend contradictoirement entre le pédagogique et le poétique.

L'interrogation épistémologique (sur le Savoir, et sur la Science) et le désir violent d'échapper au monde réel déterminent le choix du genre littéraire : le roman de voyage interplanétaire, et lui donnent sa double dimension philosophique et lyrique. Qui a lu les *Lettres* ou *La Mort d'Agrippine* ne s'en étonnera pas.

L'œuvre romanesque de Cyrano de Bergerac se compose du récit de deux voyages interplanétaires, l'un dans la Lune, l'autre dans le Soleil, généralement présenté sous le titre de *L'Autre Monde* ou *Les Voyages Extraordinaires.* Cette œuvre n'a pas connu moins d'aventures que *Les Entretiens Pointus,* les *Lettres,* son théâtre, ou ces *Mazarinades* si dispersées que d'aucuns doutent encore qu'elles soient effectivement de sa main — bien à tort, croyons-nous. Elle a même le triste privilège, pour la première moitié, *Les Estats et Empires de la Lune,* d'avatars posthumes que l'amicale piété de Lebret a fait subir à un texte qu'il jugeait peut-être trop audacieux, ou trop éprouvant pour les esprits de son temps.

En effet Cyrano étant mort avant d'avoir fait publier son roman, Lebret s'institua son légataire littéraire et entreprit avec Charles de Sercy la publication des *Estats et Empires de la Lune.* Lachèvre a établi de manière définitive et indiscutable[1] que la première édition de ce texte qui avait reçu « Privilège du Roy... le 23ᵉ jour de Decembre 1656 » fut « achevé(e) d'imprimer le 29 Mars 1657 ». Il fut de nombreuses fois réédité sous cette forme : roman d'ampleur moyenne, d'esprit ingénieux, et somme toute modérément irrespectueux des usages et de l'idéologie régnante, plutôt en marge et extravagant que foncièrement dangereux pour l'ordre moral établi. On comprend alors que ce roman ait intéressé, mais non passionné, les lecteurs de toutes les générations.

Or ce n'était là qu'un texte tronqué, censuré. Déjà Brun, dans sa thèse[2], parle du « manuscrit, parvenu en 1890 à la Bibliothèque Nationale », et en ébauche l'analyse. Puis en 1910, Leo Jordan publie à Dresde un texte sensiblement plus long que celui de 1657, « d'après, dit-il, le manuscrit de Paris et celui de Munich, ainsi que d'après l'édition de 1659[3] ». Ce texte comblait la plupart des

1. Il faut lui reconnaître ce mérite. Dans *Mélanges*, Paris, 1920, Paul Lacroix et Cyrano de Bergerac, L'Édition Originale du *Voyage dans la Lune.*
2. *Savinien de Cyrano Bergerac* Paris, 1893, p. 250.
3. *Gesellschaft für romanische Literatur*, Band 23. Dresden 1910.

lacunes — marquées par des points de suspension — de l'édition de Lebret. Enfin en 1921 Lachèvre publiait le texte intégral du Manuscrit de Paris, dans sa série : *Le Libertinage au XVIIᵉ siècle,* avec le commentaire suivant :

> « Le manuscrit de Paris est préférable à celui de Munich pour la correction de son texte et aussi parce qu'il est plus complet. Le Manuscrit de Munich a été l'œuvre, soit d'un copiste maladroit ou peu attentionné qui ne comprenait guère son auteur, soit d'un étranger connaissant imparfaitement notre langue [1] » ;

ainsi s'expliquait qu'il existât deux manuscrits des *Estats et Empires de la Lune.*

Le Manuscrit de Paris figure à la Bibliothèque Nationale au numéro 4558 des nouvelles acquisitions, « Don de M. Deullin qui l'avait acquis en 1861 à la vente Monmerqué ». Il porte le titre de *L'autre monde ou les estats et empires de la lune.* En tête du manuscrit, Monmerqué avait écrit cette note :

> « Ce livre a été imprimé dans les *Œuvres de Cyrano de Bergerac* (t. I, p. 288, édition d'Amsterdam, 1710), mais avec de grands retranchements que la hardiesse du livre et plus souvent son impertinence nécessitoient. »

On ne saurait plus clairement dire.

---

1. *Op. cit.* p. 1, note.

PRÉLIMINAIRES

Les Problèmes

Il s'en pose de difficiles, et peut-être d'insolubles.

1) En ce qui concerne *Les Estats et Empires de la Lune*, on ne saura jamais quel texte l'auteur aurait livré à l'impression. Dans son édition, Lachèvre indique bien certaines corrections de Cyrano, ce qu'il appelle des « atténuations »; mais outre que nous ne sommes pas sûrs qu'elles soient de sa main, nous ne pouvons même supposer que le romancier se serait borné à ces modifications.

2) Le cas des *Estats et Empires du Soleil* fait énigme. Premièrement on n'en possède point de manuscrit. Deuxièmement ce récit, qui complète celui du *Voyage dans la Lune*, surgit brusquement et on ne sait d'où dans les *Nouvelles Œuvres de Cyrano*, publiées par Charles de Sercy le 7 janvier 1662, précédé d'une longue préface d'on ne sait qui — pour certains, de J. Rohault —. Faut-il faire confiance à l'éditeur? de qui tient-il ce texte? qui nous dit non seulement que le texte original de Cyrano a bien été respecté, mais même qu'il s'agit d'un texte de Cyrano? Ne faut-il pas relever des faits troublants : modifications de manière, de style, d'esprit, ou surtout de perspectives scientifiques? n'est-il pas inquiétant que l'auteur des *Estats et Empires de la Lune* fasse tourner la terre à l'endroit [1], et que celui des *Estats et Empires du Soleil* la fasse tourner à l'envers [2]? On pourrait craindre qu'il ne s'agisse d'une habile mystification, si — argument irréfutable — l'absence de protestation de Lebret et des amis de Cyrano ne témoignait en faveur de l'authenticité de l'œuvre, peut-être corrigée par autrui, mais à coup sûr conçue par l'auteur des *Estats et Empires de la Lune*.

3) Tout de même il faudra rendre compte des différences entre

---

1. Puisqu'il retombe au Canada.
2. O. C. Belin, p. 446. C'est à cette édition, la seule complète et récente, que nous renverrons le lecteur.

les deux voyages, les expliquer de l'intérieur; se demander si, comme le pensait Brun, ils ne forment qu'un seul roman en deux parties, ou au contraire deux récits distincts.

4) Mais la plus grande difficulté, à notre avis, réside dans l'appréciation et l'interprétation des textes. Il faut mettre un terme à des lectures partielles ou tendancieuses qui visent à réduire *L'Autre Monde* à un seul de ses aspects ou à un seul de ses éléments. Cela nécessite un « luxe de précautions », un surcroît d'efforts pour replacer l'œuvre dans la philosophie et la science de son temps, de la sensibilité à l'ironie de l'auteur, à son goût de la parodie comme à son esprit de sérieux et à son sens critique. Cela implique que l'on n'oublie jamais que l'on se trouve devant un roman, et un roman de voyage donc d'éducation, non devant l'exposé dogmatique et tout à trac de convictions personnelles.

Nous voudrions, avant d'entreprendre notre étude proprement dite, donner un exemple de lecture apparemment convaincante, et en fait entachée gravement d'erreur. Dans un petit livre, par ailleurs bien documenté quoique parfois tendancieux jusqu'au dénigrement, un commentateur récent de Cyrano croit pouvoir déduire le matérialisme de Cyrano d'une analyse sommaire du mot « âme » dans le texte des *Voyages* : l'âme serait matérielle comme le feu, elle serait simplement ce qui forme et in-forme le corps et la matière, donc un « principe non spirituel [1] ». Cette lecture — qui n'est pas de peu d'importance, on s'en doute — découle d'une méconnaissance et d'une insouciance du vocabulaire du temps. En effet il suffit de se reporter au dictionnaire de Furetière pour comprendre que, beaucoup plus que de notre temps, le substantif « âme » avait alors une multiplicité de sens qui ne s'excluaient nullement l'un l'autre, et dont certaines définitions coïncident presque mot à mot avec les propos des personnages de Cyrano.

> « Ame. Forme substantielle qui rend les corps vivants... se dit plus particulièrement de ce qui fait vivre les végétaux et les animaux... Les Cartesiens definissent l'ame de l'homme, une substance qui pense : et c'est pour cette seule qualité qu'ils croyent qu'on peut prouver sa spiritualité et son immortalité. A l'égard de celle des bêtes, ils disent... que leur ame est une substance subtile et agissante qui participe de la nature du feu, et qui est la source des esprits vitaux... [2] »

Néanmoins, si l'on a beaucoup écrit sur *L'Autre Monde*, la plupart de ces commentaires sont intéressants, intelligents, éclairent un point, fournissent une hypothèse féconde, enrichissent ou

---

1. Madeleine Alcover, *La pensée philosophique et scientifique de Cyrano de Bergerac.* Droz, Paris-Genève, 1970, p. 105, p. 130 ou p. 169.
2. Dans le texte de Cyrano, O. C. Belin, p. 445, le mot « âme » est d'ailleurs clairement entendu dans un de ses sens restrictifs, puisqu'il répond à l'expression « humide radical » que Furetière définit comme « une certaine humeur qu'on croit estre la première en chaque chose, et qui est le principe de la vie et la cause de sa durée ».

orientent toute lecture possible. Comment lire, aujourd'hui, de nouveau, de manière judicieuse ?

La genèse

Brun, en trois pages de sa thèse [1], fait une liste « complète » des prédécesseurs de Cyrano, de tous les auteurs et ouvrages qui ont pu lui inspirer la rédaction de *L'Autre Monde*. D'Antonin Diogène à Francis Godwin, nombreux sont en effet les écrivains qui ont considéré la possibilité, souvent de manière pittoresque, de voyages extraordinaires et dans l'espace extra-terrestre. Tous ne présentent pas pour notre étude le même intérêt. P. Toldo [2] avait peut-être raison de rappeler que l'Arioste avait envoyé Astolphe dans la Lune et d'indiquer quelques similitudes de détail entre l'œuvre italienne et la française ; mais cela ne porte guère à conséquence. Il est vrai que P. Leloyer avait dans un texte publié en 1579, *la Néphélococugie*, « enfourché l'escarbot d'Aristophane et égaré la farce au milieu des nues », ou que Rabelais avait peuplé l'Ile Sonnante d'oiseaux comme Aristophane un royaume. Rapprochements peu fertiles cependant que ceux-là, parfois même douteux ; inutiles.

D'autres, au contraire, sont sérieux et peuvent éclairer l'esprit de l'œuvre. Parmi les Anciens on retiendra Lucien, le Lucien de *l'Histoire Véritable* [3], dont le récit en bien des points annonce celui de Cyrano — outre la fine ironie du grec et son sens de la parodie, que l'on retrouve chez le français —; notons, dans l'ordre de lecture, mais sans insister : le récit à la première personne, la montée dans les nues, l'arrivée dans une « île brillante », une réflexion d'astronaute comme : « On voyait encore au-dessous une autre terre... celle que nous habitons ordinairement », l'invention des Hippogypes — oiseaux comparables au « Condur des amants » —, la capture des voyageurs amenés devant le roi et qui préfigure les nombreuses captures de Dyrcona, le séjour lunaire (« ce pays était la Lune »), l'affirmation que le soleil est habité (« Phaéton, roi du soleil, car cet astre est habité aussi bien que la Lune »), le rôle des oiseaux et des insectes confondus en un même ensemble, la façon de se nourrir des Séléniens : « ils avalent à longs traits de la fumée qui s'exhale de leur rôti », qui ainsi « ne rendent ni urine ni excrément », des considérations cocasses et burlesques sur la génération, l'escale dans l'Ile des Bienheureux, lieu de délices qui pourrait faire penser à l'atterrissage de Dyrcona au Paradis Terrestre ; ajoutons à cela une volonté de moquerie à l'égard des philosophes qui se prennent au sérieux, fort semblables aux aristotéliciens de

---

1. Op. cit, pp. 281-283.
2. In *Revue des Études Rabelaisiennes* 4 (1906) pp. 295-335, et 5 (1907) pp. 24-44.
3. Mais aussi l'auteur de *Icaroménippe ou le Voyage au-dessus des nues*.

Cyrano, et enfin l'utilisation d'un procédé analogue à celui que Cyrano utilisera fréquemment et qui consiste à expliquer un fait mythologique ou légendaire par quelque récit fictif. Bref ces courtes considérations témoignent d'une relative parenté des deux œuvres, en dépit des siècles et de différences évidemment radicales. Si les rapports de l'*Histoire Véritable* et de *L'Autre Monde* ont été depuis longtemps établis par les commentateurs, il est un écrivain antérieur à Lucien même qui a pu tout autant influencer Cyrano, et dont cependant la critique n'a jusqu'à présent jamais cité le nom : Plutarque. Cyrano a lu Plutarque, dans la traduction de J. Amyot, peut-être dans la nouvelle édition de 1618 [1]. Passons sur le fait que c'est Plutarque qui, dans son dialogue « Lesquels des animaux sont les plus intelligents, les animaux terrestres ou les animaux marins ? », indique que l'ibis (confondu avec la cigogne au xviie s.), symbole de la reconnaissance et de piété filiale, a appris aux hommes l'usage des lavements (« clystères »), idée reprise par Cyrano dans le *Soleil* [2]. Mais n'est-il pas vraisemblable qu'il a connaissance de ce dialogue et du suivant (« De ce que les bêtes usent de raison ») lorsqu'il compose la seconde partie de ses *Voyages* et qu'il y pose le problème de l'intelligence animale ? Comment donc ne pas supposer qu'il a lu également le dialogue « De la face qui apparoist dedans le rond de la Lune » ? Nous pouvons en effet y remarquer des traits que nous retrouverons tant dans la *Lune* que dans le *Soleil* [3] :

1) Lamprias, le narrateur, s'écrie à un moment : « Car le tout ou l'univers est infiny, et à l'infiny qui n'a ne commencement ny fin, il n'est point convenable qu'il y ait de milieu. » Affirmation essentielle dans un dialogue qui porte sur l'astronomie, et les réalités de l'Univers.

2) Le même, qui tient pour un finalisme au nom de l'harmonie universelle, ajoute : « Aussy est-il vraysemblable que le monde s'il est un animal... »

3) Comme chez Parménide, Empédocle ou Anaxagore, la Lune se contente de réfléchir les rayons du Soleil.

4) C'est l'action de la lumière sur l'air et les matières qui provoque les couleurs, changeantes indéfiniment.

5) Le narrateur encore : « ... et pourtant ne pensons pas pécher en supposant que la Lune soit une terre. »

6) Théon, ne voyant point la possibilité d'habitants sur la Lune et s'interrogeant sur leur nourriture, déclare : « Quant à celle racine indienne que dit Megasthenes, que certain peuple des Indiens qui n'ont point de bouche, dont ils sont appelez Astomes, et ne mangent ny ne boivent point, font brusler et fumer, et en vivent de l'odeur du parfum... »

7) C'est la Lune qui produit les marées.

8) Lamprias raisonne par analogie pour démontrer que la Lune

---

1. Chez Claude Morel, Paris.
2. O. C. Belin, p. 478.
3. L'ordre d'exposition que nous suivons est celui du dialogue.

est peut-être habitée, que ses habitants sont différents de nous, et que ce sont plutôt eux qui nous regardent avec étonnement et

« s'émerveillent, voyant la terre qui est comme la lye, et la vase du monde, leur apparoissant à travers des nuées et brouillas humides, petit lieu, bas et abject, et immobile, sans clarté ny lumière quelconque, si cela petit peut produire, nourir et entretenir des animaux qui aient mouvement, respiration, chaleur... »

9) Enfin, pour Sylla la Lune est le lieu des âmes vertueuses, des génies, des Démons. Il élabore un très beau mythe sur la séparation du corps, de l'âme, et de l'entendement. L'âme, principe vital, quitte la terre, passe dans la région intermédiaire, monte vers la Lune. L'âme qui séjourne dans la Lune peut sous l'action de celle-ci ré-informer un corps. Quant à l'entendement, il aspire au Soleil. « Le soleil ne prend rien, il reprend et reçoit l'entendement qu'il a donné ». Dans la Lune donc, l'âme ou se dissout ou cherche par sensualité et passion à joindre un nouveau corps et retourne sur terre ; en tout cas elle se distingue nettement de l'intelligence-entendement dont les aspirations sont solaires.

Ce dialogue, très riche, a fourni à Cyrano, plus encore que des idées précises, une série de thèmes de réflexion, proches de ses préoccupations du moment, et peut-être affermi son projet de procéder dans L'Autre Monde par une suite de rencontres-conversations.

Beaucoup plus près de lui, Sorel, dont nous savons qu'il était un assidu lecteur, a pu par l'une ou l'autre de ses boutades mettre en branle l'imagination de Cyrano. Émile Roy relève avec exactitude les emprunts probables du plus jeune à son aîné [1], parmi lesquels il faut retenir en premier lieu cette déclaration d'Hortensius :

« Vous savez que quelques sages ont tenu qu'il y avait plusieurs mondes ; les uns en mettent dedans les planètes, les autres dans les étoiles fixes ; et moi, je crois qu'il y en a un dans la lune. Ces taches, que l'on voit dans sa face quand elle est pleine, je crois, pour moi, que c'est la terre, et qu'il y a des cavernes, des forêts, des îles, et d'autres choses, qui ne peuvent pas éclater ; mais que, les lieux qui sont resplendissants, c'est où la mer, qui étant claire, reçoit la lumière du soleil, comme la glace d'un miroir. Eh! que pensez-vous ? Il en est de même de cette terre où nous sommes ; il faut croire qu'elle sert de lune à cet autre monde. Or ce qui parle des choses qui se sont faites ici est trop vulgaire ; je veux décrire des choses qui soient arrivées dans la lune ; je dépeindrai les villes qui y sont et les mœurs de leurs habitants, etc... »

1. La Vie et les Œuvres de Charles Sorel. Paris, 1891. Pp. 383-387.

Ailleurs [1] Hortensius ébauche le thème de la cironalité repris par
Cyrano et Pascal. D'autres emprunts de détail attestent que Cyrano
se souvient de traits de *Francion* ou du *Berger Extravagant*.

Il est probable que Cyrano, même s'il ne lisait pas l'anglais, n'a
pas ignoré l'intérêt des deux ouvrages successifs de John Wilkins :
*Discovery of a New World, or a Discourse tending to prove that it is
probable there may be another habitable Wolrd in the Moon* (Londres 1638), et *Discourse concerning a New Planet; tending to prove
that it is probable our Earth is one of the Planets* (Londres 1640).

Enfin, il introduit dans son propre voyage dans la Lune le
personnage principal d'un roman de Godwin, Domingo Gonsales.
Si, comme on est fondé à le penser, Cyrano a écrit *Les Estats et
Empires de la Lune* entre 1643 et 1648, il n'est pas douteux qu'il a eu
vaguement connaissance du texte de Godwin, *The Man in the moone,
or a Discourse of a Voyage thither*, dans l'édition londonienne de
1638, et non dans la traduction française de 1648. La chose est
d'autant plus vraisemblable qu'il n'y a guère de points communs
entre les deux romans, et que Cyrano modifie même totalement
le personnage et le discours de Gonsales.

De cette courte revue il résulte que Cyrano n'a inventé ni le
voyage spatial, ni l'idée que la Lune et le Soleil sont habités. Ces
thèmes littéraires sont du domaine public. Et des philosophes
comme La Mothe le Vayer, Gassendi montrent de la curiosité
pour eux. Les découvertes astronomiques ont fait reculer les frontières du possible. La pensée de Kepler, G. Bruno, Galilée, va
nourrir profondément le génie de Cyrano; mais il faut garder pour
plus tard l'étude de ces influences scientifiques ou philosophiques
qui dépasse de beaucoup celle des sources immédiates.

En revanche nous dirons que nous ne croyons pas que l'*Utopie*
de Thomas More ait inspiré Cyrano. Pour quelques points de
rencontre comme le respect de l'individu (« Tous les biens que l'on
peut posséder ne sauraient, mis ensemble, égaler la vie humaine »,
dit Raphaël), le projet de supprimer l'argent (dans la Lune Cyrano
lui substitue une monnaie poétique) [2], quelques coups de griffes
contre les scolastiques, et le goût des Utopiens (comme des Sélé-
nites) pour des conversations portant sur des sujets sérieux de
morale par exemple, que de différences! More, pour l'essentiel,
fait une critique directe des conditions de vie, économiques et
sociales, de son temps, s'intéresse aux problèmes concrets, et porte
sur le monde un regard d'administrateur, non de philosophe. Son
roman est un ouvrage de réflexion et de science politiques, au sens
commun des termes. Il n'est d'ailleurs pas sans préjugés : les Utopiens condamnent bien la guerre en général, mais reconnaissent
des guerres justes, et font l'éloge de la ruse; ils proclament la
tolérance religieuse, mais quiconque récuse les dogmes de l'immortalité de l'âme, du Jugement Dernier, ou d'une Providence qui
gouverne le monde, est immédiatement déchu de ses droits de

---

1. Au début du livre XI, deux pages plus loin que le passage cité précédemment.
2. L'idée est de Sorel. *Francion*, livre XI.

citoyen. Les Séléniens de Cyrano sont d'une autre trempe, et ses textes d'une autre portée.

Le monde de la Lune ni celui du Soleil ne sont des mondes où l'on travaille. Or c'est l'absence du travail et de la description des peuples au travail qui au premier chef différencie le roman de Cyrano de toute utopie. Car, plus qu'aucun autre genre littéraire, l'utopie est un essai d'introduction de la justice dans l'établissement des conditions économiques et sociales, et dans la distribution des tâches quotidiennes. Aussi, contrairement à ce qui a été trop souvent soutenu, n'y a-t-il que des rapports accidentels entre la *Cité du Soleil* de Campanella — cité bien terrestre [1] et sublimation de monastère — et *Les Estats et Empires de la Lune* ou *du Soleil*. Lorsque Campanella apparaît au détour d'une phrase dans *la Lune*, ou corps sublimé dans le Soleil, c'est le Campanella du *De Sensu Rerum*, le philosophe sensualiste, qui expose lui-même ses théories. Cyrano l'a lu, comme il a lu Descartes, et Montaigne, et Bruno, et tant d'autres.

Il faut en effet souligner dans le roman de Cyrano l'importance du Livre, et la fonction de la lecture. A l'origine du voyage dans la Lune il y a le livre mystérieusement ouvert de Cardan, souvenir de lecture plus qu'artifice de dramatisation narrative. Dans la Lune le Démon propose au narrateur la lecture de deux textes : *Les Estats et Empires du Soleil* ainsi annoncés, et le fabuleux *Grand Œuvre des Philosophes*. Plus tard, au début des *Estats et Empires du Soleil,* Dyrcona chante les plaisirs de la lecture; c'est un livre de Descartes, « la Physique [2] » dit-il, que l'on prend pour un ouvrage de sorcellerie et qui le fait jeter en prison; cependant la consultation de livres scientifiques lui permet d'élaborer sa machine spatiale et de s'évader. Le roman de Cyrano abonde en souvenirs, en notes de lecture, en citations, en références, en renvois à des textes ou à des auteurs. Le vrai savoir — donc la véritable aventure de l'Esprit — lui vient de la lecture, ou de conversations qui consistent le plus souvent dans une mise à l'épreuve de lectures précédentes. Les allusions peuvent être des hommages : à Tristan L'Hermite, par exemple; elles ne sont pas toujours dépourvues d'ironie, non plus. L'essentiel reste que par cette tissure livresque, l'auteur enclôt son projet : le livre appelle le livre, se déploie en lecture; la fiction engendre la fiction, ou bien la justifie, monde en soi, lieu de l'universelle référence. Les Estats et Empires de l'Imaginaire, toujours à explorer, se constituent et se reconstituent sans fin.

Cependant à la question : « Pourquoi *L'Autre Monde ?* », l'érudition ne propose qu'une réponse partielle. Elle explique certains

1. Elle est située dans l'Océan Indien.
2. Il s'agit bien sûr des *Principes de la Philosophie.* Dans la troisième partie, intitulée « *De Mundo adspectabili* », Descartes, par une série de dessins, représente le mouvement des astres et planètes. Dans la quatrième partie, *De Terra,* plusieurs pages sont consacrées à l'aimant, et en effet deux figures ressemblent à la description qu'en donne le narrateur.

développements du texte, et précise son caractère occasionnel :
tout écrivain, certes, cherche et attend les occasions. Mais l'occasion n'a de sens que si elle correspond à quelque besoin profond,
que si elle permet l'émergence de projets souterrainement prémé-
dités, et déjà au seuil de la conscience créatrice.

On ne répondra pas davantage à cette question en se contentant
de tout mettre au compte de « l'imagination » de l'auteur. Edward
W. Lanius [1] attire heureusement notre attention sur la valeur
génétique de cette faculté chez Cyrano, et s'emploie à en discerner
les jeux mécaniques; mais il est bien incapable de poser dans le
cadre de son étude le problème du premier commencement. Car
l'imagination, quelque vive qu'on la suppose, ne peut jamais être
que la riche servante d'un désir préalable d'écrire ce en direction
de quoi l'on écrit. L'Univers de l'Imagination ne coïncide pas
chez Cyrano avec l'imagination de l'univers de l'écrit : elle ne
s'invente pas en cause première; « autre chose » la met en branle.

Cet « autre chose », l'auteur nous le dit-il? en pouvons-nous
trouver une trace, un signe, dans le texte?

Dans *Les Estats et Empires du Soleil,* au cours d'une de ses conversations avec Colignac et Cussan, Dyrcona fait un matin le récit
d'un rêve troublant :

> « Dans mon plus bel âge il me sembloit en dormant,
> que devenu leger, je m'enlevois jusqu'aux nuës, pour éviter
> la rage d'une troupe d'assassins qui me poursuivoient;
> mais qu'au bout d'un effort fort long et fort vigoureux,
> il se rencontroit toûjours quelque muraille, apres avoir
> volé par dessus beaucoup d'autres, au pied de laquelle
> acablé de travail, je ne manquois point d'estre arresté :
> ou bien si je m'imaginois prendre ma volée droit en haut,
> encor que j'eusse avec les bras nagé fort long-temps dans
> le Ciel, je ne laissois pas de me rencontrer toujours proche
> de terre; et contre toute raison, sans qu'il me semblast
> estre devenu ny las ny lourd, mes ennemis ne faisoient
> qu'étendre la main, pour me saisir par le pied, et m'attirer
> à eux. Je n'ay guere eu que des songes semblables à celuy-
> là, depuis que je me connois; hormis que cette nuit, apres
> avoir long-temps volé comme de coustume, et m'estre
> plusieurs fois échapé de mes persecuteurs, il m'a semblé
> qu'à la fin je les ay perdu de veuë, et que dans un Ciel
> libre et fort éclairé, mon corps soulagé de toute pesanteur,
> j'ay poursuivy mon voyage [2]... »

Il serait facile de ne voir dans ce passage que l'exploitation d'un
procédé romanesque banal où le songe dramatise la situation du
personnage et annonce à mots couverts la suite de l'action. On
passerait alors à côté de l'essentiel.

Depuis ses origines l'humanité rêve d'envol. Icare est le produit
de l'imaginaire collectif : dans le ciel, auquel nous aspirons infini-

---

1. *Cyrano de Bergerac and the Universe of the Imagination.* Genève, Droz, 1967.
2. O. C. Belin, p. 430.

ment, il n'a cessé de nous représenter. Mais comprenons qu'ici le mot « rêve » s'emploie au sens impropre, car il désigne le désir passionné et vigilant de résister à la pesanteur, de s'arracher à l'attraction terrestre, de se mêler aux oiseaux, de se fondre dans l'espace aérien, à la réalisation duquel beaucoup ont consacré toutes les ressources de leur génie et tout le temps de leur vie. Rêve éveillé, violent, et qui suppose la station debout. De cet appétit d'exaltation J. Duhem a fait admirablement l'historique dans son *Histoire des idées aéronautiques avant Montgolfier* [1].

Le rêve de Dyrcona n'a pas une nature telle; il est le songe éprouvé pendant le sommeil, et dont les impressions saisissantes subsistent au réveil. Mais que cette ingénuité, ce ton d'authenticité du narrateur ne nous abusent pas, il faut analyser le texte avec perspicacité et en marquer les étapes.

D'abord tout ce qui traite de la fréquence et de la répétition du rêve d'envol, nous le prenons pour une confidence; nous croyons qu'en effet Dyrcona rapporte une expérience nocturne vécue par celui dont il est le double, l'auteur Cyrano. On sait quel symbolisme Freud voyait dans ce type de rêve; mais à vrai dire, hic et nunc cela ne nous importe guère puisque Cyrano en était certainement inconscient et qu'il n'a pu pratiquer aucune élaboration sur la fonction sexuelle de ses rêves.

Deuxième étape, Cyrano, qui rêve d'envol, rêve en même temps qu'il lui est impossible de s'envoler vraiment puisqu'il ne peut ni se détacher de la terre, ni échapper à ses ennemis. Un tel type de rêve est fréquent, chacun en a fait la désagréable expérience. Il faut tout de même remarquer que Dyrcona-Cyrano fait ce rêve souvent, ce qui est plus exceptionnel et qui doit accroître la volonté, le désir d'y mettre fin. A la confidence du rêve d'envol s'ajoute donc l'aveu du rêve d'angoisse : angoisse existentielle ou expression d'un sentiment de culpabilité? Retenons en tout cas pour l'instant que le narrateur la métamorphose en l'expliquant par un pur effet de son tempérament et de son caractère : « Je suis bilieux, mélancolique... ».

Troisième étape, dans la seconde partie du texte nous passons de la confidence, du thème général du rêve souvent fait, répété pour son désagrément, au thème ponctuel du rêve heureux, pour une fois, et dans lequel le narrateur triomphe de son angoisse. Mais ce terme coïncide si évidemment avec la suite de l'action romanesque qu'il est impossible de ne pas y reconnaître un mouvement de la fiction. Le rêve-aveu se déforme en invention de rêve qui est aussi invention d'un bonheur jusqu'alors impossible, refusé. L'intentionnalité du roman de Cyrano apparaît clairement. La conclusion enfin heureuse du rêve, c'est la possibilité offerte par la fabrication du roman; nous sommes bien à la source de la création.

Il se produit dans le roman de Cyrano la rencontre rare et d'autant plus remarquable d'un fait personnel, le rêve de vol, et d'une aspiration universelle, source d'un mythe toujours semblable et toujours recommencé. Dyrcona-Cyrano, c'est l'homme-oiseau,

---

heureux conquérant de l'espace céleste. Cette conjonction ne se fait que parce que l'auteur interprète son rêve au pied de la lettre, interprétation a-freudienne [1] mais efficiente, à partir de laquelle il conçoit et bâtit son roman.

Aux « cavernes » et au « feu » — de quelque enfer ? —, à la lourdeur et à la peur de la mort, succèdent la liberté, la lumière et la légèreté : cette invention lui procure d'autant plus de bonheur qu'elle correspond à un désir particulier et violent de Cyrano de s'évader, de se libérer de soi, des autres, en rendant matériel et pour ainsi dire réel par l'écriture ce qui n'était qu'une réalisation avortée dans le rêve. Le rêve « véritable » s'était achevé par la chute cocasse hors du lit; le roman réalise le désir d'évasion. Si l'on s'en tenait à la formulation freudienne du rêve « réalisation de désir », ce roman serait donc un rêve plus parfait que le rêve, puisque rien n'y contrarie plus le désir profond du narrateur.

Récit rêvé, récit d'un rêve, roman onirique ? on peut se le demander. C'est à la nuit tombée, au retour d'une soirée de libations, qu'il croit découvrir le livre de Cardan et qu'il songe à monter voir dans la Lune ce qui s'y passe. Un matin de bonne heure, au moment de la rosée où l'on achève les derniers rêves nocturnes, il part pour le Canada d'où il gagnera la Lune en pleine nuit de la Saint-Jean. Dans *Les Estats et Empires du Soleil,* outre que le rêve que nous avons analysé pré-scrit les péripéties policières de Toulouse et l'envol vers le Soleil, ne remarque-t-on pas que, plus systématiquement encore que dans le premier récit, l'action est ponctuée par le sommeil du narrateur qui s'éveille pour contempler quelque spectacle extraordinaire (par exemple, pp. 456, 464, 477, 496) ? S'éveille-t-il ou ne voit-il qu'en un songe prolongé ce qu'il décrit ? Dyrcona, actif et résolu sur terre ne se mue-t-il pas dès son arrivée dans la Lune ou le Soleil, et comme un personnage de rêve, en un être soumis aux événements, victime de ses phantasmes [2], impuissant et ballotté ? Le récit lui-même, édifié sans chapitres, dans une sorte de continuité pleine, connaît cependant de curieuses syncopes, lorsque le narrateur l'interrompt, coupe court au discours d'un héros de rencontre, passe à tout autre chose, conférant au temps romanesque une élasticité qui est celle même du rêve (par exemple, pp. 363, 388, 406, 423 bien sûr, 449, 451 etc.). Lorsque je rêve, malgré moi le discours se déchire, je me transporte ailleurs, la question posée reste sans réponse finale, l'autre parle et je n'entends plus, son visage s'efface, un autre rêve commence. Nulle métaphore n'exprime mieux cette série de transferts que le voyage dans la lune ou dans les étoiles. Pierrot lunaire, blanc visage de rêveur.

Mais autour du noyau onirique Cyrano a fait œuvre de raison. En écrivant son rêve il tente l'échappée : il fuit l'angoisse ou la culpabilité que le monde lui impose. Donc il *veut* fuir le monde, l'humanité qui le maltraite, et rejeter sur eux l'angoisse et la

---

1. En ce sens, le cas de *L'Autre Monde* est très intéressant.
2. Au sens le plus banal du terme.

culpabilité dont ils l'avaient chargé. Le projet « libertin » satisfait le besoin personnel. Philosopher, c'est renverser l'ordre établi par lequel il était condamné. Supposer la Lune ou le Soleil habités, c'est déjà se mettre hors des normes, défier son temps ; y aller et le dire, c'est enfin affirmer l'absolu de sa liberté et de son innocence dans un autre monde à sa mesure, où les valeurs humaines les mieux établies ici-bas se dissolvent, et où l'homme commun passe en procès.

Le roman de l'homme-oiseau transmue le rêve initial en essai de libération. La conquête de l'espace accomplit la conquête de soi. Dans la Lune, dans le Soleil, le prisonnier, sorti de la caverne, contemple ébloui l'autre face de la vérité. Tel le philosophe platonicien, dont il veut indéniablement être une figure — mais modeste et parfois cocasse —, Dyrcona sent se dénouer et glisser à ses pieds les liens terrestres. Ce voyage, cette ascension ne se feront pas sans luttes, sans hésitations, ni sans échecs. L'Autre Monde n'a rien de triomphal. Le texte fourmille de péripéties ; l'astronaute est toujours menacé de chute.

Mais tous les épisodes ont leur fonction propédeutique, et s'intègrent naturellement dans une réflexion philosophique et scientifique. Rencontrer, confronter, apprendre à connaître, sont les seules façons de savoir. Domingo Gonsales, le benoît héros de Godwin, ne se transforme-t-il pas chez Cyrano en une espèce de martyr de la liberté de pensée ? Aussi le roman de l'homme-oiseau devient-il le roman de la Raison.

Dans notre esprit, « roman de la Raison » ne signifie pas : œuvre d'exaltation rationaliste. Il s'agit de tout autre chose. Du temps de Cyrano comme du nôtre, de grandes questions se posent à l'homme : qui suis-je ? que suis-je ? qu'est-ce que l'univers ? d'où vient-il ? pourquoi ? quels sont mes rapports à lui ? où vais-je ? quel est le sens de ma vie ? comment rendre compte de mon apparition et de ma disparition ? etc. Nous nous interrogeons sur l'homme que nous sommes, sur la Nature qui nous contient et que nous croyons dominer — mais qui peut-être nous régit —, sur notre origine et donc notre finalité : la sienne et la nôtre ; sur Dieu, la matière et la mort ; la pensée enfin s'éprouve et se sonde elle-même, jusqu'à être saisie de vertige.

Il nous semble que dans son œuvre Cyrano reprend à son compte ces grandes questions posées à la Raison, et qu'à ce titre elle est d'abord une interrogation ; puis que les différents personnages romanesques y fournissent des éléments de réponse puisés tant dans les découvertes scientifiques que dans la méditation métaphysique, et qu'à ce titre elle pourrait passer pour une œuvre d'initiation. Enfin reste à déterminer l'ordre des questions et le sens des réponses, pour connaître la pensée réelle de l'auteur.

L'Autre Monde est un premier cas, peut-être unique, de roman épistémologique.

Ire Partie :
LE GRAND INVENTAIRE

CHAPITRE 1

———

LE MONDE COMME IL EST

L'image du monde

Qu'est-ce que le monde ? A défaut de le définir immédiatement, on peut tenter de se le figurer. « Representés vous donc l'Univers comme un grand animal », propose un « docteur » sur la Lune [1]. Non seulement pour lui l'Univers est « comme », mais il est tout simplement « un grand animal ». Affirmation double qui reprend le thème de l'animation [2] universelle de Giordano Bruno [3] ou de Campanella [4], et qui y ajoute celui de la dualité macrocosme-microcosme dont Paracelse s'était à la Renaissance fait le chantre. Le monde est donc un organisme vivant, infiniment et répétitivement décomposable en mondes plus petits et en mondes plus grands, où la matière ne saurait être inerte — même si à hauteur d'habitant elle semble inanimée. On retrouve ici l'idée de la cironalité universelle [5].

Dans son ascension vers le soleil, Dyrcona, observant les planètes, propose une autre explication de l'origine du monde, qui fait écrire à l'un de ses commentateurs, P. Juppont : « Il n'est donc

---

1. O. C. Belin, p. 405.
2. Nous préférons ici ce terme à celui d' « animisme », qui a un autre sens.
3. Par exemple dans le *De l'Infinito, universo e mondi* (G. I. 297) il écrit : « *ces grands et petits animaux situés dans l'immensité de l'univers comportent chacun suivant sa condition et sa vertu propre, la raison de ce mouvement, de ses changements et de toutes les modifications particulières* ».
4. C'est dans *La Cité du Soleil* qu'il écrit : « *Le monde est un animal immense dans le sein duquel nous vivons comme vivent les vers dans notre corps.* »
5. Sorel avait commencé d'exploiter ce thème dans *Francion*. Hortensius : « *Sçachez que si le Monde nous semble grand, nostre corps ne semble pas moins à un pou ou à un ciron... etc..* »

pas téméraire de regarder Cyrano comme un des précurseurs de Laplace [1] ». En effet [2] Dyrcona formule l'audacieuse hypothèse de la formation des astres et planètes, à partir d'un chaos primitif — analogue à la nébuleuse de Laplace —, par une série d'assemblages de matière, l'action du mouvement circulaire, et les effets conjugués de la conservation de la chaleur ou du refroidissement. Selon la théorie de Dyrcona le monde, soumis aux lois de la matière, ne cesserait d'évoluer : ainsi le soleil s'éteint-il peu à peu ?

la matière

Qu'est-ce que la matière ? A cette question fondamentale les réponses sont multiples. Le plus prompt à donner la sienne, c'est Gonsales. Dans un premier discours [3], s'adressant à Dyrcona, il développera les points suivants : la matière n'est constituée que d'un seul élément; c'est à tort que les Anciens ont cru, et que les « docteurs aheurtez » — (c'est-à-dire les aristotéliciens, les scolastiques) — croient encore, qu'il y a quatre éléments : la terre, l'eau, l'air et le feu; en réalité

« à penetrer serieusement la matiere, vous trouverés qu'elle n'est qu'une, qui comme une excellente comedienne joue icy bas touttes sortes de personnages sous touttes sortes d'habits; autrement il fauldroit admettre autant d'elemens qu'il y a de sortes de corps... »

cet élément, dont Gonsales ne précise pas la nature, peut faire penser ou à l'élément primaire des philosophes Ioniens, par exemple d'Anaximandre, ou à la « matière première » que Platon décrit dans le *Timée*, « dépourvue de toutes les formes qu'elle doit recevoir d'ailleurs », ou encore à la matière paracelsienne, antérieure aux quatre éléments que Paracelse refuse de considérer comme des corps simples intangibles.

Or, dans un deuxième discours [4], Gonsales aborde le problème tout différemment : il n'est plus question d'un élément premier; le réel matériel consiste en corps simples et en corps composés; les corps simples se confondent avec les quatre substances traditionnelles : la terre, l'eau, l'air et le feu; mais — fait important — aucune de ces substances ne semble exister à l'état pur et indépendamment des autres : « dans l'eau... il y a du feu, dedans le feu de l'eau, etc. »; et cette fusion-confusion se vérifie mieux encore dans les corps composés où toutes les substances primordiales sont présentes, même si cette présence est cachée à nos yeux de profanes : l'air, l'eau, la terre et le feu sont à tout moment dans la bûche, quand bien même une action extérieure ne viendrait pas

---

1. *L'Œuvre scientifique de Cyrano de Bergerac*, Mémoires de l'Académie de Toulouse, 1909.
2. O. C. Belin, pp. 446-447.
3. *Ibid.*, p. 385 et sq.
4. *Ibid.*, p. 388 et sq.

forcer la révélation de leur présence. « Tout est en tout. » On reconnaît la formule d'Anaxagore, pour qui dans l'univers tout participe à tout, toutes choses sont en chaque chose : ainsi la plante contient-elle des germes qualitatifs capables de se transformer en matière animale, comme l'eau de Gonsales contient le germe du poisson qui ne peut manquer d'y naître.

Si l'on ne peut parler de contradiction entre les deux discours de Gonsales, du moins doit-on noter une sensible évolution de pensée. La fin du propos de Gonsales fait d'ailleurs penser aux théories d'Empédocle et des Pythagoriciens, pour lesquels existent quatre substances différentes incréées et impérissables qui répondent aux apparences et aux états de la matière, dont les combinaisons produisent tous les corps naturels, mais qui ne sont pas susceptibles d'être transformées : dans toutes leurs pérégrinations ces « éléments » subsistent et ne peuvent se changer les uns dans les autres.

Une troisième réponse nous est fournie par le personnage que Dyrcona appelle « le filz de l'hoste [1] ». C'est la réponse « libertine » par excellence, celle qui vient d'Épicure, de Lucrèce, et qu'a reprise Gassendi : l'atomisme universel. Pour « le filz de l'hoste », la matière est constituée d' « atosmes infinis tres solides, tres incorruptibles et tres simples ». Ces atomes sont de figures diverses : « les uns sont cubiques, d'autres parallelogrammes, d'autres angulaires, d'autres ronds, d'autres pointus, d'autres piramidaux, d'autres exagones, d'autres ovales... » Comment s'assemblent-ils ? en fonction de leur figure propre, et sous l'effet d'un mouvement perpétuel dont la Nature a l'initiative. Tout ce qui existe est donc le produit d'une « matiere ainsy disposée ».

Plus loin [2] « le filz de l'hoste », commentant le mystère de la résurrection des corps, ajoutera à son premier propos l'idée d'une spécificité du corps composé par la matière atomique; tout assemblage de matière a un caractère unique.

Deux pages auparavant [3], le Démon de Socrate avait affirmé l'unité de la matière, identique à elle-même dans tous les règnes de la Nature : de la terre à l'arbre, du brin d'herbe à l'homme, la matière circule mais ne change point.

Enfin un dernier grand type d'explication de l'origine de la matière se satisfait de la réponse de l'orthodoxie chrétienne : la matière a été créée. Suggérée à plusieurs reprises dans *Les Estats et Empires de la Lune,* cette explication est clairement assumée par Dyrcona lui-même avant son arrivée dans la macule, puisqu'il déclare en toutes lettres : « apres que Dieu eut creé la matiere [4]... ». Mais la matière ainsi produite n'est pas autrement définie, et Dyrcona ne se soucie pas de nous en détailler scientifiquement la constitution : tout reste possible, même l'hypothèse d'un atomisme matériel à la façon de Gassendi : sur deux points

1. O. C., Belin, p. 408.
2. *Ibid.,* p. 421.
3. *Ibid.,* p. 418.
4. *Ibid.,* p. 447.

au moins il revient d'ailleurs à l'exposé gassendiste tel que « le filz de l'hoste » l'avait développé précédemment [1] : la matière est « opaque » et elle est traversée de « pertuis [2] ».

La génération

Comment la matière s'ordonne-t-elle ? quelles forces internes ou externes l'organisent-elles dans les innombrables objets du réel ? A ces questions de nouveau les réponses seront multiples et souvent exclusives les unes des autres. Pour certains personnages l'action du Soleil seule produit tout ce qui existe. D'une part Dyrcona affirme [3] que par son travail sur sa propre matière le Soleil engendre et projette dans l'espace tout ce qui n'est pas lui. Car en dehors de notre monde, que Dieu a créé, « tous les autres... ne sont rien que l'escume des soleils [4] qui se purgent... le Soleil desgorge tous les jours et se purge des restes de la matiere qui nourrit son feu... ». D'autre part le petit homme qu'il rencontre sur la macule [5] et qui parle lui aussi de « matiere confuse... dont le Soleil s'estoit purgé » tente de lui expliquer que le Soleil agit sur la matière brute, transformée en limon, et par un cycle de trois coctions crée tout ce qui vit : « premiere coction... puissance de croistre; seconde coction... puissance vitale; troisieme coction... puissance de raisonner ». Un des Chênes de Dodone reprendra cette curieuse théorie dans le récit qu'il consacre à Artaxerxe et où il évoque la naissance « apres les trois coctions », d'un « germe parfait [6] ». Cette hypothèse de la génération par le Soleil n'est pas le fruit d'un dérèglement d'imagination de l'auteur : ainsi que le rappelle Jacques Roger [7], Aristote et Avicenne en particulier l'avaient depuis longtemps soutenue, et nous y reviendrons. Le terme de « coction » fait incontestablement penser au vocabulaire alchimique.

Pour « le filz de l'hoste [8] » la constitution de la matière s'effectue de manière double. D'abord les atomes, quels qu'ils soient, et quelles que soient leurs figures, sont par nature « agissants», nous dirions : doués de mouvement; ils s'assemblent donc de leur propre initiative jusqu'à composer des corps durables, après avoir raté cette composition un nombre incalculable de fois. Mais dans le même paragraphe le « filz de l'hoste » ajoute ensuite à cette proposition épicurienne l'idée que le « feu » est « le constructeur et destructeur des parties et du tout de l'Univers », idée peut-être gassendiste, qui rappelle en tout cas ce qu'à la suite des Pythagoriciens

---

1. O. C. Belin, p. 410.
2. Ibid., p. 453.
3. Ibid., p. 364.
4. Retenons ce pluriel.
5. Ibid., p. 449.
6. Ibid., p. 485.
7. Les sciences de la vie dans la pensée française du XVIIIe siècle. A. Colin 1963., p. 56, pp. 79-80 etc...
8. O. C. Belin, p. 408 et sq.

Platon dit dans le *Timée* du « feu », opératoire et sans lequel rien de visible ne peut exister. Qu'est-ce que ce feu agent de la formation des corps ? que signifie une phrase comme : « le feu... a poussé et ramassé dans un chesne la quantité des figures necessaires à composer ce chesne » ?

On ne peut guère lire que comme des variantes de l'opinion précédente celle du « Roy du Peuple des regions éclairées [1] » pour qui « le principe de la matiere est d'estre en action », ou celle des « deux Oiseaux de Paradis » qui tentent de rassurer Dyrcona au seuil de la mort et l'entretiennent de « la matiere qui, à force de se mesler, est enfin arrivée à ce nombre, cette disposition et cet ordre necessaire à la construction de ton estre [2]... ».

Cependant ces propositions théoriques ne suffisent pas à expliquer tout ce qui est, et en d'autres passages tel ou tel personnage du roman vient accroître le nombre des réponses. Campanella, par exemple [3], exprime à quelques pages de distance une hypothèse étrangement syncrétique dans laquelle tout à la fois existent une matière « grosse » et dont il faut que les âmes « se purgent » parce qu'elle les « empesche », une matière telle que Descartes la conçoit « tout à fait solide, que Dieu divisa en un nombre innombrable de petits carreaux, à chacun desquels il imprima des mouvemens opposez » (selon une définition de Dyrcona que Campanella ne corrige pas), une matière « divisible à l'infiny », difficile à connaître et qui s'inscrit entièrement dans l'étendue, qui par nature s'opposant à l'esprit — comme le corps à l'âme — échappe au cadre de la scolastique aristotélicienne où elle s'était spiritualisée, mais qui toutefois dans un lieu privilégié comme le Soleil peut se sublimer et se subtiliser en « petits corps ignées » capables de la rendre « propre à exercer toutes les fonctions » de la sensibilité et de l'entendement.

De son côté, Gonsales, qui n'était guère en avance sur son temps, croit reconnaître dans l'activité de composition de la matière la présence du principe de « sympatie [4] », notion de la vieille physique scolastique : « cette matiere, dit-il, agit par sympatie, selon la disposition où elle se trouve dans le temps qu'elle agit », et il répète le terme quelques lignes plus bas.

Dans *Les Estats et Empires du Soleil*, Dyrcona découvre ailleurs le principe du fonctionnement de la matière : « apres que Dieu eut creé la matiere, les corps semblables se joignirent par ce principe d'amour inconnu avec lequel nous experimentons que toute chose cherche son pareil [5] ». Autrement dit, l'univers se serait construit selon les rencontres de « l'amour » et du « même »; Plotin succède aux Stoïciens.

Enfin, distincte d'un esprit qu'elle n'est pas, dont elle peut rendre l'existence inutile ou auquel elle fait obstacle, la matière subira

1. O. C. Belin, p. 462.
2. *Ibid.*, p. 475.
3. *Ibid.*, pp. 493, 494, 499.
4. *Ibid.*, p. 386.
5. *Ibid.*, p. 447.

dans certains cas la loi de la volonté et de l'imagination qui l'organisent à leur gré. « Ainsi, déclare le petit Roy des regions éclairées,
il est infaillible que nostre imagination ne rencontrant aucun
obstacle dans la matière qui nous compose, elle l'arrange comme
elle veut [1]. » Ou bien c'est Dyrcona qui poursuit par la seule force
de son désir son ascension vers le Soleil, vainquant les lois de la
matière [2]. Ou bien encore le petit roi [3] reprend à son compte, et
presque textuellement, le chapitre de Montaigne « De la force de
l'Imagination », où sont consignés tous les exemples célèbres
d'action directe de l'imagination sur la matière qu'elle modifie
ou qu'elle peut aller jusqu'à métamorphoser.

La nature

Ayant établi les fondements de l'Univers et déterminé la base
matérielle de l'édifice du réel, les personnages peuvent maintenant
s'interroger sur cet autre principe actif et universel qui organise
l'ensemble des choses existantes selon son ordre : la Nature.

Lors de l'une de ses premières conversations avec Dyrcona [4],
le Démon de Socrate lui déclare « qu'au reste, il n'y avoit rien en
la nature qui ne fut materiel ». Est-ce à dire qu'il défend déjà un
point de vue qui serait celui du matérialisme du « filz de l'hoste » ?
Ainsi l'a-t-on parfois interprété. C'est, nous semble-t-il, véritablement commettre un contre-sens. Outre qu'en proférant un propos
aussi brutalement matérialiste le Démon de Socrate se contredirait
gravement, il faut remarquer que Lebret, si édulcorant d'habitude,
n'y a point touché, ne l'a pas censuré, et qu'il avait donc un sens
moins agressif qu'on ne le croirait aujourd'hui. En réalité ce
qu'affirme le Démon est au principe d'une physique nouvelle qui
récuse celle de la scolastique aristotélicienne : est naturel tout ce
qui s'offre à la perception, il n'y a dans la nature que des objets
susceptibles d'expériences et d'observations, sensibles et mesu-
rables, sur l'étude desquels on puisse au besoin fonder une science
de la Nature. Le tout est d'être doté de sens ou d'instruments
d'observation qui en permettent l'explication. Pour le Démon
de Socrate, qui se rencontre sur ce point avec Descartes comme
avec Gassendi, le physicien ne cherchera plus dans la Nature de
principes ni de causes mystérieux et immatériels qui en feraient
plutôt le lieu de l'Esprit que des corps. Dans la Nature tout est
corps, se loge dans l'étendue, est soumis au temps. Mais cette
ferme proposition par laquelle s'était déjà édifiée la science galiléenne, libérant le savant des préjugés magiques, alchimiques ou
pseudo-spiritualistes [5] de la physique du XVIe siècle, n'empêchera

---

1. O. C. Belin, p. 462.
2. Ibid., p. 454.
3. Ibid., pp. 462-463.
4. Ibid., p. 379.
5. C'est Robert Lenoble qui, dans son Histoire de l'idée de Nature, Albin Michel, 1969,
p. 246, citait ce mot du chancelier Bacon encore au début du XVIIe siècle : « Le calcul
et la mesure livrent seulement la peau des choses, il nous reste à connaître leur nature ».

aucunement le Démon de Socrate d'affirmer plus tard l'existence d'une surnature, radicalement étrangère au réel naturel. Pour reprendre les formules de Léon Brunschvicg, « l'explication horizontale » du monde se substitue à « l'explication verticale »; cela ne veut pourtant pas dire qu'au-dessus il n'y a rien. Pour « l'homme de la macule » au contraire la Nature c'est la Natura Mater, qui est et qui régit tout [1]. Lieu du « Vray », guide impeccable de tous les êtres qu'elle soumet à la voix de l'instinct, douce et impérieuse. Elle n'est pas ce qui ordonne et serait donc justiciable de la raison, mais plutôt la source et le fonds inépuisable de l'être. Elle est proprement le milieu où baigne le monde et où il obéit à des forces spontanées. Il s'agit donc beaucoup moins de la connaître que de la reconnaître, moins de la mesurer que de coïncider avec elle, moins de l'examiner comme un objet scientifique que de se laisser emplir et convaincre par le message diffus qu'elle émet. La vérité, qu'elle recèle, et qui n'est pas plus accessible au savant qu'au profane, ne peut venir à l'homme que de la propre volonté de la Nature; elle requiert une sorte de bon vouloir, de patiente passivité, au recevoir du dynamisme et du vitalisme naturels. « Quand je parle, vostre ame rencontre, dans chacun de mes mots, ce vray qu'elle cherche à tatons; et quoy que sa raison ne l'entende pas, elle a chez soy Nature qui ne sçauroit manquer de l'entendre [2]. »

C'est tout à la fois la Nature exubérante du poète latin, confondue avec l'amour de Vénus :

« Vénus nourricière, toi par qui sous les signes errants du ciel, la mer porteuse de vaisseaux, les terres fertiles en moissons se peuplent de créatures... Sous tes pas la terre industrieuse parsème les plus douces fleurs, les plaines des mers te sourient, et le ciel apaisé resplendit tout inondé de lumière.... Puisque tu suffis seule à gouverner la Nature [3]... »;

et celle, plus limitatrice, du poète français, qui attache l'homme à la terre et lui permet d'approfondir son destin terrestre :

« Nostre Mere Nature entre les Dieux et nous
Que fist Deucalion du get de ses caillous,
Mist la Lune au milieu qui nous sert de barriere
A fin que des mortels l'imbecille lumiere
S'exerce à voir la terre [4]... »

Pour les Chênes [5] de Dodone, l'acte naturel par excellence est l'acte de fécondation, et la terre le lieu naturel de la fécondité. La Nature alors consiste dans l'ensemble des puissances de la génération, sans distinction de règnes ni de genres, où l'espace amou-

---

1. O. C. Belin, pp. 448-449.
2. Ibid., p. 449.
3. Lucrèce, De Rerum Natura, I, 2-21.
4. Ronsard, Discours à Monseigneur de Cheveray, in Les Œuvres, par Isidore Silver, M. Didier 1967, IV, p. 360, vers 11-14.
5. O. C. Belin, pp. 479-480.

reux abolit les distances spécifiques, et dont le rythme suit le cours du temps, obéit à la succession des saisons. Elle fonde l'harmonie universelle.

Au mieux, sommet de la hiérarchie naturelle, il existe une véritable « Natura naturans », qui se crée elle-même et tous les êtres et tous les objets qu'elle assemble. Nature du « Peuple des regions éclairées », capable de produire et de reproduire spontanément les modalités de la vie, royaume de l'Age d'Or où l'aigle éborgné se reforme un œil [1], ou Paradis [2].

Cependant la Nature qui dispose librement d'elle-même n'est pas toujours exempte de règles : chez les Oiseaux par exemple. Prompts à porter jugement sur tout et tous au nom d'une Nature [3] qui ne se définit pas autrement que par l'image qu'elle leur renvoie de ce qu'ils croient être, ils découvrent en elle pour les autres le sens de l'inéluctable. « Nature nostre bonne Mere », s'écrient les Oiseaux de Paradis, « assujetit », impose à chacun sa « condition », fait et défait sans recours parce qu'elle doit finalement accomplir les lois internes de la matière [4].

Bref, sur une définition précise de la Nature les personnages divergent, s'opposent, rendant impossible toute conclusion unitaire. Retenons cependant qu'ils s'accordent sur deux points : le premier, c'est que la Nature constitue le lieu de l'existence, toutes les expressions de l'être s'accomplissent en elle, choses et gens, minéraux, végétaux, animaux, astres et hommes; le second, c'est que la Nature a un caractère dynamique, qu'elle force, pousse, ou agence; voilà pourquoi les personnages répugneront à l'emploi du terme chaque fois qu'ils exposeront quelque théorie plus mécaniste que vitaliste, par exemple.

Ces poussées de la Nature, toutes spontanées qu'elles sont, ne s'exercent pour aucun des personnages de manière anarchique. Les Chênes de Dodone en particulier, dans leur séculaire sagesse, assurent Dyrcona de l'harmonie universelle. Le tableau qu'ils lui peignent [5] du monde illustre à grands traits la règle de la complémentarité des êtres de nature. Et le long récit des étrangetés amoureuses où sont conduits les héros légendaires, nourris de la pomme « d'Oreste et de Pilade », n'a d'autre fin que de servir la démonstration de la fraternité, de l'amitié nécessaire des choses et des êtres, dont l'accomplissement va jusqu'à provoquer l'effacement des tabous et des interdits.

Faut-il alors s'étonner que l'un après l'autre, et parfois l'un contre l'autre, les divers interlocuteurs de Dyrcona soient émus de la tentation de la cosmologie? Constatons pourtant que c'est Dyrcona lui-même qui l'assumera le plus fréquemment, non sans rigueur scientifique. Partisan de la nouvelle astronomie, il fait référence à Copernic et Képler [6], et si Galilée n'est pas nommé

---

1. O. C. Belin, p. 460.
2. *Ibid.*, pp. 367-368.
3. *Ibid.*, par exemple, p. 472 ou 473.
4. *Ibid.*, pp. 474-475.
5. *Ibid.*, pp. 479 et sq.
6. *Ibid.*, p. 359.

— pour des raisons que l'on peut deviner — son nom est constamment sous-entendu [1].

L'astronomie

La terre tourne sur elle-même. Dyrcona le sait bien puisque, monté une première fois vers le ciel au moyen de ses fioles de rosée, et en ligne droite, il retombe non pas en France d'où il s'était élevé, mais au Canada : il faut bien que pendant son ascension la terre sous lui se soit déplacée en effectuant une rotation sur elle-même [2]. « Il falloit que la Terre eust tourné pendant mon elevation, puis qu'ayant commencé de monter à deux lieues de Paris, j'estois tombé par une ligne casi perpendiculaire en Canada. » C'est ce qu'il soutiendra et démontrera devant M. de Montmagnie. De même lorsqu'il s'élève vers le Soleil observe-t-il « qu'en effet c'est la terre qui tourne d'Orient en Occident [3] »; le fait est si bien acquis pour lui que son observation se mue en description du spectacle interplanétaire. « Je distinguay clairement toutes ces revolutions, et je me souviens mesme que long-temps apres je vis encor l'Europe remonter une fois sur la Scene. »

En face de cette certitude révolutionnaire, les inexactitudes ou les lapsus scientifiques n'ont qu'une importance relative. S'il est curieux et assez inexplicable que la deuxième fois Dyrcona voie la terre tourner à l'envers, l'essentiel est néanmoins qu'elle tourne. Les personnages, comme l'auteur, sont tributaires des connaissances scientifiques de leur temps : ainsi le commentateur échappe-t-il à l'embarras lorsqu'il croit comprendre que même le premier déplacement de Dyrcona est fautivement décrit; car s'il est vrai que dans son ascension notre héros n'a point franchi les limites de la sphère d'activité terrestre, alors il a tourné avec elle et ne peut retomber qu'à son point de départ; disons toutefois qu'en 1647-1648, malgré les affirmations de Galilée et les expériences de Gassendi (à Marseille, en 1641) la querelle n'était pas close. Cyrano se soucie plus de la fin que des moyens.

La terre, qui est ronde [4] et tourne sur elle-même, tourne aussi autour du soleil. Dyrcona le soutient hautement et ironiquement lors de sa discussion avec M. de Montmagnie [5]. « ... je dis que la terre ayant besoin de la lumiere, de la chaleur et de l'influence de ce grand feu, elle se tourne autour de luy pour recevoir esgallement en touttes ses parties cette vertu qui la conserve ». Empruntant les voies droites de la révolution copernicienne, Dyrcona,

---

1. Par exemple lorsque Montmagnie cite Gassendi, p. 363 ; Gassendi était « galiléen », on le sait bien.
2. O. C. Belin, pp. 360-362.
3. *Ibid.*, p. 446.
4. Dyrcona signale cette rotondité à plusieurs reprises. Par exemple, à la fin des *Estats de la Lune* : « *desja mesme mes yeux, par mon abaissement, ne pouvoient se courber au dela de l'Italie* ». Ou encore, quand il quitte la macule pour reprendre son ascension vers le Soleil : « *La Sphere de notre Monde ne me paroissoit plus qu'un Astre à peu pres de la grandeur que nous paroist la Lune.* »
5. *Ibid.*, pp. 362 et sq.

avec la plupart des esprits éclairés de son temps, refuse donc comme
contraire à la raison et à l'esprit scientifique le système de Ptolémée,
qualifié de « ridicule ». Il y revient d'ailleurs plus clairement encore
lorsqu'il décrit le ciel dans sa montée vers le Soleil [1] :

> « Je connus tres distinctement, comme autrefois j'avois
> soupçonné en montant à la Lune, qu'en effet c'est la terre
> qui tourne... à l'entour du Soleil, et non pas le Soleil autour
> d'elle. »

La Terre est une planète parmi les planètes. Et celles-ci tournent
comme elle autour du Soleil. A la suite du même dernier passage
cité, Dyrcona observant l'apparence et les mouvements de Vénus,
de Mercure, etc..., en vient à la conclusion suivante : « C'est pourquoy Mercure, Vénus [2], la Terre, Mars, Jupiter et Saturne, ont esté
contraints de pirouëter et rouler tout ensemble à l'entour du Soleil.»
C'en est fini de ce qu'il appelle « la Vieille Astronomie », qui « a
tant presché que les Planetes sont des astres qui tournent à l'entour
de la Terre ». Autour d'un soleil immobile tout se meut d'un
« mouvement circulaire », mouvement qui serait à l'origine des
formations cosmiques et qui n'est pas sans faire penser aux vortices
cartésiens; la circularité, notons-le, reste le trait dominant de la
cosmologie de Copernic ou de Galilée.

Dyrcona n'hésite pas même à aborder les problèmes astronomiques les plus complexes : celui des macules ou taches solaires,
par exemple. Sans entreprendre pour l'instant l'étude philosophique
de l'existence des taches solaires, notons avec Lenoble [3] : « Une
découverte objective et une révolution psychologique dominent
le monde savant du XVIIe siècle. Cette invention n'est pas, comme
on le croit communément sur la foi d'une histoire " objectiviste ",
le système de Galilée, mais, avec Fabricius, Galilée et P. Scheiner,
la découverte des taches du soleil. » De ces taches Dyrcona non
seulement reconnaît l'existence, mais il l'expérimente en atterris-
sant sur une macule au cours de son trajet vers le Soleil. Et c'est
un habitant du lieu même qui lui fournit toutes explications :
« Regardez bien la terre où nous marchons, elle estoit il n'y a
gueres une masse indigeste et broüillée, un cahos de matiere
confuse, une crasse noire et gluante dont le Soleil s'estoit purgé [4]. »
Hypothèse moderniste, sans aucun doute, qui voit dans le soleil
non un corps inerte et pur, mais un centre d'intense activité
créatrice.

La science astronomique de Dyrcona n'est pourtant pas toujours
à la pointe du progrès. On le surprend à réutiliser la vieille division
de l'espace céleste en trois régions [5] : la basse, qui touche immédia-

---

1. O. C. Belin, p. 446.
2. Dyrcona en profite au passage pour confirmer l'hypothèse de Copernic, étayée
par les observations de Galilée, et selon laquelle Vénus a des phases comme la Lune.
3. L'évolution de l'idée de Nature du XVIe au XVIIIe siècle, in Revue de Métaphysique
et de Morale, 1953, p. 117.
4. O. C. Belin, p. 449.
5. Ibid., p. 444 par exemple.

tement la Terre, la moyenne qui commence au-dessus des plus hautes montagnes, la haute qui s'étend par-delà la moyenne et où, dit Furetière, « les étoiles fixes sont ». Ajoutons ici l'emploi de la notion d' « éther [1] » qui dans l'astronomie ancienne désignait une substance plus pure et plus légère que l'air, répandue au-delà de l'atmosphère terrestre, interdisant ainsi l'existence du vide mais tout à fait propre à se raréfier.

En revanche, c'est un Chêne de Dodone qui exposera cette curieuse théorie de la fonction des pôles dans l'univers : « Les Pôles sont les bouches du Ciel, par lesquelles il reprend la lumiere, la chaleur et les influences qu'il a répanduës sur la terre... les soûpiraux du Ciel sont les Pôles par où il se repaist des ames de tout ce qui meurt dans les Mondes de chez luy, et tous les Astres sont ses bouches, et les pores par où s'exhale(nt) derechef ses esprits [2]. » Est-ce un souvenir d'Épicure, de Bruno [3], ou une sorte d'application métonymique du principe de conservation cartésien par le moyen d'une image gassendiste? En tout cas les arbres sacrés parlent de science au passé.

Attraction et pesanteur

A deux notions enfin le texte fait un sort particulier, qui viennent alors de recevoir une définition proprement scientifique : l'attraction et la pesanteur. Dans *Les Estats et Empires de la Lune*, c'est Dyrcona lui-même qui introduit ces termes au cours de la première ascension qui le mènera au Canada [4] :

« Mais comme cette attraction me faisoit monter avec trop de rapidité... jusques à ce que je sentis que ma pesanteur surmontoit l'attraction... »,

passage fort intéressant où le voyageur utilise deux mots-clefs d'un nouveau système d'explication du monde qui prépare celui de Newton, à partir desquels se définissent des lois universelles, mais dont le sens ici peut encore être considéré comme ambigu — le mot d' « attraction » surtout ayant été amené par une formule imprécise : « la chaleur du soleil qui les attiroit ». Les prémisses de la rationalisation néanmoins sont bien posées.

Nous lisons donc sans étonnement, quelques pages plus loin [5], la très belle description argumentée de la descente de Dyrcona vers la Lune, où, distinguant la masse de la Lune de la masse de la Terre, et comparant leur force respective d'attraction, Dyrcona rapporte :

« cette masse estant moindre que la nostre [6], il fault que la Sphere de son activité soit aussy moins estendue et

---

1. O. C. Belin, pp. 444, 453.
2. *Ibid.*, q. 487.
3. C'est l'opinion de Maleine Alcover, *op. cit.*, p. 127.
4. O. C. Belin, p. 360.
5. *Ibid.*, pp. 366-367.
6. Il faut entendre : que celle de notre planète, la Terre.

que par consequent j'aye senty plus tard la force de son centre ».

La formule vaut le commentaire élogieux, et parfaitement fondé, de Juppont[1] :

« Il est impossible de ne pas voir dans cette phrase une compréhension assez rapprochée de la loi de la gravitation universelle[2], puisque le rôle de la masse et celui de la distance y sont pressentis. »

Le mécanisme cosmique se précise.

De même, dans *Les Estats du Soleil,* lorsqu'il s'est arraché à la terre, note-t-il[3] l'influence sur son vol, de planètes « où, pour peu que j'atteignisse les Spheres de leur activité, je me sentois flechir : Toutefois la rapide vigueur de mon essor surmontoit celle de ces attractions[4] ». Ne déclare-t-il pas encore[5] qu'il faut ranger au nombre des « principes dans la Nature, qui sont universels... la puissance... de choir au centre »? et ne donne-t-il pas, un paragraphe plus loin, une définition exemplaire de la pesanteur : « la pesanteur n'est qu'une attraction du centre dans la Sphere de son activité », définition conforme aux découvertes de Képler et de Galilée?

En revanche, on est peut-être moins convaincu par la démonstration de Gonsales lorsque sur la Lune il donne la leçon à Dyrcona[6]. Il expose, certes, clairement les effets de la pesanteur terrestre : « ... il est certissime que tous les corps, chacun selon sa quantité, inclinent esgallement au centre de la terre ». Mais ses explications manquent d'élaboration et s'en tiennent à des lois qui furent celles de Galilée aux premiers temps de ses recherches sur la chute des corps, et où les seuls paramètres sont la résistance de l'air et le poids des corps. L'idée de l'accélération continue ou celle du principe d'inertie n'y apparaissent point. On lui concédera cependant l'élimination de la vieille théorie aristotélicienne des « lieux » où auraient naturellement tendu les éléments : l'air vers le haut, la terre vers le bas, etc... La science de Gonsales est datée.

Infinité et éternité

La tentative cosmologique se double spontanément d'une réflexion sur les origines et les fins. La loi, par sa répétitivité et son universalité, confère au cosmos un ordre semble-t-il immuable et qui s'inscrit dans un espace et un temps sans frontières. L'Univers est-il infini? L'Univers est-il éternel?

---

1. D'ailleurs cité par Lachèvre.
2. Ce n'est qu'en 1687, rappelons-le, dans *Les Principes de la Philosophie,* que Newton l'exposera définitivement.
3. O. C. Belin, p. 446.
4. A notre époque d'astronautique, une telle formule frappe par la remarquable vraisemblance de ses notations concrètes.
5. O. C. Belin, p. 455.
6. *Ibid.,* p. 386.

A ces questions encore les réponses seront diverses, non seulement en ce qu'elles correspondront à un oui ou à un non, mais aussi en ce qu'elles se déploieront en des argumentations et s'appuieront sur des preuves qui relèvent de systèmes de pensée radicalement antithétiques.

A la fin de sa longue conversation avec le gouverneur du Canada, sur un étonnement de celui-ci, Dyrcona s'écrie :

« N'en doutés point... Dieu... a peu faire le monde infiny, s'il est vray que l'Eternité n'est rien autre chose qu'une durée sans bornes, et l'infiny une estendue sans limites... l'Univers est eternellement construict de cette sorte [1]... »

C'est évidemment plutôt le problème de l'infinité du monde que celui de son éternité qui est ici abordé, mais on voit bien qu'ils sont liés l'un à l'autre. Comment Dyrcona organise-t-il son raisonnement? Sur deux plans. D'abord il reprend un argument philosophico-théologique déjà utilisé, en particulier par Giordano Bruno pour qui le monde infini n'est que la modalité d'un Dieu infini [2].

Tel est le sens de la réflexion de Dyrcona :

« Et puis, Dieu seroit finy Luy mesme, supposé que le monde ne fût pas infiny, puisqu'il ne pourroit pas estre où il n'y auroit rien, et qu'il ne pourroit acroistre la grandeur du monde qu'il n'adjoustast quelque chose à sa propre estendue, commençant d'estre où il n'estoit pas auparavant. »

Deuxièmement, avec beaucoup d'astuce, Dyrcona reprend à la volée la balle que M. de Montmagnie essayait de renvoyer dans son camp en avouant : « Vous avés beau dire, je ne sçaurois du tout comprendre cet infiny ». Ce pseudo-argument peut être retourné : nier l'infinité du monde, c'est le supposer clos; mais au-delà de cette limite ne faut-il pas placer alors le néant, or « comprenés vous mieux le rien qui est au dela? point du tout ». Seul l'infini de Dyrcona est imaginable, c'est-à-dire peut conclure un effort de représentation rationnelle de la pensée tout entière et prendre sens dans le vraisemblable :

« Quand vous songes à ce neant, vous vous l'imaginés tout au moins comme du vent, comme de l'air, et cela est quelque chose; mais l'Infiny, si vous ne le comprenés

---

1. O. C. Belin, p. 364.
2. Dans le *De l'Infinito,* par exemple :

« Pourquoi frustrer la capacité infinie, entraver la possibilité d'exister à des mondes innombrables et nuire ainsi à l'excellence de l'image divine qui devrait resplendir de tout son éclat en un miroir multiplié, et suivant le monde de son être immense et infini ?... Comment peut-on soutenir que Dieu se restreigne dans sa puissance, son opération ou son effet...? »

In *Le Opere italiane di G. Bruno,* ristampate da Paolo de Lagarde, Gottinga, 1888; p. 315.

en general, vous le concevez au moins par parties, car il n'est pas difficile de se figurer de la Terre, du Feu, de l'air, des Astres, des cieux. Or l'Infiny n'est rien qu'une tissure... de tout cela [1]. »

Infini rassurant que celui-là, et qui ne consiste qu'en une addition de reconnaissables.

Dans la suite du récit, d'autres personnages affirmeront l'éternité ou l'infinité du monde : interrogé par les Séléniens, Dyrcona entend « celuy qui presidoit » lui exposer « ses opinions sur la structure du monde » et surtout « son origine qu'il soustenoit eternelle », alors qu'en face de lui Dyrcona désormais est d'une opinion contraire [2]; un des philosophes lunaires entreprend un discours qui commence par une aguichante formule : « Il me reste à vous prouver qu'il y a des mondes infinis dans un monde infini [3] », mais sans pousser sa démonstration au-delà d'une cironalité universelle déjà exprimée par bien d'autres; un second philosophe propose « une explication de l'origine eternelle du monde », qu'il remet à plus tard [4]; et c'est finalement « le filz de l'hoste » qui dans une longue et passionnée intervention reprendra les deux thèmes [5] : procédant par élimination, il retient comme l'hypothèse la moins absurde celle qui pose l'éternité et l'infinité de la matière, l'atomisme universel, le mouvement perpétuel propre à engendrer l'innumérabilité des corps et à rendre compte de la totalité des phénomènes naturels dans un cosmos où tout est matière; ce n'est pas Gassendi, c'est tout à la fois Démocrite, Épicure, et Lucrèce qui s'expriment par sa bouche.

Plus tard, voyageant au milieu des planètes, Dyrcona remarque « que tous ces Mondes ont encor d'autres petits Mondes qui se meuvent à l'entour d'eux [6] ». Arrivé sur le Soleil, qui est lui-même « un Monde [7] », il voit au-dessus de lui « le Ciel » où rien ne se distingue, infiniment. Campanella encore recourt à l'idée d'une infinité de la vie qui se confondrait avec une sorte de répétitivité de la naissance et de la mort :

> « Nous mourons plus d'une fois; et comme nous ne sommes que des parties de cet Univers, nous changeons de forme pour aller reprendre vie ailleurs; ce qui n'est point un mal, puis que c'est un chemin pour perfectionner son estre, et pour arriver à un nombre infiny de connoissances [8]. »

---

1. Le point de départ de l'argumentation de Dyrcona se trouve peut-être dans G. Bruno (De l'Infinito, édit. cit. p. 310) : un « monde fini citérieurement... est plus difficile à imaginer que de penser que l'univers est infini, et immense. Car nous ne pourrions fuir le vide, si nous voulions poser l'univers fini. »
2. O. C. Belin, p. 395.
3. Ibid., p. 405.
4. Ibid., p. 406.
5. Ibid., pp. 408 et sq.
6. Ibid., p. 446.
7. Ibid., p. 455.
8. Ibid., p. 500.

Mais tous ne partagent pas cette croyance en l'infinité et l'éternité du monde. Outre Montmagnie, Dyrcona à certains moments, on peut être assuré que Gonsales se représente le monde comme fini. Lorsqu'il interroge Dyrcona : « Le monde entier n'est il pas enveloppé de rien ? [1] », il renoue avec une conception de l'univers qui est celle de Platon, des aristotéliciens qu'il déteste, d'une certaine interprétation de la Bible, et d'astronomes réputés comme Copernic, Kepler et ses « solides parfaits », etc... Si dans le Soleil, les Oiseaux semblent croire au moins à la multiplicité des mondes — à défaut de leur infinité : le Phénix utilise deux formules ambiguës, « en quelque monde que ce soit » et « dans chaque monde [2] » —, et peut-être à l'éternité — un des Oiseaux du Paradis parle de « l'infinité du temps [3] » —, on peut douter de l'opinion des Chênes de Dodone dont la théorie de l'économie cosmique suppose plutôt un monde clos et borné où la circulation de l'énergie puisse se pratiquer sans perte : « afin que l'eternelle circulation de ces petits corps de vie penetre successivement tous les globes de ce grand Univers [4] » — (on remarquera combien l'emploi de l'adjectif « eternelle » peut ici prêter à confusion) —.

Ajoutons à cela une remarque importante. Fait troublant, même lorsqu'ils soutiennent l'opinion de l'éternité du monde ou de la matière, les héros de *L'Autre Monde* n'excluent pas l'idée d'un commencement; le commencement du monde organisé. Au début était le Chaos. Le « filz de l'hoste » lui-même pose la question [5] :

> « Mais, me dirais-vous, quand je vous accorderois la Matiere eternelle, comment ce chaos s'est-il harangé de soy mesme ? »,

autrement dit : comment est-on passé de la matière éternelle à « ce grand univers si beau, si bien reglé [6] » ? Le monde que nous connaissons s'est donc un jour inscrit dans l'espace et dans le temps. Dans *Les Estats du Soleil* Dyrcona y revient, s'interroge sur ce qui s'est produit « au débroüillement du Cahos [7] »; mais il est vrai que, comme beaucoup d'autres personnages du récit, il y adjoint un acte de foi : « apres que Dieu eut creé la matiere ». Vocabulaire analogue dans l'exposé un peu surprenant que fait Dyrcona devant Campanella de la doctrine cartésienne :

> « quoy qu'il fut Epicurien, afin d'avoir l'honneur de donner un principe aux principes d'Epicure, c'est-à-dire aux atômes, il a étably pour commencement des choses un cahos de matiere tout à fait solide [8] ».

---

1. O. C. Belin, p. 387.
2. *Ibid.*, pp. 464-465.
3. *Ibid.*, p. 475.
4. *Ibid.*, p. 487.
5. *Ibid.*, p. 408.
6. Id.
7. *Ibid.*, p. 447.
8. *Ibid.*, p. 494.

Les systèmes exposés manquent-ils de cohérence, se tissent-ils de contradictions ? peut-être. On pourrait toutefois lever certaines objections en faisant observer que dans son illogisme même [1] l'image du chaos est porteuse d'un thème de réflexion grave et fécond, celui de la fin de notre monde. Au fond, ce sur quoi tous veulent insister, c'est la conscience de notre précarité, puisque l'univers « si beau, si bien reglé », dont l'ordre, l'harmonie, l'apparente solidité pourraient faire croire à la perpétuité, doit quelque jour se détruire. La notion d'un commencement, donc l'image du chaos, ne sont là qu'en préparation de l'idée de la Fin — idée qui les rend nécessaires dans l'argumentation. Ce que la matière a fait se défera, sera défait : la matière subsiste, mais les formes de sa création — le monde que nous percevons, et celui qui est au-delà de notre perception — sont éternellement menacées de disparition.

L'exemple du soleil

Aucun exemple n'illustre mieux la diversité des points de vue, la variété des perspectives sur le monde et la nature, l'intrication des thématiques de la science, de la religion, de la philosophie et de l'esthétique, que celui du soleil. Dyrcona s'en entretient longuement avec M. de Montmagnie; c'est pour lui à ce moment un « grand feu... attaché à quelque matiere qui le nourrit [2] ». Or cent dix pages plus loin le même Dyrcona explique que le feu du soleil est un feu subtil et « ne peut estre meslé d'aucune matiere [3]», donc ne peut brûler. D'une part « le soleil desgorge tous les jours et se purge des restes de la matiere qui nourrit son feu [4] », et la macule est « un cahos de matiere confuse... dont le Soleil s'estoit purgé [5] ». D'autre part, si l'on en croit Campanella, « ce Monde cy (= le Soleil) n'est formé d'autre chose que des esprits de tout ce qui meurt dans les orbes d'autour [6] ». Ici l'on lit que le Soleil est un « grand et parfait animal », un « elixir » qui « opere par la chaleur d'un million de ces ames rectifiées [7] » qui viennent de l'univers constituer sa masse; qu'il « a pris place au centre de l'Univers [8] », qu'il est « nostre Pere commun [9] », le vrai Royaume des Philosophes, le siège des quintessences. Là on nous enseigne que le nombre des soleils est infini comme le nombre des mondes [10], qu'il faut donc renoncer à l'héliocentrisme copernicien, que les planètes

---

1. On comprend mal en effet pourquoi dans une philosophie de la matière éternelle et éternellement créatrice, l'ordre — quel qu'il soit — s'établirait à un moment plutôt qu'à un autre.
2. O. C. Belin, p. 364.
3. Ibid., p. 445.
4. Ibid., p. 364.
5. Ibid., p. 449.
6. Ibid., p. 493.
7. Id.
8. Ibid., p. 362.
9. Ibid., p. 454.
10. Ibid., p. 364.

sont des soleils éteints et que la même extinction menace peut-être le Soleil [1]. Ici et là, donc, la nature et le statut du soleil sont présentés de manière contradictoire, sans que l'auteur du récit paraisse s'en soucier [2].

Végétaux et animaux

Lors de ses voyages cependant, Dyrcona ne manque pas de faire des découvertes et d'additionner les expériences fructueuses. Ils se concluent en particulier par une leçon peut-être essentielle : l'homme n'est pas seul dans le monde; ni sur la terre, ni dans la Lune, ni sur le Soleil, il n'apparaîtra comme locataire unique, et par là même privilégié, du Cosmos. Dans *Les Estats et Empires de la Lune*, à plusieurs reprises, le Démon de Socrate développe le thème de la dignité du règne végétal; son éloge du chou [3], sous une forme amusante, renoue avec l'hypothèse de l'animation universelle — « Vous aneantisses l'ame d'un chou en le faisant mourir », s'écrie-t-il. Tandis que pour « le filz de l'hoste » tout ce qui existe est le produit d'un agencement d'atomes, pour le Démon de Socrate comme pour les Chênes de Dodone les végétaux mêmes sont doués d'une vie sensitive si parfaite et si subtile qu'elle fait d'eux des êtres de sensibilité : que la sensibilité suffit à définir. Ainsi les Chênes de Dodone apparaissent-ils à Dyrcona comme mus par la pitié [4], curieux et soucieux des situations passionnelles, des problèmes d'amour et d'amitié [5], tout autant que munis de moyens d'appréhension du monde extérieur (le pouvoir de « sentir » la présence de « ces animaux qu'on appelle Hommes [6] », de « sentir » les regards [7], etc.), ou d'instruments de communication avec lui, outre la parole, qui sont de l'ordre du toucher, du contact caressant, « vent doux et subtil [8] », qui créent autour d'eux une atmosphère d'émotivité, d'intense affectivité, de « sympathie ». Si pour le petit homme de la macule la « puissance... de vegeter [9] » n'est l'effet que d'une première coction de la bourbe originelle par le soleil, encore devons-nous noter que cette première coction est nécessaire aux deux autres qui achèvent la conception de l'être parfait ; « le filz de l'hoste » soutient fortement que la plante n'est, ni plus ni moins que le minéral, l'animal ou l'homme, qu'un accident inévitable du « remuement » de la matière [10]; et le Démon réaffirme sa foi dans l'existence d'une sensi-

---

1. O. C. Belin, p. 447.
2. On pourrait encore rappeler que p. 364 le Soleil semble destiné à embraser quelque jour l'univers entier comme un feu dévorant, alors que plus loin son feu inoffensif se confond avec la luminosité.
3. *Ibid.*, pp. 402-405.
4. *Ibid.*, p. 478 ou p. 479.
5. *Ibid.*, pp. 480-486.
6. *Ibid.*, p. 478.
7. Id.
8. *Ibid.*, p. 479.
9. *Ibid.*, p. 449.
10. *Ibid.*, p. 409.

bilité universelle, commune au végétal comme à l'homme, et à toutes choses, même si elles ne sont pourvues ni d'yeux ni d'oreilles ni d'organes du mouvement [1], au sein d'une organisation toutefois hiérarchique des existants. C'est avec une fréquence plus grande encore que les personnages du récit soulignent la valeur de la condition animale. Moins malicieusement peut-être, et en tout cas dans une autre intention que Lucien écrivant *Le Songe ou le Coq*, le narrateur multiplie, aux dépens d'une réassertion de la primauté humaine, les dialogues, les situations, les épisodes, propres à valoriser l'animalité. C'est la suite logique de la démonstration précédente sur les mérites des végétaux. Mais de plus, certains des personnages principaux sont dotés d'attributs animalesques, quand ils ne sont pas tout simplement des animaux : les Séléniens ne marchent-ils pas à quatre pattes ? « les quadrupedes, les volatilles » n'ont-ils pas leurs « estats » dans le Soleil [2] ? Dyrcona ne passe-t-il pas la douloureuse épreuve de la sagesse animale au Royaume des Oiseaux ? Non seulement les Oiseaux sont capables de raison — et Dyrcona d'ailleurs l'avait soutenu sur terre contre ses propres congénères [3] —, et de la raison la plus spéculative, mais ils possèdent par-dessus tout le sens de la justice [4], et la faculté de s'émouvoir, la noblesse du cœur [5]. Paradoxe ? abus de confiance ? Il est vrai que sur terre les chiens sont des chiens [6], et que le cheval de Dyrcona semble bête peu raisonnante [7]; qu'un Oiseau de Paradis réduit ce qu'il appelle « les brutes» à leur matérialité, l'animal définissant ainsi l'animal comme machine, à la manière de Descartes [8]. Et pourtant le roman tout bien considéré semble tendre à une réhabilitation du monde animal; c'est le cheval-mulet de Dyrcona qui se charge de régler son compte au Curé de Colignac, et cela pourquoi? parce qu'il était « peut-estre » poussé par « les secrettes lumieres de son instinct [9] ». Le même terme d' « instinct » avait déjà figuré dans la plaidoirie prononcée par le Démon de Socrate en une formule qui pourrait être le fin mot de la pensée du narrateur [10] : l'animalité est méritoire parce qu'elle traduit une fidélité indispensable à la Nature, dont l'homme s'est départi. Il faut qu'il recouvre en lui l'animal qu'il est ?

---

1. C'est l'opinion de Campanella, dans le *Del Senso delle Cose e della Magia*, Libro III, Capit. 1 à 14, avec une référence à Pythagore et contre l'opinion d'Aristote.
2. O. C. Belin, p. 492.
3. *Ibid.*, p. 477.
4. *Ibid.*, p. 468 ou p. 477.
5. *Ibid.*, pp. 468-469.
6. *Ibid.*, pp. 423-424.
7. *Ibid.*, p. 432.
8. *Ibid.*, p. 475.
9. *Ibid.*, p. 441.
10. *Ibid.*, p. 396 : « *Les brutes n'agissent que par instinct de nature ; doncques c'est la nature qui le dit, et non pas luy.* »

CHAPITRE 2

L'HOMME A SA PLACE

Géocentrisme et Anthropocentrisme

Il y avait eu une perversion du géocentrisme. A l'origine, lorsqu'un Pythagore par exemple figure l'Univers clos comme une sphère dont la terre serait le centre, a-t-il dans l'esprit de privilégier notre planète? nullement. Et l'on s'en rend compte lorsque Platon et Aristote conçoivent leur cosmologie sur le modèle de la sienne. Aristote situe la Terre au cœur du Cosmos; autour d'elle, comme des enveloppes superposées à distance, neuf sphères concentriques, transparentes, où sont fixés dans l'ordre : la Lune, Vénus, Mercure, le Soleil, Mars, Jupiter, Saturne, les étoiles; et sur la dernière, Dieu lui-même ou le moteur immobile, sphère ultime et extérieure qui ne tourne pas mais fait tourner les autres; la Terre est inerte et, bas-fond de la région sublunaire, est soumise aux changements et au temps, alors qu'au-delà de la Lune se situent les régions éthérées, royaume de l'éternel et lieu du mouvement parfait, le mouvement circulaire.

Or le christianisme va opérer dans la cosmologie antique un formidable investissement idéologique. La centralité de la Terre devient alors vertu, preuve d'amour exceptionnel de Dieu pour une partie de sa création. Etre au centre du monde, c'est être le centre du monde : « umbilicus mundi ». Du même coup, l'homme, privilégié de la Terre, prenait le titre de roi de la création. Un tel géocentrisme engendrait l'anthropocentrisme. Tout dans le Cosmos se rapportait à nous, se mesurait sur nous; nous étions modèle, nœud, réceptacle de l'univers; son alpha et son oméga. Cette vision du monde impliquait des droits d'exclusivité absolue de l'espèce humaine. Ce que Dieu a créé, il le lui a donné. Tout ce qui existe existe pour nous, pour nous seuls : cette possession et cette solitude font notre grandeur. L'univers n'a d'autre destination que notre usage, notre avantage, notre service; tourné vers nous, s'offrant à nous, il justifie l'hypothèse finaliste de l'anthropocentrisme.

Mais si le géocentrisme n'avait été qu'un rêve? Si, après tout, la Terre n'était qu'une planète parmi d'autres, comme les autres? L'homme serait pour la seconde fois déchu, pour la seconde fois chassé du Paradis. Entraîné par le tourbillon planétaire, il se sentirait saisi du vertige de sa vanité. Tel fut le sens évident de l'héliocentrisme copernicien. Ajoutons-y une conséquence immédiate : la Terre tournant autour du Soleil comme Jupiter ou comme Mars, il ne pouvait plus y avoir d'absurdité à imaginer, même à supposer que ce qui existait ici pouvait exister ailleurs, que le phénomène humain s'était produit sur d'autres « Terres », sous d'autres cieux, que nous n'habitions plus seuls l'espace, et que Dieu ou la Nature avait pu vouloir peupler tout aussi bien la Lune. Le problème de « l'œcuménisme » avait autrefois constitué un aimable divertissement, un sujet d'école; il prenait aujourd'hui une terrible valeur de réalité, lorsque poussant à leur terme les réflexions de Copernic, Giordano Bruno faisait éclater la clôture du monde, proclamait son infinité, donc l'infinité des systèmes solaires et des terres semblables à la nôtre. La découverte des taches solaires, de l'activité du soleil, la réfutation du dogme de l'incorruptibilité des cieux, précisaient la nouvelle vision du monde.

Pour des raisons d'orthodoxie religieuse fondée sur une lecture littérale de la Bible, et sous laquelle chez certains se dissimulait une réaction d'orgueil blessé et de peur du vide humain — après tant de siècles de croyance en son trop-plein —, une véritable résistance aux propositions de la science s'organisa, comme l'on sait. C'est dans ce contexte polémique que le roman de Cyrano prend place, non le premier certes, mais un des principaux, au nom d'une défense de la vérité éprouvée et contre une utilisation abusive de la vérité révélée.

Avec une générosité qui peut-être choqua, le Démon de Socrate, né lui-même dans le Soleil, mais habitant parmi les Séléniens, prouve le mouvement en marchant :

> « ... par ce que quelquefois nostre Monde se trouve trop peuplé à cause de la longue vie de ses habitans..., de temps en temps nos magistras envoyent des colonnies dans les mondes d'autour [1]. »

Ou bien Dyrcona, observateur lucide, ne manque pas de noter que le Cosmos se répète : « Je laissay sur ma route, tantost à gauche, tantost à droite, plusieurs terres comme la nostre »; ou qu'aucune planète ne présente de différence apparente qui la privilégierait aux yeux du savant « ... les Planetes sont, comme la Lune et la Terre, des globes sans clarté qui, etc. [2]... » Toute la force de l'argumentation du voyageur tiendra dans ce que son récit lui permet de constater sur place, dans son expérience vécue : il dit ce qu'il a vu; existe-t-il meilleure preuve? la Lune EST habitée, le Soleil EST habité; l'homme n'a plus qu'à se tenir à sa place. Le finalisme et l'anthropocentrisme de M. de Montmagnie n'ont plus que valeur documentaire, vestiges d'une mentalité primitive, préscientifique, qu'on ne sauvera pas de l'absurdité par les recours dérisoires d'une rationalité en déroute [3].

---

1. O. C. Belin, p. 378.
2. *Ibid.*, p. 446.
3. Rappelons-nous le propos d'un Jésuite cité par Montmagnie :

> « ... la Terre tourne, non point pour les raisons qu'allegue Copernic, mais pour ce que le feu d'Enfer, ainsy que nous l'apprend la Saincte Escriture estant enclos au centre de la terre, les Damnez qui veulent fuir l'ardeur de la flame, gravissent pour s'en esloigner contre la voute, et font ainsy tourner la Terre, comme un chien faict tourner une roue lors qu'il court enfermé dedans ». O. C. Belin, p. 363.

De ce point de vue *L'Autre Monde* sera donc une acerbe mise en question de l'homme. Le voyageur interplanétaire fera la découverte de la faillite humaine, en des circonstances ou selon des procédés qui pour varier de forme n'en résultent pas moins constamment dans une espèce d'anti-humanisme. En assénant à Dyrcona son panégyrique-prosopopée du chou [1], le Démon de Socrate ne se contente pas d'exalter « le végétant », il réduit « le raisonnable », il abolit l'esprit de privilège des hommes : « De dire que Dieu a plus aymé l'homme que le chou, c'est que nous nous chatouillons pour nous faire rire. » Il est vrai qu'il parle avec superbe, en habitant du Soleil peut-être méprisant et excessif. Mais Dyrcona n'a-t-il pas lui-même dès sa rencontre avec M. de Montmagnie jeté notre statue à bas de son piédestal ?

« Quoy ! par ce que le Soleil compasse nos jours et nos années, est-ce à dire pour cela qu'il n'ayt esté construict qu'afin que nous ne nous coignions pas de la teste contre les murs ? Non, non, Si ce Dieu visible esclaire l'Homme, c'est par accident, comme le flambeau du Roy esclaire par accident au crocheteur qui passe par la rue [2]. »

Et parmi les images de nous que la fiction nous propose, il en est une saisissante, celle du rossignol rencontré par « le Peuple des regions éclairées » du soleil, incapable de concevoir une vérité supérieure à quelque rationalisation de ses perceptions, « si fort ingenieux à se tromper », au point de se refuser à voir, ou de crier au miracle [3] — écho dérisoire d'un premier sarcasme sur l'ignorance d'une humanité qui ne cesse de ne pas découvrir l'Amérique [4]. Ainsi les Séléniens se trouvent-ils fondés à reprendre à leur compte « les causes finales », à parodier très ironiquement nos prétentieuses explications [5]. Dans ce « monde à l'envers » et déshumanisé, les Oiseaux du Soleil résument l'opinion commune « Hé quoy, murmuroient-ils l'un à l'autre, il n'a ny bec, ny plumes, ny griffes, et son ame seroit spirituelle ? O Dieux ! quelle impertinence [6] ! »

Dans le roman de Cyrano l'interrogation sur l'homme, inquiète, polémique ou sereine, est le fait de tous. Peut-on s'en constituer une doctrine ? Pour Gonsales le problème de l'homme ne se pose qu'au terme d'une reconstitution des mécanismes d'union et de circulation des quatre éléments fondamentaux de sa physique; nous sommes des corps composés comme il en est : « dans un homme il y a tout ce qu'il fault pour composer un arbre;... dans

1. O. C. Belin, pp. 402-405.
2. *Ibid.*, p. 364.
3. *Ibid.*, p. 461.
4. De même que le rossignol proclame que la rivière et le bateau « *estoient dans le bois dès la creation du Monde, mais qu'on n'y avoit pas pris garde* », de même l'Amérique « *n'avoit point encore esté descouverte* », parce qu'elle « *n'y estoit point encore* » etc... O. C. Belin, p. 365.
5. *Ibid.*, pp. 390-391.
6. *Ibid.*, p. 150.

un arbre il y a tout ce qu'il fault pour composer un homme [1] ». Le docteur sélénien rencontré chez un hôte préfère traiter le sujet dans une autre perspective : l'homme, animal parmi les animaux, se situe à mi-chemin de l'infiniment grand auquel il s'intègre et de l'infiniment petit qui le compose; non pas vision métaphysique de la cironalité, mais réminiscence à travers Bruno ou Campanella de l'hypothèse de l'animalité universelle des naturalistes de la Renaissance : « et nous, à nostre tour, sommes aussy des mondes de certaines gens encore plus petits comme des chancres, des poux, des vers, des cirons [2] ». Ou bien faut-il en croire davantage « le filz de l'hoste » qui à l'affirmation de l'unicité de la matière ou à la dualité macrocosme-microcosme propose de substituer la notion de production naturelle de l'objet-homme par le pur jeu des rencontres nécessaires de la matière atomique et sous l'action du feu-énergie? nous apparaissons au bout d'une chaîne énumérative non comme l'accomplissement définitif, mais seulement comme le plus complexe, ni plus ni moins éphémère, autres sans cesser d'être semblables.

« Un peu plus de certaines autres figures, c'eust esté la plante sensitive, une huistre à l'escaille, un ver, une mouche, une grenouille, un moineau, un singe, un homme [3]. »

L'appartenance de l'homme à l'ordre naturel des choses est encore mieux marquée dans le curieux épisode de la macule, dont l'habitant invite Dyrcona à assister à la naissance d'un nouvel être humain, pur et simple résultat de l'action fécondante de la chaleur solaire sur « la bourbe grasse » et limoneuse dont le Soleil venait de se purger : à la troisième coction l'homme sortira d'une « matrice » où depuis neuf mois il est conçu [4].

Et pourtant le lecteur ne pourrait-il pas de ces exemples tirer aussi la conclusion que, sans être tout à fait à part, l'homme marque un degré plus achevé du travail de la Nature? Pour l'un, c'est sa position moyenne qui, malgré sa modestie, lui permet néanmoins de pressentir les deux infinis. Pour d'autres, sa confection réclame sans doute de la Nature plus de temps, un dosage plus minutieux des éléments. Quant au Démon de Socrate, prophète d'un évolutionnisme pré-Lamarckien ou pré-Darwinien, il n'hésite pas à tenir devant Dyrcona un discours clairement en notre faveur :

« Ne pouvons-nous donc pas croire, puisque tous les estres en la nature tendent au plus parfaict, qu'ilz aspirent à devenir hommes, cette essence estant l'achevement du plus beau mixte, et le mieux imaginé qui soit au monde, estant le seul qui fasse le lien de la vie brutale avec l'angelicque [5]. »

1. O. C. Belin, p. 390.
2. Ibid., p. 405.
3. Ibid., p. . 409.
4. Ibid., pp. 449-451.
5. Ibid., p. 418.

Le débat reste ouvert. Le même Démon, traitant au beau milieu de son apologie du chou la question des mérites respectifs de celui-ci et de l'homme, s'exclame :

« Dira-t-on que nous sommes faits à l'image du Souverain Estre et non pas les choux ? Quand il seroit vray, nous avons en souillant nostre ame par où nous lui ressemblions, effacé cette ressemblance [1]... »

L'homme : un être déchu?

Qu'est-ce que cette « âme », d'ailleurs ? Le problème est, dans le roman de Cyrano, assez secondaire. Une seule discussion lui est consacrée, à la fin des *Estats et Empires de la Lune* : et encore le sujet abordé par « le filz de l'hoste » et Dyrcona n'est-il pas celui de sa nature mais celui de son immortalité. En dehors de ce passage où se confirme le matérialisme du « filz de l'hoste », le mot « âme » n'est guère employé dans le sens chrétien; il se confond plutôt, selon l'usage scientifique du temps et comme chez Gassendi par exemple, avec une de ses acceptions possibles : le principe vital, ce qui meut le corps de l'animation de la vie. C'est pourquoi — et nous l'avons déjà signalé page 10 — on se gardera de toute interprétation abusive. Si un Chêne de Dodone parle « d'ames, lesquelles... ne sont faites que d'atomes lumineux [2] », on n'en déduira pas même que cet arbre émet la théorie d'un matérialisme animiste; mais que s'agissant des âmes des choses, il retrouve les termes du panpsychisme des Italiens de la Renaissance, remis au goût du jour par Campanella [3]. De même lorsque l'un des Oiseaux suggère l'idée d'une participation de la matière « aux operations intellectuelles », on n'isolera pas cette proposition d'un contexte nettement spiritualiste [4]. Si Campanella, reprenant chez Cyrano une de ses affirmations du *De Sensu Rerum*, justifie son pouvoir de deviner les pensées de Dyrcona ainsi : « ... J'arrangeay toutes les parties de mon corps dans un ordre semblable au vostre; car... j'excite en moy par cette disposition de matiere, la mesme pensée que produit en vous cette mesme disposition de matière [5] »; ou si plus loin il explique le cas du philosophe qui « creve d'esprit [6] » par la surabondance dans son cerveau d' « especes » qui sont « des images fort petites » et qui sont « corporelles », on comprendra qu'il ne veut pas dire que la pensée est le produit de la matière : en effet, outre qu'il est de l'ordre du sens commun, même pour le plus abstrait des idéalistes, de constater que la pensée a besoin du siège matériel du cerveau, on notera que la « pensée » ici est une réflexion circonstancielle, accidentelle, liée à une situation présente et qui émeut, proche de ce qu'on appelait une « passion », donc très propice à reproduction ou imitation. D'autre part, dire que

---

1. O. C. Belin, p. 403.
2. *Ibid.*, p. 487.
3. Un article de J. S. Spink fait le point sur ce sujet. In *French Studies I* (1947), pp. 218-231, *Libertinage et Spinozisme : La théorie de l'Ame Ignée.*
4. O. C. Belin, p. 475. Spiritualisme des Oiseaux qui refusent l'esprit aux hommes, bien sûr.
5. *Ibid.*, p. 489.
6. *Ibid.*, p. 500.

« la mesme disposition de matiere » produit « la mesme pensée » ne signifie nullement que c'est la « disposition de matiere » ou la « matiere » qui produit la pensée, mais très exactement que le conduit ou support matériel de la pensée étant le même dans l'un et l'autre corps, la forme de pensée — c'est-à-dire, nous le répétons, de réaction circonstancielle de l'intelligence — produite est la même. Mais par quoi cette pensée est-elle produite, sinon par un esprit dont Campanella ne dit nulle part qu'il est un épiphénomène de la matière ? Reportons-nous à Descartes, aux *Passions de l'Ame* ; le cheminement est analogue : Première partie, Article IV : « Que la chaleur et le mouvement des membres procedent du corps ; les pensées, de l'ame » — Article X : « Comment les esprits animaux sont produits dans le cerveau » — à partir de l'Article XVII Descartes distinguant dans les pensées « les actions de l'ame » et « ses passions » répond manifestement à notre question [1]. Ajoutons que du reste Campanella ne laisse aucun doute sur le sens de son propos lorsqu'il déclare plus tard [2] : « il est impossible qu'un mesme branle de matiere ne nous cause à tous deux un mesme branle d'esprit ». Ce qu'il met en évidence, ce sont les phénomènes d'interaction.

Quelle que soit donc l'apparente diversité des voies d'accès à « l'homme » empruntées par les personnages de *L'Autre Monde*, elles se recoupent en un carrefour principal. Nature de l'homme ; homme de la Nature. L'homme fait partie de la Nature ; la Nature fait partie de l'homme. Il n'échappe pas à l'unité de l'être universel. Thèse sans surprise, mais au maintien de laquelle *L'Autre Monde* contribue de manière oblique. Car l'auteur, dont la présence est ici indéniable, s'efforce et se préoccupe de corriger le regard complaisant que nous portons sur nous-mêmes, et plutôt que de célébrer à la suite des scolastiques notre spiritualité, il revient sans cesse sur la part de l'animal en nous, sur notre constitution matérielle. L'homme de *L'Autre Monde* se manifeste comme un être vivant, donc physique. Cyrano amplifie le thème de notre nature biologique.

L'homme-corps

Cela suffirait à justifier, s'il le fallait, la fréquence dans le texte des remarques d'ordre médical. L'intensité de la présence du corps leur donne forme d'urgence. Ce qui distingue un homme d'un autre, c'est son « tempérament », c'est-à-dire un effet de sa consti-

---

1. L'article XXL, « Des Imaginations qui n'ont pour cause que le corps ». Les articles XXXI,

> « Qu'il y a une petite glande dans le cerveau, en laquelle l'âme exerce ses fonctions plus particulièrement que dans les autres parties »,

ou XXXII,

> « Comment on connoist que cette glande est le principal siege de l'ame »,

sont certainement à garder en mémoire.
2. O. C. Belin, toujours p. 489.

tution, une propension naturelle organique et physico-chimique à réagir de telle ou telle façon aux stimuli extérieurs. Il y a pour un docteur Sélénien « les flegmaticques » et « les bilieux [1] »; Dyrcona se déclare pour ce qui le concerne « bilieux, mélancolique [2] ». Selon le Démon de Socrate le peuple du Soleil est « d'un temperament fort chault [3] ».

Cette reconnaissance des tempéraments est à la source d'une véritable théorie du comportement. De la chaleur de son tempérament il résulte que le peuple du Soleil « est remuant, ambitieux et digere beaucoup ». Les particularités de chacun exigent d'ailleurs respect strict, au point qu'il faut y adapter les conditions de vie; ainsi dans la Lune Dyrcona se verra-t-il attribuer une nourriture, un lit même, propres à son cas personnel [4]. L'influence des tempéraments ne s'exerce pas seulement sur la vie consciente; elle pèse tout autant sur la vie inconsciente, et en particulier sur la naissance des rêves : Dyrcona après voir avoué : « Je suis bilieux, mélancolique », ajoute : « c'est la cause pourquoy depuis que je suis au monde, mes songes m'ont sans cesse representé des cavernes et du feu [5]. »

Poursuivant la lecture et l'analyse de cet exemple, nous soulignerons combien dans L'Autre Monde l'homme est concret, inscrit dans une réalité matérielle qui est celle de son corps, et soumis au champ des forces du réel extérieur. Sur la Lune toute maison possède son « phisionome » chargé d'entretenir la santé des bienportants [6], médecine préventive à la façon de Campanella [7]. C'est que l'état du corps régit l'humeur, et partant l'activité de l'individu. Lorsque Dyrcona resonge au rêve d'envol, pour une fois heureux, qu'il vient de faire, à quoi attribue-t-il ce changement? « au sang qui s'est répandu par la joye de nos plaisirs d'hyer, plus au large qu'à son ordinaire, a penetré la mélancolie et luy a osté en la soulevant cette pesanteur qui me faisoit retomber [8]. »

Faut-il voir ici l'affirmation d'une espèce de fatalité physiologique? Certes nous n'échapperons pas aux effets fondamentaux de notre matérialité : l'homme de la terre est de toute évidence accablé de pesanteur, tandis que le Sélénien est plus subtil, ou que les peuples solaires possèdent une imagination « laquelle à cause du climat doit estre plus chaude, leurs corps pour la mesme raison plus legers, et leurs individus plus mobiles [9] ». Il existe, déclare un badaud lunaire à Dyrcona, « certains peuples plus immateriels que nous, plus intellectuelz, parce que leur temperament doit correspondre et participer à la pureté du globe qu'ilz habitent [10] ».

1. O. C. Belin, p. 406.
2. Ibid., p. 430.
3. Ibid., p. 479.
4. Ibid., pp. 404-405.
5. Ibid., p. 430.
6. Ibid., p. 404.
7. Dans La Cité du Soleil un médecin veille de même à l'hygiène alimentaire.
8. O. C. Belin, p. 430.
9. Ibid., p. 462.
10. Ibid., p. 415.

Mais à condition d'en prendre conscience nous pouvons dominer notre quotidienneté. Les conditions climatiques vont-elles jusqu'à modifier, altérer notre faculté de jugement? il suffit aux Oiseaux, dans le Soleil, de se garder d'en prononcer aucun pendant les périodes de mauvais temps [1].

Nous sommes un corps et nous sommes un esprit. Le psychosomatisme dans *L'Autre Monde* est aussi complet et aussi soucieux que chez Descartes. A plusieurs reprises, différents personnages insistent sur les liens étroits et l'interaction du physiologique et du psychologique. Traitant des guérisons dites miraculeuses, « le filz de l'hoste » soutient, comme Pomponazzi — et même avec plus de brusquerie —, qu'elles sont le fruit de l'action conjuguée de l'imagination et d'un « bausme universel » présent de tout temps dans notre corps et qu'elle suscite : autrement dit un effort de l'imagination peut multiplier nos défenses immunologiques : « nostre imagination avertie par la douleur va choisir en son lieu le remede specificque qu'elle oppose au venin, et nous guerit [2] ». Lorsqu'un des Chênes de Dodone compose pour « un Orme à trois testes » une ordonnance, il y mêle heureusement les médications naturelles et les remèdes psychologiques : conversations gaies et chants des rossignols [3]. Les cas plus ou moins extraordinaires d'action de l'esprit sur le corps ne sont pas rares dans le roman de Cyrano : une réflexion sur le pouvoir de l'imagination chez le peuple des « regions éclairées du Soleil » remet en mémoire à Dyrcona les exemples analogues cités par Montaigne dans son essai *De la Force de l'Imagination* (I, 21) [4]; lui-même ne doit qu'à « un effort de volonté » la poursuite de son ascension vers le Soleil [5]; le cas le plus curieux est peut-être celui de la faculté qu'ont les philosophes sur le Soleil, en dépit de leur tendance à l'opacité — souvenir de leur origine terrestre —, de se rendre « diafanes » et de matérialiser « par une vigoureuse contention de leur volonté » leurs sentiments d'amour ou de haine, ou de rendre visibles à l'œil nu « à travers leur cerveau ce dont ils se souviennent, ce qu'ils imaginent, ce qu'ils jugent; et dans leur foye et leur cœur, ce qu'ils desirent et ce qu'ils resolvent [6]. »

Telle belle définition de la joie ne résume-t-elle pas l'opinion commune dans le roman sur la dualité de la nature humaine et les mécanismes de conjugaison en nous de la matière et de la pensée?

« N'experimentons-nous pas mesme que la joye qui est un feu, pour ce qu'il ne remüe qu'un sang aërien dont les particules fort deliées glissent doucement contre les membranes de nostre chair, chatoüille et fait naistre je ne scay quelle volupté; et que cette volupté, ou pour mieux dire ce premier progrès de la douleur, n'arrivant pas jusqu'à

---

1. O. C. Belin, p. 468.
2. *Ibid.*, p. 419.
3. *Ibid.*, pp. 477-478.
4. *Ibid.*, pp. 462-463.
5. *Ibid.*, p. 454.
6. *Ibid.*, p. 501. L'idée initiale a pu venir à Cyrano de Sorel, *Le Berger Extravagant*.

menacer l'animal de mort, mais jusqu'à luy faire sentir [qu'il est en vie] cause un mouvement à nos esprits que nous appellons joye? [1] »

Mais l'effort du narrateur ne se borne pas à « philosopher » concrètement sur cette dualité; manifestant une véritable curiosité scientifique pour les problèmes proprement médicaux, il s'interroge tantôt avec un pur esprit de sérieux, tantôt avec quelque fantaisie, sur des points précis, jusqu'à prendre parti dans des querelles d'actualité. Ainsi quand, par suite de la purification exercée sur lui par le soleil, il découvre son corps transparent, il donne une description de ses organes qui fait de lui d'une part un disciple de Platon et de Galien, donc a posteriori de Cardan, Campanella, et Gassendi, et d'autre part un partisan de Harvey dont la découverte de la circulation du sang datait de 1619 mais n'était pas encore admise par tous — (on sait les réticences de Descartes) —; la précision des détails, l'utilisation des termes techniques, l'emploi des couleurs surtout — rares dans *L'Autre Monde* — pourraient faire penser que Cyrano a assisté à des séances de dissection [2].

Ailleurs, ce sont les grands besoins vitaux qui retiennent son attention : la faim et le sommeil. Sa définition de la faim lui permet de risquer quelques hypothèses sur les mécanismes de conservation de la vie par ce que l'on appelait « la chaleur naturelle », et « l'humide radical [3] » où Furetière à la fin du siècle voyait encore « une certaine humeur qu'on croit estre la premiere en chaque chose et qui est le principe de la vie et la cause de sa durée. » Le même vocabulaire traditionnel figure dans l'analyse du sommeil [4]; on n'en saurait faire grief à un auteur dont les connaissances n'ont pas toujours pour bornes le savoir de son temps, et qui s'efforce de réfléchir sur la précision de la mécanique humaine.

Il pousse la curiosité jusqu'à l'exploration de cas exceptionnels comme celui des jumeaux de Paris dont Campanella parle à Dyrcona [5], et de l'exemple très systématisé et détaillé desquels il tire un argument en faveur de l'hypothèse que nous avons déjà étudiée : « un mesme branle de matiere cause... un mesme branle d'esprit. » Il imagine d'autres manières de se nourrir qui multiplient les virtualités du corps, diminuent les inconvénients de la pratique alimentaire habituelle; et il ponctue son propos d'exemples tirés de l'expérience quotidienne [6]. C'est le petit homme de la macule qui expose la théorie probablement empruntée à Galien des trois coctions par lesquelles l'être vivant passe de la végétativité à l'intellectualité, croyances du temps, opinions répandues même chez les médecins [7], et que viennent grossir d'amusantes considérations biologiques sur les conditions de lieu, de durée et d'oppor-

1. O. C. Belin, p. 446.
2. *Ibid.*, p. 453.
3. *Ibid.*, p. 445.
4. *Ibid.*, p. 452.
5. *Ibid.*, p. 489.
6. *Ibid.*, p. 382.
7. *Ibid.*, p. 450. Cf. J. Roger, *op. cit.*

tunité des générations comparées de l'homme, du cheval et du singe. Médecine paracelsienne, mêlée d'observations pythagoriques, dont nous aurions tort de trop nous moquer, si nous pensons qu'à travers elle s'exprime la grande idée de l'appartenance de l'homme à l'univers, ou qu'elle permet au narrateur, tout en s'amusant à coup de métaphores, d'ébaucher la théorie cellulaire, de faire un exposé d'anatomie pathologique, par la bouche d'un savant sélénien qui paraît bien s'être déjà servi d'un microscope [1]. C'est tout aussi sérieusement que « le filz de l'hoste » emprunte à Lucrèce et à Gassendi son explication atomiste des phénomènes de la perception, tentative à cette époque ultime pour rendre compte des opérations qu'avec nos sens nous pouvons pratiquer, et au terme de laquelle « le filz de l'hoste » avance une idée qui semble annoncer la découverte de l'influx nerveux et de sa vitesse de transmission [2].

Bref, au bout du compte et du récit, nous sommes disséqués, percés à jour; chacun des personnages nous a remis à notre place, dans notre double réalité de corps et d'esprit, de matière et de pensée indissociables et toujours en rapport de réciprocité; complexes, hybrides, objets et sujets, soumis aux lois universelles et parfois capables d'y échapper, en tout cas *explicables*.

LE PROBLÈME DE LA VIE ET DE LA MORT

Il est assez remarquable que ce problème soit traité au fil du texte dans une perspective scientifique sous la forme de la naissance de la vie ou de l'occurrence de la mort, plutôt que dans le cadre d'une réflexion métaphysique sur les finalités de l'existence.

Ici de nouveau les opinions vont diverger, et les discours se diversifier. Si pour tous la vie est l'effet d'une cause première, les personnages ne s'accordent guère sur l'identité de cette cause. Pour certains la vie est une création, un don de Dieu; ils n'ont plus qu'à s'interroger sur ses modalités et son entretien, ou plus simplement encore, puisqu'elle ne fait pas problème, à en tirer une jouissance immédiate : selon l'admirable formule des Oiseaux [3], reprise plus loin par Campanella [4], vivre c'est « se sentir estre ». Le don de la vie s'accompagne du sentiment de l'existence : je sais, je sens que j'existe, et tout mon effort consiste à me conserver vivant.

Pour d'autres la réponse ne saurait être aussi évidente. Campanella explique à Dyrcona que la vie a son secret, que seul connaît le Soleil [5]. C'est avec quelque prudence qu'un des docteurs séléniens propose une théorie de la vie :

> « Peut-estre que notre chair, nostre sang et nos esprits ne sont autre chose qu'une tissure de petits animaux qui

---

1. O. C. Belin, pp. 405 et sq.
2. *Ibid.*, pp. 410 et sq.
3. *Ibid.*, p. 475.
4. *Ibid.*, p. 493.
5. Id.

s'entretienent, nous prestent mouvement par le leur, et se laissant aveuglement conduire à nostre volonté qui leur sert de cocher, nous conduisent nous mesme et produisent tout ensemble cette action que nous appelons la vie [1]. »

C'est à peine si notre propre vie nous appartient encore. Tout tourne au fond autour de l'interrogation sur le sens du mot « animation » : présence d'une âme — qui pourrait être immortelle —, ou pur mouvement mécanique? « Le filz de l'hoste » s'exprime exactement dans ces termes devant Dyrcona : après avoir affirmé que le mouvement est une propriété exclusive de la matière atomique poussée et agencée à coup de remüement par le feu-énergie [2], il tâche de démontrer à son interlocuteur que l'homme, comme tout être vivant, n'est rien d'autre que le lieu d'exercice des mécanismes de la matière. Voilà pourquoi il insiste si minutieusement sur l'analyse des phénomènes de perception : il importe à sa théorie qu'il puisse prouver que même les opérations des sens résultent des mouvements des atomes, parce qu'alors effectivement il aura établi l'existence de l'homme-machine. « Il n'est pas jusqu'à l'operation des sens... que je n'explique fort aysement avec les petits corps [3] ».

La démarche des Oiseaux est la même, mais elle distingue opportunément les êtres privilégiés qu'ils sont eux-mêmes, et les animaux dans lesquels ils ne voient guère qu'un assemblage matériel [4].

Deux épisodes enfin, où le narrateur aborde les mêmes thèmes peuvent nous embarrasser plus que nous donner des éléments de réponse. L'apparition de la vie humaine sur la macule, sous la seule action du soleil qui cuit et recuit la « bourbe grasse et féconde », se fait de manière surprenante; cependant l'idée des coctions perfectives par la succession des rapports du chaud et du froid et celle de la fécondité absolue de la terre sont à rapprocher des théories de l'alchimie, et du vitalisme de la Renaissance italienne [5]. Quant au second épisode, il s'agit de celui où le peuple des regions éclairées du Soleil se métamorphose sous les yeux de Dyrcona en un jeune homme de « taille mediocre [6] » : d'une part les « vortices » par lesquels s'effectue la composition de ce corps humain rappellent les tourbillons qui, selon Descartes, animant la matière primitive ont fini par l'organiser, et par exemple l'ont condensée en astres, ou bien cette danse tourbillonnaire figure la danse des atomes épicuriens dont l'auteur, dans un saisissant raccourci, nous offre le spectacle opératoire; mais d'autre part une évidence s'impose : ce mouvement n'est pas la vie, qui n'est créée que par adjonction, l'insufflement d'un principe d'animation [7] — ici représenté par le petit Roy — dont l'origine demeure mystérieuse.

1. O. C. Belin, p. 405.
2. Ibid., p. 409.
3. Ibid., pp. 410 et sq.
4. Ibid., p. 475.
5. A la suite de Démocrite.
6. O. C. Belin, pp. 458-459.
7. Le texte est très clair : « Tout cet amas de petits Hommes n'avoit point encor auparavant donné aucune marque de vie; mais si-tost qu'il eut avalé son petit Roy, il ne se sentit plus

Ayant abordé le sujet de la naissance de la vie, il était inévitable que les personnages de *L'Autre Monde* traitent plus ou moins directement le problème de la génération spontanée. Gassendi avait émis l'opinion que la génération spontanée s'expliquait par l'existence dans la nature de semences cachées, tissures de particules, peut-être créées par Dieu ou peut-être résultant de l'agitation des atomes dans le sol [1]. Personne dans le roman ne reprend littéralement cette hypothèse; mais il n'y a guère que le petit homme de la macule, en cela encore disciple des vitalistes italiens, à croire à une fécondité immédiatement créatrice de quelque terre que ce soit — même privilégiée; le limon maculaire engendre les hommes comme on a longtemps cru que la viande engendrait vers et mouches. Pour Gonsales, en revanche, il ne saurait être question de génération spontanée : en effet si l'on trouve immanquablement du poisson dans l'eau, ce n'est pas par quelque miraculeuse opération de fabrication ex nihilo, mais parce que tout est dans tout [2], l'homme dans l'arbre, l'arbre dans l'homme, le poisson dans l'eau, l'eau dans le feu; il suffit au Créateur ou à la Nature d'organiser différemment les éléments de ce tout. La théorie atomiste du « filz de l'hoste » nie avec plus de radicalité encore la possibilité de la génération spontanée, puisque par le mouvement des atomes la matière crée incessamment des êtres et des objets nouveaux auxquels elle confère du même coup l'animation vitale. Donc, d'une manière générale, dans ce texte, toute apparition de la vie suppose — sauf sur la macule — un état antérieur et préparatoire de la matière. Telle expression du narrateur, parlant du « Rossignol, createur de soy-mesme [3] », ne doit pas nous induire en erreur : « le petit Roy » crée sa forme, non sa propre matière; il ne peut se donner la vie; dans la nature originelle, l'individu libre, par la force de son imagination ou de son désir, peut disposer de son apparence, c'est-à-dire de la matière par laquelle il est constitué; on suppose que par le jeu des atomes et du vide cette matière est extensible en volume [4], mais qui la crée?

Le même souci de raison conduit les réflexions sur la mort. Un homme est né; il mourra. Comment meurt-on? et qu'est-ce que la mort? Seul Campanella, vers la fin du récit répond plus ou moins à ces questions, et encore ne s'intéresse-t-il qu'à la mort « des animaux du Soleil [5] » ou à celle des philosophes [6], morts plus lentes à venir que la commune et terrestre, et qui ne surviennent que lorsque l'être est arrivé au terme naturel de son usage et de la jouissance de soi. L'animal solaire s'éteint — (au sens propre

---

estre qu'un. » La dernière partie de la formule où s'affirme le sentiment de soi du nouvel être étaie notre interprétation : l'auteur nous dit métaphoriquement quelque chose d'important, nous assistons à la naissance d'un homme corps et « âme ».

1. Dans les *Paradoxes*. O. Bloch, *op. cit.*, pp. 266 et sq., en fait une très intéressante analyse.
2. O. C. Belin, p. 388.
3. *Ibid.*, p. 463.
4. Par exemple, les sujets du petit Roy sont tantôt des nains minuscules, tantôt des particules de chair, et tantôt des aigles.
5. *Ibid.*, p. 493.
6. *Id.*

puisque son âme est constituée de particules ignées) —, et le philosophe crève d'esprit, après le plein emploi des forces que leur a conférées la Nature; la mort est un dénouement rendu nécessaire, et par conséquent dépourvu de tout caractère de cruauté, par les lois de l'Univers. Les Oiseaux de Paradis [1] réutilisant les thèmes philosophiques des *Troyennes* de Sénèque, et reprenant brièvement le discours de Sejanus dans *La Mort d'Agrippine*, lient semblablement l'extinction de la vie chez l'animal démuni d'âme immortelle — pour « le filz de l'hoste », tous les êtres vivants sont dans ce cas — à une action physique de la matière, démystifient la mort et abolissent l'angoisse qui pourrait naître de son imagination. « Celuy qui n'est pas né n'est pas malheureux. Or tu vas estre comme celuy qui n'est pas né; un clin-d'œil apres la vie, tu seras ce que tu estois un clin-d'œil devant... »

La mort est d'ailleurs d'autant moins angoissante dans *L'Autre Monde* qu'elle est inséparable de la vie. A peu près tous les personnages conviennent que ce qui a été sera. Ils expriment l'idée rassurante du cycle Vie-Mort-Vie. La pratique de l'incinération dans la Lune permet de séparer « le pur de l'impur » et d'expédier l'Ame jusqu'à « la terre de certains peuples plus immateriels » auxquels elle s'intègre [2]. L'anthropophagie ou plutôt l'hématophagie des Séléniens garantit au moribond qu'il revivra dans un état nouveau. Gonsales, le Démon de Socrate et Dyrcona affirment avec plus ou moins d'adresse et de subtilité les idées de circulation de la matière vivante, de « metempsichose plus raisonée que la Pitagoricque [3] » ou encore de résurrection des corps. Les Oiseaux eux-mêmes, si prompts à condamner l'animal humain à l'éphémérité de sa matière, finissent cependant par lui concéder que « la mort au lieu d'aneantir la matiere, elle n'en fait que troubler l'oeconomie » et que, précisent-ils s'adressant à Dyrcona, « cessant d'estre ce que tu estois, tu commenceras d'estre quelque autre chose... Oüy, tu auras l'honneur de contribuer, quoy qu'aveuglement, aux operations intellectuelles de nos mouches [4]. » A peine Campanella a-t-il décrit la mort de l'animal solaire qu'il entreprend de reconstituer le cheminement par lequel les petits corps ignés libérés par « le trépas », trempant dans les trois fleuves de Mémoire, d'Imagination et de Jugement, réaniment les êtres vivants [5]. Mieux encore, cette succession de la vie à la mort peut être créatrice de progrès, et de même que pour le Démon de Socrate l'évolution naturelle tend à la perfection humaine ou que pour les Oiseaux l'animal humain qu'ils mangeront gravira l'échelle des êtres, de même pour Campanella le philosophe solaire meurt pour le mieux : « ce qui n'est point un mal, puis que c'est un chemin pour perfectionner son estre [6]. »

La vie triomphe. Les formes s'effacent — et nous ne sommes

1. O. C. Belin, pp. 474-475.
2. *Ibid.*, p. 415.
3. *Ibid.*, p. 418.
4. *Ibid.*, p. 475.
5. *Ibid.*, p. 499.
6. *Ibid.*, p. 500.

peut-être que formes —, la matière se fait et se défait; d'autres formes se dessinent, d'autres êtres surgissent; l'univers est le champ infini où la Nature — Dieu? — exerce le pouvoir illimité de son dynamisme. La mort n'est qu'une occasion d'existence.

DIEU

Il est certain qu'au xviie siècle nul ne peut se poser les questions du monde, de la nature, de la vie et de la mort, de l'homme, hors de tout cadre religieux, et que l'interrogation ultime portera nécessairement sur l'existence de Dieu, ses modalités, et ses rapports avec nous. Cyrano d'ailleurs aurait-il voulu s'en dispenser?

Le lecteur du roman se fera peut-être difficilement une opinion sur les enseignements de *L'Autre Monde* ici considéré dans son ensemble. Contrairement à ce qui a été communément soutenu par les commentateurs, l'existence de Dieu y est beaucoup plus souvent affirmée que niée. Dyrcona, M. de Montmagnie, Gonsales, le Démon de Socrate, les Oiseaux, Campanella au nom de Descartes [1], et même la jeune femme venue du Royaume de Vérité [2], la tiennent pour évidente. L'on remarquera en outre que l'idée de Dieu, et de son existence, est parfois introduite dans le discours, sans qu'aucune nécessité y pousse le personnage, ni extérieure, ni interne au discours lui-même; par exemple, au cours de sa seconde démonstration Gonsales déclare gratuitement : « ce qui a une fois esté faict eau par le sage createur du monde le sera toujours [3] », ou bien c'est la jeune femme qui à la fin des *Estats et Empires du Soleil* parle de « Dieu qui vange la cause des affligez [4] », expressions qui n'authentifient ni n'éclairent en rien leur propos.

En revanche le nom de Dieu est, en deux circonstances au moins, mêlé à des situations ou jeté dans des textes qui ne lui font pas honneur. Tout au long du curieux intermède du Paradis [5], gravement censuré par Le Bret pour l'édition de 1657, Dyrcona l'utilise avec une ironie teintée de malice. Ensuite, lors de l'arrestation du narrateur sur la route de Cussan, le « pitaut » qui s'adresse à lui le fait au nom d'un Dieu qui est celui du fanatisme, de l'ignorance, et de la superstition [6]. La plupart des passages supprimés par Le Bret dans *Les Estats et Empires de la Lune* sont ceux où l'un des personnages donnait l'impression de mettre en cause trop ouvertement une croyance strictement respectueuse en Dieu. En un autre cas [7] l'édition de 1657 remplace le « Dieu » du manuscrit par « la

1. O. C. Belin, p. 494.
2. Cette origine est-elle sans importance?
3. *Ibid.*, p. 389.
4. *Ibid.*, p. 502.
5. *Ibid.*, pp. 368-375.
6. *Ibid.*, pp. 431-432.
7. *Ibid.*, pp. 402-408, lorsque le Démon de Socrate fait l'éloge du chou.

Nature », chaque fois que l'établissement d'un rapport trop direct entre Dieu et le chou pourrait attenter à sa dignité.

On peut dire d'une manière générale que Dieu fait beaucoup moins problème dans *Les Estats et Empires du Soleil* que dans ceux *de la Lune;* peut-être parce que la réflexion du narrateur a progressé vers la sérénité? Dans le Soleil, en effet, la référence à Dieu pour expliquer le monde peut n'être pas constante : le petit homme de la macule n'en parle pas; « le petit Roy du peuple des regions éclairées » se borne à décrire le pouvoir de métamorphose de l'imagination; les Chênes de Dodone, qui représentent en cela la pensée antique, se contentent de mentionner « les Dieux [1] ». A aucun moment on ne peut conclure de leur silence à leur négation. Le seul personnage de tout le récit qui fasse profession d'athéisme, et dans des termes sans obscurité, c'est « le filz de l'hoste » : « N'allés pas si viste... vous en estes desja à " Dieu l'a dit "; il faut prouver auparavant qu'il y aist un Dieu, car pour moy je vous le nie tout à plat [2]. » Pourtant, quelques pages auparavant, « le filz de l'hoste » avait fait intervenir Dieu dans son argumentation : probablement par commodité rhétorique. Ajoutons que cette profession d'athéisme s'accompagne d'une réfutation énergique de ce qui deviendra le pari de Pascal :

« s'il n'y en a point, vous et moy serons à deux de jeu; mais au contraire s'il y en a, je n'auray pas peu avoir offensé une chose que je croyois n'estre point, puisque pour pecher il fault ou le sçavoir ou le vouloir [3] ».

« Le filz de l'hoste » parle-t-il, comme beaucoup l'ont prétendu, au nom de l'auteur? Rien ne nous autorise à le supposer, pas plus que nous ne conclurons pour l'instant que les protestations d'orthodoxie religieuse de Dyrcona expriment la pensée de Cyrano. La question demeure en suspens.

L'existence de Dieu est-elle d'ailleurs compatible avec les découvertes de la réflexion philosophique ou scientifique? Comment concilier par exemple l'infinité de l'univers et l'infinité de Dieu? L'idée d'un Dieu est-elle nécessaire à la compréhension du monde? C'est évidemment « le filz de l'hoste » qui pousse le plus loin cette investigation et, avec une cohérence certaine, élimine peu à peu toutes les croyances qui fondent le système du monde chrétien. Ayant posé au principe une matière éternelle capable par elle-même d'une création perpétuelle dans un monde infini, il a beau jeu de rejeter comme dénuées de toute justesse les affirmations des chrétiens orthodoxes. Ses hypothèses lui paraissent plus recevables parce qu'elles se suffisent à elles-mêmes et n'obligent pas à recourir à la foi dans ce que les chrétiens appellent « mystères ». Considérant le problème de l'éternité du monde et de son ordre harmonieux, « le filz de l'hoste » émet un double refus [4] : refus de déplacer la difficulté en attribuant l'éternité à Dieu plutôt qu'au

1. O. C. Belin, p. 487.
2. *Ibid.*, p. 422.
3. *Id.*
4. *Ibid.*, p. 408.

monde, refus de considérer la Création du monde comme plus
« raisonnable » que la créativité d'une matière éternelle; il peut
conclure : « alors il ne sera plus besoin d'admettre un dieu, puisque
le monde aura pu estre sans luy ». Il s'autorise à expliquer l'univers
par une cosmogonie où le hasard se fait nécessité.

Cette attitude, qui est celle de l'extrême libertinage matérialiste
et athée, l'amène à argumenter sans concession ni prudence contre
deux articles corollaires de la foi chrétienne : l'immortalité de
l'âme et la résurrection des corps. Sur l'immortalité de l'âme, il
s'exprime à deux reprises; la première fois[1], un peu à la façon du
Démon de Socrate faisant l'éloge du chou, il veut rabattre l'orgueil
humain, et au nom de la justice universelle dénie à l'homme ce
privilège exorbitant; la deuxième fois[2], dans une page qui annonce
les développements de Diderot mais qui peut ne pas paraître tout
à fait convaincante, il feint de s'étonner qu'une âme définie comme
immortelle, et surtout intellectuelle, raisonnable, et connaissante,
soit si entièrement tributaire de la vie, de la santé, de la constitution organique du corps : autrement dit, et sous-entendu, comment
ne pas arriver à la conclusion qu'elle est elle-même un principe
corporel ? A propos de la résurrection des corps, le « filz de l'hoste »
se contente de raisonner en termes de dilemme : si, comme beaucoup de personnages de L'Autre Monde le pensent, il y a circulation
de la matière, donc un jour ou l'autre passage des molécules qui
ont constitué le corps d'un mahométan dans le corps d'un chrétien,
qui ressuscitera, le jour du Jugement Dernier? les molécules de
quel corps? faudra-t-il à la fois damner et sauver ce corps[3]?

Sur ces points de controverse, le Démon de Socrate qui pourrait
passer pour le tenant d'une orthodoxie libérale, apporte à Dyrcona
un avis bref, mais qui sonne au moins aussi juste que celui du « filz
de l'hoste » : il marque d'abord fortement, et d'une manière qui ne
peut manquer de nous toucher, que nous sommes des ignorants
et que cette ignorance rend présomptueuse la hardiesse de pensée
du jeune homme; ensuite à l'aridité des hypothèses de son jeune
élève, il propose de substituer l'hypothèse merveilleuse d'une
humanisation progressive de la nature; lorsque toute la matière
vivante « aura passé par l'homme, alors ce grand jour du jugement
arrivera où font aboutir les prophetes les secrets de leur philosophie[4] ».

Sur un point, toutefois, dont le lecteur jugera l'importance,
le « filz de l'hoste » semble se contenter d'enchérir sur un exposé
du Démon de Socrate, quand il tente de ridiculiser le sacro-saint
principe de chasteté, « l'idolâtrie » de la virginité[5], l'interdiction
de tout plaisir sexuel — masturbation comprise — où il lui semble
reconnaître la condamnation navrante et absurde du plaisir sous
quelque forme que ce soit par une religion qui, non contente
d'émasculer l'homme, le priverait de toute joie terrestre. Et pour-

1. O. C. Belin, p. 417.
2. Ibid., p. 420.
3. Ibid., p. 420.
4. Ibid., p. 421.
5. Ibid., pp. 400 et sq.

tant le Démon de Socrate lui réplique assez ouvertement et par une série de questions argumentatives dont la force est indiscutable [1]. Match nul ? qui a raison ? qui a tort ? où est le vrai, à tout le moins le vraisemblable ? Entre la philosophie et la science d'une part, la religion d'autre part, le lecteur de *L'Autre Monde* ne devra-t-il pas choisir ? devra-t-il suivre le Dyrcona qui proclame sa croyance en Dieu sans hésitation [2] ? ou bien celui dont l'apparente niaiserie devant le « filz de l'hoste » frappe cette croyance de stérilité ? ou bien encore le Dyrcona qui atterrit moqueur, agressif et irréligieux dans le Paradis Terrestre, qui ne cite la Bible que pour s'en moquer et ne fait parler Dieu qu'avec le plus grand irrespect [3] ? Peut-on prendre au sérieux les quelques soumissions à l'autorité de l'Église exprimées dans le roman, quand on s'aperçoit que dès le début du voyage les Jésuites sont réduits à l'état de personnages comiques [4], l'enseignement orthodoxe présenté comme insuffisant [5] ou grotesque [6] ? quand les mots « prestre » ou « curé » n'apparaissent que dans les épisodes du récit qui traitent de la superstition, de l'injustice, de la pratique dissimulée du mal [7] ? lorsque le clergé chez les Séléniens s'oppose à la pratique de la réflexion libre, tente d'étouffer la vérité [8], tandis que sur terre il fait emprisonner un innocent en abusant le peuple ? Et si la science peut, à la rigueur, venir étayer des indications de la Bible [9], ne sommes-nous pas peu à peu convaincus qu'un christianisme littéral est un des principaux obstacles au progrès de la connaissance ?

Encore faudrait-il que le roman indiquât positivement que la vérité est accessible à l'homme, que l'homme en fait son affaire, qu'il est doué des instruments requis, et placé dans les meilleures conditions pour y atteindre. Or s'il existe un point sur lequel les personnages principaux se retrouvent dans une harmonieuse communauté d'opinion, c'est l'étrange pouvoir qu'a l'homme de manquer la vérité. On comprend alors que *L'Autre Monde* met moins en cause Dieu, qui pourrait bien être malgré tout, ou sa création qui, « sans doute », est « toutte parfaicte [10] », que l'avantage abusif que nous cherchons à en tirer, dans la présomptueuse impuissance de notre savoir.

1. O. C. Belin, p. 402.
2. *Ibid.*, p. 364, par exemple, ou p. 447.
3. *Ibid.*, p. 375.
4. *Ibid.*, p. 363.
5. *Ibid.*, p. 365, la moquerie de saint Augustin.
6. *Ibid.*, p. 392.
7. Cf. tout l'épisode du Curé de Colignac, au début des *Estats et Empires du Soleil.*
8. *Ibid.*, pp. 390-391.
9. *Ibid.*, p. 447, où le récit biblique est « informé » par la fiction scientifique.
10. *Ibid.*, p. 363.

CHAPITRE 3

L'IMPOSSIBLE QUÊTE

Les sens

« L'homme qui soutient qu'on ne raisonne que par le rapport des sens, et qui cependant a les sens les plus foibles, les plus tardifs et les plus faux d'entre toutes les Creatures [1]. »

Vers la fin des *Estats et Empires du Soleil,* Campanella entraîne Dyrcona dans la visite d'un lieu mythique où il lui sert de guide et dont le centre est le Lac du Sommeil [2]. Il s'agit, nous nous en rendons compte bien vite, d'une véritable allégorie par laquelle les deux héros vont explorer le cheminement, donc les mécanismes, de la Connaissance. Nous ne sommes plus dans le soleil, mais dans le cerveau humain. Les cinq Rivières de la Veue, de l'Ouye, de l'Odorat, du Goust, du Toucher, se jettent dans le Lac du Sommeil où préside la Nymphe de la Paix; de ce Lac sortent les cinq Fontaines de la Veue, de l'Ouye de l'Odorat, du Goust, du Toucher, qui vont se déverser dans les trois grands Fleuves de Memoire, d'Imagination et de Jugement. Par conséquent nul doute que pour Campanella la connaissance ne soit sensible; voir est le meilleur moyen de savoir, et toutes les opérations intellectuelles ont leur source dans la perception.

Cependant n'est-ce pas le même Campanella qui quelques lignes plus haut [3] sermonnait Dyrcona dans des termes où s'affirmaient sa méfiance envers les sens et sa foi dans le savoir rationnel?

« Quoy que cela ne puisse tomber sous les sens... nous ne devons pas... hesiter à déterminer nostre jugement sur les choses que nous concevons... Je sens que ces speculations te fatiguent, parce que tu as rendu (ton esprit) si paresseux qu'il ne veut plus faire aucunes fonctions sans le secours des sens. »

De son côté « le filz de l'hoste » expose à Dyrcona comment la rencontre du feu-énergie avec les organes matériels convenablement disposés crée les fonctions sensibles et intellectuelles [4] : toute notre connaissance procède de l'exercice mécanique et parfaitement exact des perceptions engendrées par les mouvements de la matière; de plus il lie l'entière activité de l'âme, même rationnelle, à celle du corps [5]. Mais il ne manquera jamais une occasion

---

1. O. C. Belin, p. 466.
2. *Ibid.,* pp. 495-499.
3. *Ibid.,* p. 495.
4. *Ibid.,* p. 410.
5. *Ibid.,* p. 411 ou pp. 420-421.

de démontrer à Dyrcona combien l'homme se trompe dans l'interprétation d'apparences qu'il appréhende au gré de ses préjugés et de ses illusions.

Les sensations n'apparaissent guère dans le texte de Gonsales que comme le résultat d'impressions passivement subies par le corps humain et qui, loin d'expliquer quoi que ce soit, ont besoin d'être expliquées par l'intervention de forces extérieures [1]. Cette incapacité de la sensibilité humaine, le Démon de Socrate l'avait soulignée dans un bref paragraphe [2], d'autant plus éclairant qu'il y opposait la puissance cognitive de ses propres sens capables de lui révéler immédiatement même « ce que l'animal devient apres la mort [3] », et la mesquinerie des nôtres auxquels manquent « les proportions » et qui sont enfermés dans leurs exclusives accoutumances [4].

« Non plus qu'un aveugle-né ne scauroit s'imaginer ce que c'est que la beauté d'un paysage, le coloris d'un tableau, les nuances de l'iris, ou bien il se les figurera tantost comme quelque chose de palpable tantost comme un manger, tantost comme un son, tantost comme une odeur. »

Peut-on oublier enfin que la première page du récit, celle où naît le projet de voyage de Dyrcona, ne consiste qu'en un catalogue de définitions métaphoriques de la Lune, où les amis du narrateur raffinent poétiquement sur l'invalidité de leurs sens? que la première discussion s'organise entre Dyrcona et M. de Montmagnie sur le thème de l'effort que l'homme doit produire pour échapper à l'illusion des apparences qu'il perçoit? « la plupart des hommes, qui ne jugent que par les sens, se sont laissés persuader à leurs yeux... Quant à moy, bien loin de consentir à l'insolence de ces brutaux [5]... » Y a-t-il un recours à cette condamnation de l'homme par l'homme lui-même?

Intelligence et raison

Nous sommes doués de la faculté de penser et de raisonner; tout le monde dans le roman n'en convient pas. Si«le filz de l'hoste » nous la concède, il ne nous en laisse pas l'exclusivité, et l'attribue également aux animaux [6]. Les Séléniens du peuple nous la refusent, sur le vu de l'usage qu'en fait Dyrcona devant eux [7]. Les Oiseaux nous la nient a priori : « la pauvre beste n'ayant pas comme nous l'usage de raison [8] »; les plus consolateurs d'entre eux s'en entretiennent avec Dyrcona au moment où il s'apprête à mourir [9].

---

1. O. C. Belin, p. 386.
2. Ibid., pp. 379-380.
3. Ibid., p. 380.
4. Id.
5. Ibid., p. 363.
6. Ibid., p. 417.
7. Ibid., p. 392.
8. Ibid., p. 473.
9. Ibid., pp. 474-475.

Même quand on veut bien nous reconnaître quelque raison, c'est pour pouvoir mieux encore nous reprocher la mauvaise pratique que nous en tirons. Ce qui paraît le plus insupportable aux animaux de la Lune et du Soleil n'est pas les limites de notre esprit, mais la ridicule et dangereuse disproportion entre ces limites et nos prétentions. Passe encore que Dyrcona soit un ignorant, les savants séléniens ne lui pardonnent pas de trancher du vrai et du faux au nom d'une autorité qui ne se fonde sur aucune science exacte [1]. La vérité échappe d'autant plus à l'animal humain qu'il se croit distingué par Dieu et la Nature pour être le roi de la Création et le détenteur absolu de tout le savoir possible. Or Dyrcona, qui peut-être nous représente, ne sait manifestement rien, et tout son voyage consistera dans la prise de conscience, de bon ou de mauvais gré, de cette ignorance. Est-ce en vain que ceux qu'il rencontrera lui dispenseront leur bonne parole?

Saura-t-il s'arracher à la perversion d'Aristote qui « accomodoit des principes à sa philosophie, au lieu d'accomoder sa philosophie aux principes [2] »? Saura-t-il dans ce qui lui est dit et proposé trouver son bonheur intellectuel?

Le plus grand pouvoir de la raison humaine est un pouvoir de perversion; elle s'applique à nous abuser; elle se détourne elle-même de la vérité pour se constituer en doctrines, philosophies et sciences, qui nous plongent dans l'erreur. L'histoire de la pensée humaine est jalonnée des monuments monstrueux qu'elle a élevés à notre propre gloire, systèmes hétéroclites et déraisonnables qui n'ont jamais le vrai pour visée. Ainsi en est-il du système de Ptolémée [3], des inventions de l'astronomie ancienne [4], d'une fausse science comme la divination [5], de la prétendue exactitude de l'alchimie — à laquelle le narrateur accorde dès le début une curiosité non dépourvue d'ironie — et peut-être du pythagorisme du petit homme de la macule [6] ou du scientisme mal digéré de Gonsales. Soit faiblesse, soit vanité, soit peur du vide, nous nous caractérisons par un esprit de système, un dogmatisme, qui ne laissent aucune place à l'initiative intellectuelle et empêchent l'acquisition des connaissances utiles. En cela nous n'avons jamais cessé de justifier l'impitoyable réquisitoire fait au nom de « Guillemette la charnuë [7] ».

> « Il me semble que nous meriterions d'estre nez Hommes, c'est-à-dire dégradez de la raison et de l'immortalité que nous avons par dessus eux, si nous leur avions ressemblé par quelqu'une de leurs injustices. »

C'est une première conclusion : l'homme déçoit et déchoit.

De cette déchéance il est improbable que nous nous relevions. Et les autres ne sont pas prêts à nous pardonner. A moins, à moins

---

1. O. C. Belin, p. 395.
2. Ibid., p. 392.
3. Ibid., pp. 363 et sq.
4. Ibid., p. 452.
5. Ibid., p. 434.
6. Ibid., p. 450, où il parle de « l'energie des nombres ».
7. Ibid., pp. 471-473.

que, peut-être, par une sorte de révolution intérieure, nous ne transformions les données de notre conscience, et ne nous décidions pour la première fois à explorer le réel, la vie, le monde. Des voyageurs modernes sont montés vers le Nord, ont approché le pôle, découvert l'aurore boréale [1]. Dyrcona, lui aussi, monte vers la lumière : qu'elle soit empruntée (la Lune), ou qu'elle soit la source même de toute la lumière possible (le Soleil), y atteindre c'est forcément voir plus clair.

Le problème épistémologique

Qu'est-ce que l'esprit scientifique ? C'est l'esprit de vérité, la volonté d'expliquer en vérifiant, et pour cela de faire toujours la preuve du raisonnement par l'expérience. Dyrcona garde fidélité à l'essentiel de l'enseignement gassendiste, qui suppose honnêteté, patience, et mise à l'épreuve pratique de la démonstration. Aux amusantes définitions littéraires, populaires, poétiques de la Lune, il tentera de substituer une vérité non interprétative, non métaphorique, digne d'une science qui a été celle de « Pitagore, Epicure, Democrite, Copernic et Keppler [2] ». Pour vaincre le doute, le sien et celui des autres, pour répondre aux questions qui se posent depuis les premiers temps, rien de tel que d'aller voir, soimême. Il ne s'agit plus d'édifier des théories à distance, mais de se rendre compte sur place, concrètement. Une question se pose, on peut formuler une hypothèse explicative, il faut en faire la vérification. Interdit de s'arrêter en chemin ; son désir d'atteindre le Soleil est tel qu'il remédie aux défaillances de la machine spatiale et le transporte jusqu'aux « plaines du jour ».

Retrouvons Dyrcona en face de M. de Montmagnie ; les Jésuites viennent de l'accuser d'être un magicien, de s'être déplacé de France au Canada par quelque puissance occulte ; pourquoi ? parce qu'ils nient l'efficacité et la puissance pratique du savoir scientifique ; ils refusent d'examiner objectivement les questions de la technique et de la technologie. M. de Montmagnie lui-même ne croit que ce qu'il voit et comme il le voit : c'est le soleil qui marche, non la terre qui tourne, et d'ailleurs l'argument d'autorité, appuyé par les pseudo-raisonnements de « Ptolomée, Ticobraé », ne le dispense-t-il pas de penser par lui-même ? comment la Terre pourraitelle tourner sur elle-même, puisque « nous la sentons ferme » ? Nous sommes ici témoins de ce que le problème de la vérité scientifique se pose dans le cadre d'une société où l'inertie intellectuelle est entretenue par des ignorants ou des fanatiques, qui vont jusqu'à inventer une « Sainte Ecriture » pour les besoins de leur mauvaise cause [3]. Dyrcona, du moins au début de L'Autre Monde, sait que les

---

1. O. C. Belin, p. 487 ou 490.
2. Ibid., p. 359.
3. Ibid., p. 363, sur les raisons de la rotation de la Terre.

réponses sont à chercher dans le raisonnement. Ce raisonnement peut s'étayer, passer par différentes étapes :

1) le « bon sens » conduit à l'héliocentrisme, car le Soleil est nécessaire à l'Univers, et pas la Terre ;

2) perspective analogique, non preuve mais image parlante : le Soleil est dans notre galaxie, comme le pépin dans la pomme ;

3) argument philosophique : il y avait une absurdité du système ancien où le monde marchait à l'envers, « ridicule » ; la Terre a besoin du Soleil, le Soleil n'a que faire de la Terre ;

4) critique en règle du système de Ptolémée, revu et corrigé au fil des siècles, plus compliqué, plus inexplicable encore, et qui ne peut se sauver que par l'irrationnel, « les intelligences qui remuënt et gouvernent nos globes » ;

5) affirmation de la légitimité d'une explication naturelle, qui s'appuie sur des observations raisonnées, des raisonnements contrôlés par l'expérience, des hypothèses de fonctionnement vraisemblables — au regard du savoir de l'époque bien entendu [1] —, rien qui se présente comme définitif, intangible, éternel, mais propice à tous les progrès ultérieurs.

Pour Dyrcona le savant part à la recherche de la cohérence, de la simplicité, de la solution la plus conforme à la Nature des choses (« rerum natura », Lucrèce), non à la nature des gens. La science ne peut être ni finaliste ni anthropocentriste. Il faut donc commencer par faire table rase de lectures du monde issues de la brutalité des apparences ou des illusions de la perception. La confiance aveugle dans les sens est le signe d'une situation pré-scientifique ; et cela d'autant plus qu'alors la pseudo-explication fait la part belle à l'affectivité, aux préjugés, aux superstitions. L'homme de la vraie science s'impose une rééducation ; souci moral et pensée philosophique gouvernent et provoquent perpétuellement la véracité de sa vision du monde.

Aucune autre qualité requise, aucune autre vertu entretenue par la pratique de la Science ne vaut le souci de l'observation sans a priori. L'esprit scientifique décloisonne l'intelligence, lui interdit d'opérer sur le réel en le passant par le filtre de l'inconscience, de l'ignorance consentie, ou de l'habitude. La première leçon donnée par le Démon de Socrate à Dyrcona en la Lune porte sur ce point :

> « Vous portés enfin la peine des foiblesses de vostre monde. Il y a du vulgaire icy comme la qui ne peut souffrir la pensée des choses où il n'est point accoustumé, mais sachez qu'on ne vous traitte qu'à la pareille, et que si quelqu'un de cette terre avoit monté dans la vostre avec la hardiesse de se dire homme, vos docteurs le feroient estouffer comme un monstre [2]... »

Lorsque par paresse ou pusillanimité d'esprit, les hommes renoncent à comprendre ou à expliquer un fait, un événement, ils

---

1. Certaines hypothèses peuvent nous sembler fantaisistes, parce que nous en savons davantage, mais Dyrcona ne les invente pas toutes : elles viennent de Copernic, de Képler, de Gassendi.

2. O. C. Belin, p. 377.

se bornent à crier au miracle, à y voir une intervention de Dieu ou du Diable, à substituer l'interprétation magique à l'explication rationnelle et scientifique. Le Démon de Socrate « s'inspire-t-il », comme il en a le pouvoir naturel et matériel, dans le corps « d'un jeune Homme qui venoit de rendre l'esprit », aussitôt « on cria miracle », tant il est vrai que pour le commun l'inhabituel ne peut être que surnaturel [1]. « Le filz de l'hoste » reprend le sujet avec une véhémence didactique, interdisant à Dyrcona l'usage même du mot : « Sachés que ces noms la diffament le nom de Philosophe ». Il faut employer ses forces à la compréhension rationnelle de ce qui existe ou se produit :

> « Comme le Sage ne voit rien au monde qu'il ne conçoive ou qu'il ne juge pouvoir estre conceu, il doibt abominer touttes ces expressions de miracles, de prodiges, d'evenements contre nature qu'ont inventé les stupides pour excuser les foiblesses de leur entendement [2]. »

Dyrcona lui-même finit par prendre parti, ayant retenu la leçon qu'on lui avait donnée; s'adressant aux hommes, lors d'une des métamorphoses du peuple des régions éclairées du Soleil, il s'écrie à la manière de Pomponazzi :

> « Mais, écoutez, Peuples de la Terre, ce que je ne vous oblige pas de croire, puisqu'au Monde où vos miracles ne sont que des effets naturels, celuy-ci a passé pour un miracle [3]. »

Le petit Roy reprend deux pages plus tard la même expression : « toutes ces metamorphoses qui te semblent autant de miracles, ne sont rien que des effets naturels [4]. » Nous sommes, ainsi que le rossignol, abusés par les apparences, incapables d'échapper à une raison bornée, mais argumentative, qui nous empêche d'accéder à la vérité supérieure que révèle le Rossignol Roi; à peine pouvons-nous croire lorsque nous voyons, et que nous nous en remettons à nos sens contre notre imagination conceptuelle. Pourtant Dyrcona ne prouve-t-il pas que l'impossible et le miraculeux n'ont la plupart du temps d'autre contenu que notre renoncement, notre découragement devant l'inconnu, l'inouï, le jamais vu? la science ne produit-elle pas pour lui des « miracles »? il vole comme les oiseaux, il monte à la Lune, il explore le Soleil; il fabrique les machines qui égalent les miraculeux moyens d'ascension du « vieil Hélie », Enoc, etc... [5] Ne passe-t-il pas pour magicien, sorcier, suppôt du diable, alors qu'il n'a fait qu'utiliser les ressources de la technique? Au fond, ne suffit-il pas à l'homme de vouloir, de savoir vouloir, pour pouvoir? désir et invention ne sont-ils pas en son cœur le couple le plus fécond?

La vérité ne se donne pas, on ne la trouve pas au hasard d'une

1. O. C. Belin, p. 382.
2. Ibid., p. 419.
3. Ibid., p. 458.
2. Ibid., p. 462.
3. Ibid., pp. 369 et sq.

rencontre. Elle exige une quête illimitée. Sur la Lune et dans le Soleil Dyrcona va de découverte en découverte ; ce que l'un lui dit ne peut servir que de préambule à ce que l'autre lui enseignera. D'ailleurs la connaissance scientifique est un tout où l'on ne peut dissocier les problèmes. Un docteur sélénien entreprend de démontrer l'infinité du Monde et des Mondes, il en vient à parler du corps humain, de la maladie, de l'immunologie ; un autre se propose aussitôt d'enchaîner sur l'éternité de l'univers, problème corollaire repris par « le filz de l'hoste » en passant par la question de Dieu, de la Création, de la constitution atomique de la matière, etc... Il est notable que, autant qu'on en puisse juger pour les *Estats et Empires du Soleil*, les deux voyages se terminent par une tentative de théorie globale de l'homme et du monde : « le filz de l'hoste » dans la Lune, Descartes dans le Soleil, semblent bien chargés de reprendre tous les problèmes posés antérieurement et d'y apporter solution. Partant du degré zéro de la connaissance, ils exposeraient à Dyrcona toute la science concevable.

La science se propose comme une totalité du savoir, et rééduque la raison à une démarche cohérente et logique. Mais là ne s'arrête pas son rôle. Elle doit descendre du niveau théorique à l'utilisation quotidienne et pratique. L'aspect très technologique de la science dans *L'Autre Monde* ne devrait pas échapper au lecteur : à mesure qu'avance le récit cette intention de l'auteur devient plus évidente ; une des modifications de l'esprit du récit dans les *Estats et Empires du Soleil* par rapport aux *Estats et Empires de la Lune* consiste en ceci que le soin de la vraisemblance scientifique, du détail technique, de la justesse de l'explication, y est encore accru.

D'une part la science de *L'Autre Monde* est une science appliquée. Se fondant sur un acquis théorique, Dyrcona par une série de raisonnements s'édifie un savoir-faire. La discipline scientifique qu'il pratique de préférence, c'est la mécanique ; on le voit lorsqu'il songe au moyen de s'échapper de sa prison toulousaine [1]. Ou encore il se montre particulièrement attentif aux problèmes astronomiques : mais n'est-ce pas parce qu'ils se posent en termes de fonctionnement de rapports de forces qui s'équilibrent et se contrarient, bref de ce qu'on appelait alors la mécanique céleste ? Depuis Mersenne et Galilée, la mécanique est cette science rassurante par laquelle des énergies sans mystère communiquent aux choses leurs mouvements et les font agir les unes sur les autres rationnellement. Une telle science, qui permet à l'homme l'exactitude et lui promet le monde, l'auteur l'intègre à sa pédagogie.

En proposant de substituer à l'esprit de système, qui favorise l'institution de théories erronées, l'esprit d'examen, et d'expérience, il accroît le rôle de l'observation. Mais il ne peut s'agir que d'une observation contrôlée par la raison, et dont surtout le pouvoir et la finesse seront multipliés par l'usage des instruments : la science doit être instrumentale. Dyrcona ne se cache pas d'utiliser les outils que l'ingéniosité de la technique met au service du chercheur : « Je vous feray observer par le moyen d'une lunette

---

1. O. C. Belin, p. 442.

fort excellente que j'ay... [1] »; et l'on peut penser qu'au télescope, perfectionné par Galilée au début du siècle, le narrateur avait adjoint le microscope composé inventé en 1619, dont un docteur sélénien semble s'être servi [2]. Ajoutons-y « tous les instruments de Mathematique dont (il) travaille ordinairement [3]. » Que signifie ce nouveau trait ? Il signifie qu'en face du vitalisme, de l'hylozoïsme de certains personnages, une autre conception du cosmos se fait jour dans *L'Autre Monde*. Quand en 1632 Galilée publie les *Dialogues sur les deux principaux systèmes du Monde*, il fonde une connaissance révolutionnaire de la Nature. Il « demande à des ingénieurs de nous découvrir le vrai système du monde ». « L'art de fabriquer est devenu le prototype de la science [4]. » Alors que, jusqu'à présent, la physique cherchait à reconnaître Dieu dans les finalités de la Nature, elle consiste maintenant à percer les secrets de fabrication d'un Dieu ingénieur, à se mettre à sa place, à refaire la création selon nos possibilités et notre compréhension. Du même coup, certaines questions trouvent leur réponse ; Descartes s'était étonné de la stérilité des mathématiques :

> « Je ne remarquais point encore leur vrai usage et, pensant qu'elles ne servaient qu'aux arts mécaniques, je m'étonnais de ce que, leurs fondements étant si fermes, on n'avait rien bâti dessus de plus relevé »,

écrit-il avec quelque inquiétude dans le *Discours de la Méthode* [5]. Mais la remarque n'a plus sa place dans les *Principia Philosophiae*, car il sait que la Nature est Mathématique, et que la Mathématique est la clef de la Physique.

Le savant de *L'Autre Monde*, qui était apparu comme un observateur méticuleux, se présente donc aussi comme un ingénieur, un inventeur, un constructeur. De Dyrcona à Campanella, la plupart des personnages expliquent aux autres, au lecteur, « comment cela marche, comment cela fonctionne ». Le monde est une machine. Que la machine permet d'explorer. Sans le secours de la technologie le monde est inconnaissable : c'est la machine qui nous le livre. L'auteur en est tellement persuadé qu'à plusieurs reprises il nous fait assister à ses expériences d'artisan et nous ne pouvons pas ne pas constater que de réussite partielle en échec, il progresse. La science s'affirme dans le pratique qui est une autre forme de l'expérience. Des fioles de rosée [6] des *Estats et Empires de la Lune*, à la machine thermo-dynamique ou à turbo-propulsion [7] des *Estats et Empires du Soleil*, que de chemin parcouru avec lui ! Nous le voyons désormais construire ses engins, énoncer les principes sur lesquels il fonde son savoir faire ; il se pose devant nous, à longueur de paragraphe, les questions du pourquoi et du comment, et il

1. O. C. Belin, p. 365.
2. *Ibid.*, p. 405.
3. *Ibid.*, p. 442.
4. Ces citations sont dans R. Lenoble, *Histoire de l'idée de Nature* p. 312, éd. cit.
5. Dans la Première Partie.
6. O. C. Belin, p. 360.
7. *Ibid.*, pp. 443 et sq.

tente d'y répondre. Il nous pousse dans la fiction scientifique au sens fort de l'expression, car même si ses inventions sont impossibles, elles ne sont plus jamais invraisemblables. Son dernier engin interplanétaire dont le principe repose sur l'idée d'une poussée de l'air comme moyen de propulsion avait et a encore valeur scientifique.

L'exploration au moyen de la machine lui donne l'occasion de pratiquer la vulgarisation scientifique. A peu près tout ce qui concerne l'homme et le monde est d'une manière ou d'une autre, par tel ou tel personnage, traité dans le roman, et selon la vérité des systèmes d'explication les plus représentatifs — sans que cependant nous puissions affirmer que les réponses données sont définitives. Évidemment c'est, au premier chef, des éléments de cosmologie que le voyage spatial permet d'exposer, et l'on peut dire que par son souci du détail et la finesse de certaines de ses descriptions, l'auteur de L'Autre Monde est le véritable fondateur et créateur du récit astronautique. On ne peut qu'admirer, de ce point de vue, l'ensemble constitué par l'ascension dans le Soleil, tant pour l'exactitude de certaines notations, que pour l'esprit didactique dans lequel il est écrit [1].

Ainsi faut-il comprendre que l'auteur ne va pas écrire de la « science fiction », proposer des acrobaties techniques, parsemer son récit d'inventions mirobolantes, pour le seul plaisir de l'imagination. Nous avons relevé dans Les Estats et Empires de la Lune trois traits d'invention : tous les trois décrivent des objets dont le premier mérite réside dans leur utilité. Les deux sortes de maisons des Séléniens [2], les maisons mobiles et les maisons enterrables, peuvent-elles surprendre des lecteurs éduqués à l'esprit de commodité, et à qui l'on propose aujourd'hui plus que jamais l'achat de produits analogues mis au point par la technique moderne, maisons mobiles précisément, caravanes, dont l'usage n'est pas à vanter ? quant aux « tours à vis », que notre technique n'a pas encore mises sur le marché, elles ont été imaginées dans un souci de protection auquel nos abris anti-aériens ou anti-atomiques n'ont rien à envier. Le Démon de Socrate éclaire-t-il ses amis au moyen de « deux boules de feu » brillantes, « flambeaux incombustibles », « rayons du Soleil qu'(il) a purgez de leur chaleur [3] » ? cela fait penser à nos ampoules électriques, aux lampes à phosphorescence ; le lecteur en déduit que le narrateur a fait la distinction scientifique nécessaire entre la source de la chaleur et la source de la lumière ; enfin et surtout un tel exemple démontre que l'on peut connaître et domestiquer la Nature, que l'homme a le pouvoir de réduire à son propre service les effets naturels. Dernier article, les petites « boëttes [4] » qui servent de livres dans la Lune, avec leurs « clefs », leurs ressorts et leurs mécanismes, ce ne sont rien d'autre que les ancêtres de nos magnétophones ; cet aspect d'anticipation nous

---

1. Par exemple, O. C. Belin, p. 446.
2. Ibid., p. 407.
3. Ibid., p. 412.
4. Ibid., pp. 413-414.

intéresse beaucoup moins que les réflexions fécondes de Dyrcona sur le rôle de la machine dans l'accumulation et la multiplication du savoir [1] : les partisans de l'introduction des techniques audio-visuelles dans l'enseignement, et l'éducation en général, ne tiennent pas un autre raisonnement. Par sa capacité à fabriquer des machines, le savant ingénieur engendre les progrès de l'humanité dans le savoir, et dans la maîtrise de soi et du monde. L'esprit scientifique de ce roman implique donc l'effort. L'intelligence fait un essai en direction de la rationalité, la raison un pas en direction de la vérité. On détruirait le sens de l'ouvrage, toutefois, en y voyant l'exposé de nouveaux dogmes qui viendraient remplacer les anciens; l'auteur n'impose pas de nouvelles vérités révélées. Il rend compte et rapport de propositions d'explication. Le raisonnement scientifique, qui s'appuie toujours sur des faits d'observation, offre des hypothèses de travail, dont le produit sera le vraisemblable et le probable, une démonstration qui intégrera mieux les phénomènes constatables et les effets observés que les théories précédentes. Certains des interlocuteurs de Dyrcona et Dyrcona lui-même ne se cachent pas de disqualifier les explications des autres au nom d'un meilleur usage de la raison. Pour Dyrcona l'héliocentrisme « est du sens commun [2] » alors que le géocentrisme est « ridicule » et que l'on ne saurait l' « expliquer que tres confusement [3] ». Gonsales traite tout adversaire du vide d' « hebeté vulgaire [4] ». « Le filz de l'hoste » qualifie « d'absurdité [5] » l'idée de la Création du monde par Dieu, mot que reprendra Campanella pour qualifier l'hypothèse de l'existence du vide [6]. « Le filz de l'hoste » commence son premier grand discours scientifique par une phrase caractéristique :

> « Puisque nous sommes contraints, quand nous voulons remonter à l'origine de ce grand tout, d'encourir trois ou quatre absurdités, il est bien raisonable de prendre le chemin qui nous faict moins broncher [7]. »

Plus loin il demandera à Dyrcona : « N'est-il pas bien plus vraysemblable que... [8] ? » Campanella affirmera : « Mais il est bien plus vraysemblable que... [9] » Gonsales ne se contente pas de parler joliment, il veut « prouver », et contre toute autre opinion [10]. De même le docteur sélénien s'adresse à Dyrcona en des termes prometteurs : « Il me reste à vous prouver que... [11] » Dyrcona, après s'être posé des questions qui sont autant de possibilités de réponse,

1. O. C. Belin, p. 414.
2. Ibid., p. 362.
3. Ibid., p. 363.
4. Ibid., p. 387.
5. Ibid., p. 408.
6. Ibid., p. 495.
7. Ibid., p. 408.
8. Ibid., p. 420.
9. Ibid., p. 490.
10. Ibid., pp. 387-388.
11. Ibid., p. 405.

risque des « peut-estre que... ne se peut-il pas faire que ?... il semble mesme que... [1] »

La science ne peut s'aventurer. Elle doit aller de compagnie avec la Nature. N'oublions pas qu'en ce sens la science de *L'Autre Monde* est dans la ligne des atomistes, Démocrite, Épicure, Lucrèce : d'abord présentation d'une explication raisonnée des phénomènes naturels, dont elle part et auxquels elle revient toujours. La science naquit un jour de l'angoisse de l'homme devant des manifestations ou des transformations du réel incontrôlables et irréductibles au savoir jusqu'alors acquis : nous avions le choix entre la fuite dans le mystère intimidant, et la conquête de l'inconnu — et de nos frayeurs — par une poussée de la raison qui pouvait sembler un viol de la Nature. L'auteur de ce roman a de toute évidence pris parti.

Ses personnages, ayant répondu aux grandes questions que pose l'Univers, ne se croient pas pour autant libérés de toute curiosité. L'un des intérêts de *L'Autre Monde*, c'est qu'on y trouve un écho du temps, qu'on y traite les problèmes d'actualité. Par exemple, le problème du vide. Gonsales soutient qu'il y a du vide; cela lui a coûté la liberté, presque la vie [2]; il en fait la démonstration au moyen d'une argumentation qui repose sur l'étude de cas concrets et de faits quotidiens — science très pratique, élémentaire, qu'on peut voir et toucher [3]. A-t-il pourtant une hésitation lorsqu'une page plus tard il place dans « la terre toutte poreuse » de l'air plutôt que du vide [4]? A trois reprises dans *Les Estats et Empires du Soleil* Dyrcona s'affirme partisan du vide : son engin interplanétaire fonctionne « au vide », le vide créé dans son icosaèdre se remplit au fur et à mesure d'air, à cause de « la Nature qui l'abhorre [5] » — il détourne malicieusement de son contexte la formule des partisans du plein —; au cours de son ascension, il constate « comme la matiere en cet étage est fort déliée pour le grand vuide dont elle est pleine, et que cette matiere est par consequent fort paresseuse à cause du vuide qui n'a point d'action... [6] »; enfin, devant Campanella il tente une brève réfutation de la théorie cartésienne, dans laquelle le philosophe « a étably pour commencement des choses un cahos de matiere tout à fait solide » et sans vide qui permette le mouvement pourtant décrit des « petits carreaux » originels. Descartes est en effet avec Campanella le seul personnage romanesque qui se soit prononcé contre l'existence du vide; encore devons-nous nous en remettre à une démonstration qui ne viendra jamais [7].

Au cours des différentes conversations, nous apprendrons encore comment Gonsales explique les phénomènes volcaniques, ou l'apparition et la durée des « Comettes [8] ». Campanella se révèle

---

1. O. C. Belin, p. 447.
2. *Ibid.*, p. 385.
3. *Ibid.*, p. 387.
4. *Ibid.*, p. 389.
5. *Ibid.*, p. 444.
6. *Ibid.*, p. 453.
7. *Ibid.*, p. 494.
8. *Ibid.*, pp. 388 et sq.

une source quasi inépuisable de théories ingénieuses qui tentent de rendre raison de faits naturels sur lesquels les contemporains de Cyrano peuvent encore s'interroger : la glaciation[1], les lampes ardentes[2], les maquereuses[3]; le tonnerre reçoit en chemin sa définition[4]. Des problèmes aussi précis mais plus complexes peuvent être abordés : le Démon de Socrate, selon le mot de Juppont, ébauche la « distinction fondamentale entre la matière qui échauffe et l'éther qui éclaire... près de cent ans avant les expériences de Newton sur le spectre solaire[5] »; Dyrcona y revient dans *Les Estats et Empires du Soleil*, lorsqu'il définit séparément le feu et la lumière[6]; on peut se demander si, à sa manière un peu métaphorique, Campanella n'expose pas à Dyrcona une théorie corpusculaire de la lumière[7]. Ce sont les arbres, par la bouche d'un Chêne de Dodone, qui avancent une explication des phénomènes d'aimantation[8], problème auquel Lucrèce s'était intéressé, et que le Chêne résout d'une manière qui peut surprendre; mais Cardan ne croyait-il pas que l'aimant se nourrit de fer? Furetière ne croit-il pas devoir indiquer que « Gassendi et le Père Fournier dérivent ce mot de l'amour que l'aimant a pour le fer et pour le pole, quia nil amantius quam attrahere et retinere »? et les explications de Gilbert[9] sontelles dépourvues de toute ambiguïté, quand ayant observé que toute action doit se faire par contact ou par « effluvium », et que l'effluvium magnétique traverse un écran, il compare le déplacement du fer vers l'aimant à celui de l'âme qui se meut elle-même?

Un cas exemplaire : le problème du feu

L'un des sujets d'interrogation le plus fréquent, et peut-être l'un des plus difficiles à cerner dans les voyages de Dyrcona, est le thème du feu. Il apparaît pour la première fois dans la conversation entre Dyrcona et M. de Montmagnie, lorsque le voyageur brosse à grands traits hardis le tableau de la formation du Monde[10]: le feu, et en particulier le feu solaire, fait et défait le Cosmos, crée les terres en se purgeant; quelque jour, ayant épuisé sa matière propre, il reprendra la matière qu'il a expulsée, embrasement universel prédit par les Pythagoriciens. Ce feu, principe actif, pour lequel l'univers n'est qu'un vaste chantier, diffère radicalement du feu, tel que Gonsales le conçoit : pour le petit espagnol le feu, dont il refuse de faire un des quatre éléments aristotéliciens, n'est qu'un des visages d'une matière unique, « ce n'est rien que de l'air beau-

1. O. C. Belin, p. 490.
2. Ibid., p. 491.
3. Ibid., p. 492.
4. Ibid., p. 490.
5. Ibid., p. 412.
6. Ibid., p. 445.
7. Ibid., p. 499.
8. Ibid., p. 487.
9. De Magnete, en 1600, Londres.
10. O. C. Belin, p. 364.

coup estendu, etc... [1] »; cependant le feu se caractérise par ses effets, il est la forme la plus active de la matière, cela ressort des descriptions de Gonsales; élément matériel dont l'intensité de l'action dépend de la densité du corps auquel il s'attache [2], il n'existe jamais par soi, toujours associé aux autres éléments (par exemple dans les « comettes [3] »), de même qu'il est toujours présent partout : dans la bûche où, jusqu'alors contenu par l'eau et le froid, il attend le secours de l'allumette pour se révéler et prendre le dessus [4]; alors commence le cycle des transformations naturelles, au terme duquel tout reprend place : sous l'action du feu la Nature fonctionne répétitivement [5].

« Le filz de l'hoste » considère le problème du feu dans une autre perspective. Il lui donne d'abord une nature atomique : « la ronde, dont l'estre est de se remuer, venant se joindre à la piramidale ». Il définit ses effets : « s'agitte sans se reposer, mais perce et penetre facilement », « effects differens selon l'ouverture et la quantité des angles [6] ». Remarquons que pour « le filz de l'hoste », il y a plusieurs sortes de feu, parmi lesquelles le feu du fagot n'est pas sur un autre plan que « le feu du poivre, le feu du sucre, ou de la canelle »; par le mot « feu », « le filz de l'hoste » entend donc bien d'autres choses que nous, son effort de systématisation devient plus complexe. D'autant plus qu'il ajoute abruptement que « le feu est le constructeur et le destructeur des parties et du tout de l'Univers », principe éminemment actif comme chez Héraclite, Platon, et Gassendi, « qui se meut de soy mesme », et principe vital [7] avec lequel l'Ame peut être confondue et qui, selon les organes qu'il rencontre dans la matière, raisonne, sent ou végète. Les rayons visuels ne sont que « poussiere de feu », constitués d' « atomes de feu » capables de traverser « les pores du verre [8] ».

Le feu est donc à la source de la chaleur et de la lumière; il se définit par son activité; sa nature multiplie ses fonctions universelles. Il semble dépasser le cadre de toute investigation scientifique. Cependant on peut le maîtriser : le Démon de Socrate « purge » les rayons du soleil de leur chaleur et de leurs « qualitez corrosives [9] ». On peut l'utiliser : les Séléniens pratiquent la crémation pour séparer dans la mort le pur de l'impur, dégager « la flamme radicale », envoyer le plus spirituel dans des mondes plus subtils et plus immatériels [10]. Au thème du feu physique, le texte adjoint volontiers le thème du feu effectif, purificateur.

Assez curieusement, la mélancolie de Dyrcona provoque des rêves « de feu et de cavernes [11] » : c'est la seule fois du récit où le

1. O. C. Belin, p. 385.
2. Ibid., pp. 386-387.
3. Ibid., p. 388.
4. Ibid., p. 389.
5. Ibid., pp. 389-390.
6. Ibid., p. 409.
7. Ibid., p. 410.
8. Id.
9. Ibid., p. 412.
10. Ibid., p. 415.
11. Ibid., p. 430.

feu est associé à une sensation douloureuse, et nous en avons conclu qu'il y avait peut-être ici un arrière-plan inconscient, le souvenir de quelque feu infernal, symbole de malédiction. En général, et surtout dans *Les Estats et Empires du Soleil*, le feu symbolise par la chaleur l'exaltation[1], par la lumière la liberté[2]. Revenant à la tentative de définition scientifique, Dyrcona souligne « les élans de sa nature mobile », « la rondeur de ses atômes[3] », il s'attache à démontrer à la fois sa substantialité et son innocuité : existant par soi, le feu, « cette poudre de bluettes », ne brûle pas de lui-même, mais par la faute d' « une matiere plus grosse » qu'il « pousse çà et là », et de la « figure » (c'est-à-dire de la configuration atomique) de laquelle il dépend que ses atomes « chatoüillent, échauffent, ou brûlent[4] »; les feux de paille, de bois, de fer n'ont pas même effet, n'ayant pas même support matériel; le feu du Soleil ne saurait brûler, c'est le feu pur et spiritualisé, puisque le Soleil est immatériel; la joye est un feu « aérien » et voluptueux, tandis que la fièvre aux « grains cornus » est un feu mélancolique et agité.

Ce n'est pas en effet que parfois le feu n'ait ses désagréments. La Beste à feu menace la vie et la paix des Chênes de Dodone, rôdant autour des Arbres comme la fièvre autour du malade[5]. Bête redoutable dont le corps incarne la description atomique que « le filz de l'hoste » avait esquissée « rond par en bas... un triangle par le milieu; sa teste fort élevée... s'éguisoit en pyramide... » Mais elle peut être contenue et vaincue. Le Froid, par l'intervention de l'animal Glaçon, en vient à bout[6]. Alors l'actif cède au passif, peut-être le positif au négatif, quand le premier déborde et se fait excessif. Le narrateur le déplore probablement, qui parle de la « pauvre salemandre » et qui conclut : « ainsi mourut la Beste à feu sous la paresseuse resistance de l'animal glaçon. »

Pouvait-il en être différemment dans un récit où le feu se sublime dans l'image du Soleil, inoffensif, purificateur, exaltant, allégeant; source de Lumière et de vie, pays des Philosophes, lieu de Vérité, royaumes d'Imagination; principe et fin de tout?

L'étude d'un tel exemple nous incite à quelques conclusions intéressantes :

1) l'effort scientifique dans *L'Autre Monde* ne vise pas seulement à décrire l'enchaînement des phénomènes, mais à essayer d'en déterminer la cause première, la nature et le pourquoi.

2) cette science de l'origine n'est pas galiléenne, si l'on entend par science galiléenne celle de la mesure et des quantités : les personnages du récit s'attachent à établir la « nature des choses » à partir de laquelle tout se fait.

3) la Nature y apparaît donc essentiellement dans sa fonction de productrice de phénomènes.

---

1. *O. C.* Belin, p. 445.
2. *Ibid.*, p. 430, dans le récit du **songe**.
3. *Ibid.*, p. 445.
4. *Id.*
5. *Ibid.*, p. 488.
6. *Ibid.*, p. 491.

4) le rôle de l'observation et de l'expérience est primordial dans la recherche.

5) de ce point de vue Descartes, qui suppose ses principes avant d'examiner les apparences et de pratiquer des expériences, ne court-il pas le risque d'être assimilé à Aristote [1]?

6) l'appareil scientifique du roman est hétéroclite, *L'Autre Monde* se nourrit de souvenirs de lectures : des penseurs présocratiques aux auteurs contemporains.

7) le style des explications et les types de raisonnement sont divers, au point qu'on a le sentiment que l'auteur a cru pouvoir moins instruire par la rigueur d'une argumentation chiffrée ou purement objective, que convaincre par un accent de vraisemblance ou frapper l'imagination.

8) les faits parlent d'eux-mêmes : la curiosité scientifique de l'auteur n'est pas gratuite, la véracité de la science constitue donc plutôt un moyen qu'une fin.

Le projet scientiste prend place dans un ensemble dont la portée est sans aucun doute philosophique, au sens fort du terme. Par la multiplication d'exposés scientifiques, raisonnés, l'auteur efface le dogmatisme des systèmes anciens — en particulier l'aristotélisme — qui avaient pour premier effet d'enchaîner la raison. Il rend au lecteur le goût de la vérité conquise — et non acquise une fois pour toutes —, l'usage du raisonnement, la liberté de l'intelligence; il lui redonne la vie en l'invitant à la pratique de ses facultés. D'où l'importance de ce qu'on a appelé dédaigneusement le plaisir du paradoxe chez Cyrano; certes, on peut n'y voir qu'une forme de défi qui correspondrait à un tempérament; mais c'est bien davantage l'expression d'une liberté, le refus d'une autorité qui prétend se suffire à elle-même : la « doxa » du sens étymologique représente l'opinion généralement reçue, la vérité prédéterminée et abusive, dont Socrate démontre le plus souvent l'absurdité. Le paradoxe est une forme de raisonnement qui dénonce l'incohérence d'une proposition qui tolère et suppose son contraire; il élargit donc le champ de la réflexion, et préserve l'indépendance et la fécondité de la pensée. C'est la forme stylistique privilégiée par laquelle s'exprime naturellement un esprit de polémique et d'ironie, où l'affirmation de l'autre en face de l'un permet plus vivement de nier ou de mettre en doute; prose de combat où la proposition importante est généralement une consécutive (de sorte que... si bien que...), lorsque se désarticule le principe même de l'articulation rhétorique, qui ne pourra retrouver sa dignité qu'au niveau supérieur de la vérité renouvelée.

La science ouvre alors les voies de l'avenir, offre l'espérance du progrès. En ce sens, l'appel à l'imagination, la propension à la fantaisie, ne serait-ce qu'au moment même où les moyens proprement scientifiques de la démonstration font défaut, sont hautement didactiques. Les barrières du possible reculent : l'imagination du parachute fait sourire; elle libère. La science engendre l'espérance optimiste.

---

1. L'argument sera repris dans le *Fragment de Physique*.

Le reniement

Dans un récit particulièrement riche d'intentions, et fécond en retournements, cette espérance et cet optimisme ne peuvent cependant avoir qu'un temps. Une première série de faits jette le trouble dans notre esprit.

Dès le début de l'ascension vers la Lune, la science est prise en défaut; alors que la machine à fusées retombe vers la terre, le voyageur poursuit sa route grâce à l'action de la Lune sur la « moesle des animaux » dont il s'était enduit [1]; il ne pourra de même atteindre le soleil que par un effort de volonté, puisque son engin à tuyère s'est brisé. L'invention scientifique ne suffit pas; la science est remise à distance. L'argument scientifique cède le pas, dans la fiction, à la croyance populaire ou à l'imagination romanesque. Après avoir substitué un « admirable » scientifique au « merveilleux » ou au fantastique, et créé ainsi une nouvelle catégorie littéraire, l'auteur n'hésite pas à faire de la science une matière à rire; le lecteur ne peut pas trop prendre au sérieux l'appareil technologique des montées au Paradis d'Enoc ou d'Hélie.

Que dire des explications de Gonsales, de leur style embarrassé, de l'abus des métaphores qui a quelque chose de parodique? outre que le personnage lui-même, que les Séléniens ont pris pour un singe « à cause qu'ilz habillent, par hazard, en ce païs la les singes à l'espagnolle », est, au moment même où il apparaît, ridiculisé par l'auteur; une brève étude de son vocabulaire scientifique en dénonce la désuétude : « sel vegetatif », « chaleur de son germe », « sympathie », etc...; nous avons remarqué que d'un discours à l'autre il se contredisait; enfin il s'appuie, dans l'exposé d'une science qu'on dirait mal assimilée, sur des souvenirs d'Empédocle (étude des quatre éléments) et d'Héraclite (le feu), deux philosophes-savants qui ont été déjà vivement critiqués par Lucrèce.

D'autre part le Démon de Socrate et « le filz de l'hoste » s'opposent sur des points très importants, sans que le lecteur ait vraiment le moyen de prendre parti. En outre, c'est le Démon de Socrate qui conseille à Dyrcona la lecture du « grand Œuvre des Philosophes [2] », où il est difficile de ne pas voir une moquerie de l'auteur : ce trait ne disqualifie-t-il pas le Démon? en tout cas, ne sommes-nous pas amenés à nous interroger sur la véracité et la valeur des propos qu'il a tenus jusqu'à présent? Mais le « filz de l'hoste » est-il davantage épargné, qui le plus souvent au lieu de prouver affirme sans tolérance, et qui surtout refuse de croire « que la Lune soit un monde » et n'a donc ni le savoir total ni l'ouverture d'esprit d'un vrai philosophe? Le Démon de Socrate ne l'avait-il pas prudemment présenté à Dyrcona : « ce seroit un second Socrate s'il pouvoit regler ses lumieres et ne point estouffer dans le vice les graces dont Dieu continuellement le visite [3]... »?

---

1. O. C. Belin, p. 366.
2. *Ibid.*, p. 413.
3. *Ibid.*, p. 397.

Le narrateur ne discrédite-t-il pas le petit homme de la macule
en faisant succéder à l'exposé de ses théories bizarres une phrase
comme : « apres une conference encor plus particuliere de secrets
fort cachez qu'il me revela, dont je veux taire une partie, et dont
l'autre m'est échapée de la memoire [1] », en ne restant pas pour
assister à « l'accouchement », c'est-à-dire en refusant d'en être le
témoin pour nous, en se contentant de nous rapporter ce que le
petit homme lui a dit, en s'en allant comme si cela ne l'intéressait
pas, donc en faisant tout pour ne pas accréditer les explications
de son interlocuteur ? Peu à peu, d'ailleurs, Dyrcona a quitté le
monde de la fiction scientifique pour celui de la métaphore et de
l'allégorie, où les personnages deviennent incertains, s'expriment
à un niveau qui nous demeure inaccessible, non sans étrangeté.
Confiné dans « les parties obscures du Soleil », le héros n'y trouve
pas la liberté d'esprit à la quête de laquelle il est parti : dépassé
par les vérités du « petit Roy des regions éclairées », malmené
par les Oiseaux, mystifié par les Arbres, il rencontre en Campanella
un philosophe qui, tout en lui promettant une réponse globale et
systématique de la part de Descartes, se présente lui-même comme
un théoricien dogmatique, qui raisonne par pré-suppositions et
accable Dyrcona de mépris, alors même que celui-ci est prêt à
discuter du problème du vide [2].

Mais alors, puisque les interlocuteurs de Dyrcona, puisque ceux
qui s'affirmaient détenteurs de la vérité, de la lumière et de la
Science, finissent par révéler au lecteur quelque insuffisance,
quelque incohérence, puisque le ver est dans le fruit, ne faut-il
pas reposer le problème des finalités du roman et de la fonction
du récit ?

1. O. C. Belin, p. 451.
2. Ibid., pp. 490-491.

IIᵉ Partie :
LE SENS DE L'HISTOIRE

A. Le texte lu

Tel qu'il se présente aujourd'hui, *L'Autre Monde* est un récit de voyage en deux parties. L'auteur a voulu que ces deux parties semblassent continues : le commencement des *Estats et Empires du Soleil* fait très exactement suite à la fin des *Estats et Empires de la Lune*. Il n'y a pour nous aucune raison de ne pas tenir compte de cette volonté, et nous lisons *L'Autre Monde* comme un roman, et un seul. Mais il faut ajouter : un roman dont la structure est surprenante.

En effet, à l'exception de l'épisode connu sous le titre de « Histoire des Oiseaux » (mais de qui est ce titre ?), ce récit de voyage qui consiste en étapes, rencontres, conversations, aventures, et accidents de toutes sortes, s'offre à une lecture ininterrompue ; aucune de ses deux parties ne se divise en chapitres, continuité absolue qui n'exclut pourtant pas que le récit comporte ce qu'il faut de détails, de tons, de références temporelles ou spatiales pour fonctionner de manière romanesque. Cela ne l'empêche pas d'être parfois elliptique, de faire silence sur des points qui pourraient nous intéresser : par exemple « la creation, l'harmonie et l'influance des globes celestes avec l'immuable varietté des meteores [1] », ou bien « toutes les particularités » du voyage de Campanella que celui-ci raconte à Dyrcona mais que Dyrcona garde pour lui [2]. Il arrive même que le récit soit syncopé, qu'il tombe en syncopes, qu'il s'évanouisse : à un moment donné le discours fait place aux points de suspension ; après d'autres, Campanella entre dans le non-dit : « ce sont [3]... », « nous restâmes apres cela sans parler... » Le temps du roman, sa tissure même, dépendent

---

1. O. C. Belin, p. 412.
2. *Ibid.*, p. 489.
3. *Ibid.*, p. 490.

de l'attention, du souvenir, de la volonté du voyageur-narrateur qui tyrannise quelque peu notre lecture.

Notons aussi le parallélisme des deux parties du récit. Ramenons-les à l'indispensable, en quoi consistent-elles ? Un homme qui veut échapper à l'attraction terrestre entreprend vers le ciel, au moyen d'engins qu'il a fabriqués, une ascension. Arrivé non sans peine et après une étape (Canada, macule) à son lieu de destination, il fait une première rencontre émerveillante (Paradis, Peuple des régions éclairées du Soleil); puis il tombe aux mains d'un peuple qui le maltraite, l'emprisonne, fait son procès (Séléniens, Oiseaux); il ne doit son salut qu'au discours in extremis d'un être compatissant et qui a fait un séjour sur terre. Une fois libéré, il poursuit un voyage rythmé par des rencontres-conversations qui sont autant d'occasions de s'instruire, et qui pourraient faire penser à des degrés d'initiation si le doute ne pesait sur la valeur des informations que ses interlocuteurs lui donnent de plus en plus globalement. Il revient de la Lune sur Terre par un accident-miracle; en aurait-il été de même du Soleil?

Or il nous semble que nous pouvons réordonner notre lecture de L'Autre Monde à partir de ce schéma.

Pourquoi Dyrcona veut-il quitter la Terre? Pour aller chercher la vérité de la Lune; peut-être par désir de conquérir l'espace, et de mettre à l'épreuve sa science et son ingéniosité. Parce que la terre ne lui suffit plus; elle est le lieu de l'ignorance, les compagnons de beuverie de Dyrcona refusent d'affranchir même leur imagination de la pesanteur des stéréotypes, il aspire au vrai; elle est le lieu de l'injustice, de l'oppression, sa vie y est menacée : dans les couloirs du palais du gouverneur de Nouvelle-France rôdent les Jésuites et tous ceux qui l'accusent d'être un allié du diable, de même qu'à Cussan et Toulouse on le tient pour sorcier — c'est-à-dire bon pour le bûcher. Mais il y a sûrement plus, un véritable projet prométhéen; c'est d'ailleurs à Prométhée, qui « fut bien autrefois au Ciel dérober du feu », qu'il se compare d'abord [1], puis à Phaëton « au milieu d'une carriere où je ne sçaurois rebrousser chemin [2] »; donc à quelque personnage hors de l'humain qui ne vise au ciel que pour en rapporter aux hommes le feu ou pour y emprunter la lumière, autrement dit la vérité : Dyrcona s'investit de la mission dangereuse de défier le temps, l'espace, les astres et les dieux, pour nous informer. L'aventure scientifique s'institue à terme en aventure philosophique; le voyage devient quête, allégorie, symbole.

---

1. O. C. Belin, p. 360.
2. *Ibid.*, p. 446.

CHAPITRE 4

Première étape

De même que son premier envol vers la Lune passe par une descente au Canada, de même sa tentative d'ascension vers le vrai connaît des hauts et des bas. L'épisode du bref séjour au Canada est un accident nécessaire. Dans ce nouveau monde gâté par l'ancien, Dyrcona nous fait découvrir les vices de la terre qu'il quitte : mesquinerie de l'esprit des hommes, dévoiement de la raison, superstitions et préjugés, abandon aux impressions sensuelles; mauvaise foi; application sotte du principe d'autorité qui abolit la conscience individuelle; peur du beau risque, du pari contre le géocentrisme et l'attraction terrestre; refus même de reconnaître à Dieu les vertus de l'infinité, maintien dans le timide confort du déjà-dit, du déjà-écrit, jusqu'au mensonge si le mensonge préserve le statu quo ante. En face de M. de Montmagnie et des Jésuites, face au conservatisme du pouvoir temporel et aux menaces d'un pouvoir spirituel (l'Église plutôt que la religion) tyrannique et fanatique, Dyrcona se pose comme le héraut de l'affranchissement : et des lois, pourtant universelles, de la pesanteur et de la mécanique céleste, et du cadre de la pensée officielle et traditionnelle; il proclame le droit à la raison, repense l'échelle des valeurs cosmiques déformée par l'illusion de l'anthropocentrisme; au monde de la limite et de la clôture qu'il fait éclater, il oppose l'univers libre de l'éternel et de l'infini, où l'homme ne cesserait jamais d'apprendre; enfin il substitue à l'idée d'absolu sur laquelle tous les systèmes de pensée jusqu'alors se sont fondés, celle de relativité qui rendra mieux compte de notre réalité et de la réalité de la Nature. Le problème ainsi posé n'est pas celui de Dieu, mais bien celui de l'homme et de son ridicule égocentrisme.

L'épisode de la macule apparaît à la fois comme le pendant structurel de l'épisode du Canada et comme une étape plus avancée de la quête du voyageur. Depuis qu'il a quitté la terre, tant pour la Lune que pour le Soleil, Dyrcona a déjà eu l'occasion de méditer devant nous sur le sujet qui le préoccupe le plus : l'origine du monde et la nôtre, l'organisation du Cosmos. Or le petit homme de la macule est, de manière plus directe que M. de Montmagnie, un interlocuteur qui a quelque chose à dire à Dyrcona, qui peut lui proposer une histoire de la genèse, un tableau des premiers temps. Au commencement était la Nature, vraie et féconde, la Nature-mère tirant à volonté de son sein toutes les créatures. Une telle immédiateté avait pour conséquence essentielle la parfaite communauté des vivants, possesseurs de la « langue matrice », idiome universel grâce auquel tous communiquaient, hommes, plantes, animaux, et qui permettait la connaissance innée, instantanée. Sommes-nous dans le ciel platonicien, où conception,

pensée, imagination, parole ne feraient qu'un, où « la Nature
va au Vray plus immanquablement que la raison »; « dans les
sciences il y avait un Vray, hors lequel on estoit toûjours éloigné
du facile »? On retrouve ici un des thèmes du *Cratyle*. Mais alors
la reconquête du savoir suppose un retour en arrière; il faut revenir
vers quelque Passé perdu, peut-être mythique. De plus une telle
théorie signifie que le monde se dégrade, et qu'il n'existe aucune
possibilité de progrès. Est-ce le sentiment de Dyrcona?

Ajoutons une question : pourquoi le petit homme de la macule
surcharge-t-il son discours de considérations aventureuses, non
scientifiques, sur la génération? d'abord parce qu'il représente
une école de pensée, celle des vitalistes influencés par l'alchimie.
Ensuite parce que, croyons-nous, le thème de la génération a été
introduit dans l'imagination même de l'auteur par le mot de
« macule »; nous sommes en face d'une sorte de bavure de fonctionnement. Scientifiquement la « macule » au XVIIe siècle, c'est
la tache solaire; étymologiquement, c'est tout simplement la
tache : tache humide encore. Rien de plus vraisemblable que la
pensée d'un écrivain, dont les pulsions sexuelles sont morbides
et s'expriment — nous le savons depuis notre étude des *Entretiens
Pointus,* et nous aurons l'occasion d'y revenir dans l'épisode des
Chênes de Dodone — plus ou moins souterrainement dans le langage, ait opéré sur le mot un travail de connotation à partir d'une
expression comme « maculer ses draps ». Sous-jacent au propos
« scientifique » du petit homme, l'ordonnant et l'amplifiant avec
sa cohorte de termes signifiants, existe donc une thématique familière, mais mal assumée par la conscience de l'auteur. Cyrano
n'écrit pas *L'Autre Monde* noir sur blanc, sans détours : cette
variété des fins n'est pas une des moindres difficultés de l'œuvre.

L'arrivée à destination

Dyrcona aspire au soleil; lorsque sa machine s'effrite, ce désir
violent le hisse jusqu'à l'astre du jour. C'est au contraire la Lune
qui aspire Dyrcona, elle l'attire jusqu'à elle. Faut-il voir dans cette
différence un sens caché? Dyrcona va-t-il à la Lune comme irré-
sistiblement, sans effort, et au Soleil par un mouvement de conscience pleinement revendiqué? La Lune a-t-elle pour lui de la
sympathie? Le Soleil est-il moins cordial, plus inaccessible?

Le voici qui atterrit au Paradis Terrestre. Pourquoi le Paradis
Terrestre? Dans la pensée antique, la Lune marquait la limite
du ciel astral, pérenne, inaltérable; dans bien des mythes elle était
le premier refuge des âmes après la mort, le lieu du premier envol
de l'esprit attiré par la sérénité de l'azur divin; pour certains
terme du voyage, pour d'autres passage. Il s'était trouvé des chrétiens pour reprendre à leur compte cet héritage mythologique et,
le modifiant à leur goût et à leurs croyances, pour placer dans la
Lune le Paradis Terrestre d'où Adam et Eve avaient été chassés,
Cyrano renoue avec une tradition médiévale, ou — plus proche
encore de lui — avec celle de L'Arioste.

L'Autre Monde c'est, communément, le monde d'après la mort : dans la religion chrétienne l'Enfer, le Purgatoire et le Paradis. Le voyage de Dyrcona serait donc un voyage dans l'au-delà, comme en ont accompli des héros de légende ou des personnages mythiques avant lui. Mais, à la surprise du lecteur, l'auteur n'appelle nullement Autre Monde le royaume des Morts : son Paradis n'a rien à voir avec le séjour des bienheureux; c'est le Paradis Terrestre [1], le Jardin des Premiers Jours, celui où pour la première fois la vie s'est manifestée, fruit de la création divine, où pour la première fois l'homme a marqué la terre de son empreinte, où tout a commencé. L'épisode du Paradis Terrestre est donc pleinement significatif : dans sa quête d'explications, Dyrcona ne peut pas mieux commencer que par le commencement. Va-t-il y retrouver des traces certaines? la vérité et la foi, la science et la croyance ne vont-elles pas s'y liguer pour l'instruire? Cette inquiétude initiale empêche Cyrano, à quelque moment que ce soit du roman, de borner sa fiction à l'exotisme ou au fantastique, et de se livrer simplement à la présentation d'un personnage principal qui se caractériserait par son esprit de soumission et sa capacité d'émerveillement. Dyrcona aura moins l'occasion d'interroger que de subir, de questionner que d'être mis en question, mis à la question. Ce décalage entre le projet apparent et la réalité du roman va jouer le rôle moteur dans son élaboration et dans notre lecture.

Le feu de la Saint-Jean — or selon Hélie, Saint Jean est un des six humains à être montés au Paradis Terrestre, dans le roman de Cyrano — a un sens mystique. Il est l'accomplissement d'un rite de purification et de régénération. Dans certaines régions de l'Occident on plaçait au milieu du feu un arbre le plus droit possible, qui symbolisait l'ascension vers le Ciel, ce ciel que nous avions un jour perdu lorsqu'avec Adam il s'était séparé de nous. L'arbre dans le bûcher signifiait la réconciliation de la Terre et du Ciel, leur réunion de nouveau réalisée. Dyrcona s'élance d'un feu de la Saint-Jean vers la Lune, arrive au Paradis Terrestre. Cet épisode est-il la parodie d'un rite initiatique?

Ce long passage du roman doit être analysé avec minutie, car il nous procure des lumières sur les intentions de l'auteur. Il commence et s'achève par des faits accidentels : accident que la chute du voyageur, hasard que sa chute dans le Paradis Terrestre, « miraculeux hazard » que sa chute sur l'Arbre de Vie, dont l'éclatement de l'un des fruits le sauve de la mort; c'est donc un lieu où l'on entre par effraction, au péril de sa vie, mais c'est un lieu géographiquement situé, où l'on peut arriver vivant, et qui n'a plus rien de terrifiant ni même de sacré. Accident encore que l'expulsion de Dyrcona, nouvel Adam chassé du Paradis (accident de la conservation), et que pour apaiser sa faim il choisisse par hasard le fruit de l'Arbre de Science qu'il a dérobé, dont, par un nouveau « miracle » un peu de jus dissipe « les malignitez de la pelure ». Dyrcona est un héros aussi heureux que malheureux, le Paradis est un lieu plein d'embûches.

---

1. Celui où entre Dante, à la fin du *Purgatoire*. Chant XXVIII.

En pénétrant dans le Paradis Terrestre, Dyrcona ne contre-vient-il pas à l'interdiction divine ? Le Paradis Terrestre est le lieu de la faute originelle, de l'éternelle condamnation de l'homme, celui où la colère de Dieu a jeté sur nous sa malédiction jusqu'à la fin des temps. Rentrer au Paradis, c'est interroger le jugement divin, douter de sa validité. Pour un chrétien, le Paradis Terrestre est triplement le lieu de l'interdit : interdit de manger la pomme de l'arbre de science, interdit de demeurer dans le jardin d'Eden après la faute originelle, interdit d'y revenir et par conséquent de goûter de nouveau le bonheur véritable dans cette vie. Le Paradis Terrestre était avec l'innocence le lieu du bonheur; Paradis perdu, bonheur perdu.

Or dans le récit, de la volonté même de Dieu, l'interdit a été levé pour trois descendants d'Adam et Eve : Enoc, le vieil Hélie, et Saint Jean. Dyrcona n'est donc pas coupable d'une réelle trans-gression : il joue simplement le rôle du passager clandestin.

Sous quel aspect le Paradis Terrestre apparaît-il à Dyrcona? D'abord comme le lieu charmant où la nature a conservé sa beauté, sa fraîcheur et sa bonté des premiers jours; arbres, fleurs, ruis-seaux, oiseaux, animaux, couleurs, tout y est innocent, vif, gai, d'une harmonie infinie, car tous les éléments y sympathisent les uns avec les autres. Nous reconnaissons avec intérêt dans le pay-sage décrit celui du campagnard des *Lettres Diverses* [1] : l'amour de Cyrano pour la Nature allait-il jusqu'à lui faire découvrir après tout des paradis sur terre?

En revanche, si la Nature du Paradis se définit, au Printemps du Monde, par sa candeur et son harmonie, Dyrcona n'y rencontrera que des êtres et des objets, des situations et des sentiments, pleins de contrariétés, tendus entre leurs contradictions. En haut la Terre devient une lune, la Lune une terre, ou plutôt c'est le Para-dis, non : le Paradis Terrestre; « et voilà que je me trouve... aux pieds d'un dieu qui ne veut pas estre adoré, et d'un estranger qui parle ma langue [2] ». Le vieil Hélie est « un jeune adoles-cent »; Enoc qui a eu l'insigne privilège de monter le premier à la Lune et de revenir au Paradis, fait l'objet d'un long discours d'Hélie, mais lorsqu'il paraît il ne dit pas un mot, « petit homme » abandonné de la « lunaticque » Achab, négligeable, falot, ridicule; l'Arbre de Science produit des fruits qui devraient dis-penser le savoir absolu : mais les explications données par Hélie de certains phénomènes naturels [3] — les lumières célestes qu'on peut observer le soir, le « cotton de Nostre Dame » — sont parfai-tement a-scientifiques, à peine au niveau d'on ne sait quelle croyance populaire.

Non seulement les personnages sont indignes du lieu qu'ils habitent, mais les propos d'Hélie vont à l'encontre de la fin édi-fiante et instructive qu'il prétend poursuivre. La description qu'il donne de l'ascension d'Enoc ou de la sienne, au moyen de procédés

---

1. *Lettre Diverse XI.*
2. O. C. Belin, p. 368.
3. *Ibid.*, p. 374.

où des commentateurs ont voulu découvrir un effort de fiction scientifique, a pour effet réel de désacraliser les souvenirs bibliques liés à ces ascensions. Le Dieu qu'il présente est un Dieu à demi impuissant, puisqu'Adam lui échappe en venant sur Terre [1], puisqu'Enoc et lui-même ne doivent le succès de leur entreprise qu'à leur ingéniosité; Dieu n'agit jamais que par les causes secondes [2] — les plus douteuses.

L'infirmité d'Hélie ne peut manquer d'agir comme une provocation sur Dyrcona : celui-ci ne fait que pousser au sarcasme ce que l'autre proférait d'absurdité. Quand le voyageur reprend les plaisanteries de Rabelais ou d'Agrippa de Nettesheim sur le serpent [3], c'est parce qu'il poursuit une des prétendues explications d'Hélie. Si à la fin Dieu lui-même devient la cible de sa raillerie, il s'agit de ce Dieu incertain, anthropomorphique et quelque peu mécanisé, qu'Hélie avait fait maladroitement intervenir dans son compte rendu.

Dyrcona ne découvre pas la vérité au Paradis Terrestre. Il s'en va sans même savoir ce qui s'est réellement passé le premier jour de l'homme. Il n'a eu affaire ni à Dieu, ni à Adam, mais à un prophète radoteur auquel la pomme de Science n'a rien appris.

L'épisode signifie-t-il finalement que la Bible et la religion fourvoient l'homme, et ne peuvent lui donner aucune lumière sur l'histoire du premier commencement? La question mérite d'être posée. Pour notre part, nous pensons que l'intention de l'auteur ne vise pas à cela : le Paradis Terrestre dans son roman ne constitue même pas la parodie du Paradis Terrestre de la Bible; il en est tellement éloigné de forme et d'esprit, il est si évidemment réduit à trois articles matériels, pittoresques et visuels, l'Arbre de Vie, l'Arbre de Science, et l'archange « portier du lieu », la Bible y est si ouvertement ramenée à trois ou quatre faits dont le caractère miraculeux ou merveilleux peut être immédiatement dénoncé, Dieu y joue un rôle si démesurément pauvre, que nous sommes persuadé d'une autre finalité de l'épisode. Il attente bien moins à la religion, ou à la Bible en elle-même, qu'à l'usage que les hommes en font, qu'à la pratique qu'ils en tirent, qu'à l'interprétation qu'ils en donnent; moins à l'idée d'un Dieu, qu'au Dieu que nous nous sommes fabriqué à notre avantage. Notre Paradis Terrestre ne peut donc être que caricatural, lieu des croyances superstitieuses, peuplé d'êtres inconsistants. Et ce que Cyrano nous dit, c'est que la vérité ne niche pas dans une mythologie populaire nourrie de souvenirs hétéroclites : aucune question n'y trouve sa réponse, et l'on en sort plus sot qu'avant. Alors se justifie le caractère comique du passage, comme le fait que Dyrcona ne dramatise rien, qu'il se tienne à distance de lui-même — « Je voulois continuer ces fariboles [4] », « A ce mot, je ne scay comme le diable s'en mesla, tant y a que je ne pus pas m'empescher de l'in-

---

1. O. C. Belin, p. 373.
2. Ibid., p. 374.
3. Ibid., pp. 372-373.
4. Ibid., p. 373.

terrompre pour railler [1]. » Le narrateur ne mène pas ici un combat
philosophique. Son récit est plein de clins d'œil au lecteur
averti : sérieux, s'abstenir [2].

Ce point de vue peut être étayé par une analyse du passage
correspondant des *Estats et Empires du Soleil*, la rencontre de Dyrcona avec le « Peuple des regions éclairées ». Entre les deux épisodes il existe des points communs évidents. In principio l'Arbre :
arbre de Vie, arbre d'or et de pierres précieuses. Puis un éloge
de l'imagination, prononcé d'un côté par Hélie [3] et de l'autre par
« le Petit Roy » auquel succède Dyrcona [4]. De ces deux traits le
premier indique une incontestable analogie de la démarche d'élaboration romanesque; le second introduit dans ces deux moments
de la fiction un thème qui lui est propre et les identifie : le lecteur
sait ainsi que le narrateur l'entraîne dans le domaine de l'imaginaire, ou de ce qu'on appelle communément le merveilleux. Mais
de quel imaginaire s'agit-il ? Une phrase nous fournit la réponse :
« c'est nous qu'au Monde de la Terre vous appelez des Esprits [5] »;
le texte explore de nouveau l'imaginaire populaire, collectif, celui
où les explications finales passent par le magique.

Le voyageur, et nous avec lui, subit l'épreuve du surnaturel. Il s'éveille au pied d'un arbre comme il n'en existe pas, un arbre
de contes de fées [6]. Et les personnages qui s'en détachent par une
métaphore semblable à celles que Perrault puisera dans le folklore
français, ont l'aspect féerique des lutins gais et bondissants, facé-
tieux, toujours là dans le récit pour raconter quelque belle histoire
qui explique leur présence et leur fonction. Ainsi fait « le petit
Roy ».

Histoire ambiguë. Certes nous savons que le Rossignol nous
représente dans l'anecdote, incapable d'user supérieurement de
sa raison et de combattre efficacement la tyrannie des apparences.
Le petit Roy accable l'humanité de sarcasmes et de mépris; il
raille sa « presomptueuse stupidité » : « à cause que n'imaginant
point d'animaux plus parfaits que l'homme, et voyant faire à de
certaines Creatures des choses au dessus du pouvoir humain,
vous avez crû ces animaux la des Esprits »; l'imperfection de notre
constitution physique et mentale qui nous empêche de dominer
la matière comme le petit Roy et ses sujets. Leur pouvoir « magique » de mouvement, de changement et de transsubstantiation
est en fait un pouvoir naturel : tout est tout, peut être tout, là où
l'univers a conservé ses forces originelles, et la volonté sa puissance et sa liberté. L'éloge de l'imagination prend alors sa place
dans un rappel de l'homme à l'humilité : l'imagination est un fac-
teur d'explication dont par orgueil et par sottise nous ne tenons
pas suffisamment compte. Pourtant Adam ne s'était-il pas trans-

---

1. O. C. Belin, p. 375.
2. En ce sens on pourrait voir dans *L'Autre Monde* un pastiche dénonciateur de
l'œuvre de Dante. Certaines similitudes de détail sont d'ailleurs notables.
3. *Ibid.*, pp. 368-369.
4. *Ibid.*, pp. 460-461.
5. *Ibid.*, p. 461.
6. De même, au *Paradis Terrestre*, Dante s'éveille au pied de l'Arbre de la science du
bien et du mal (Chant XXXII du *Purgatoire*).

porté sur Terre « par le feu de cet enthousiasme [1] »? et Dyrcona
au Soleil par l'ardeur d'un désir épuré? La première leçon de l'épisode porte sur la nécessité de nous désabuser « d'un grand nombre
d'opinions mal prouvées dont nos Docteurs aheurtez previennent
l'entendement des foibles [2] ». Le magique, le merveilleux, le surnaturel des superstitions, ne sont que le produit de notre pusillanimité, de notre renoncement à chercher et à comprendre.
Mais cette leçon ne nous livre pas toute la signification de l'épisode. Le dessein de l'auteur frappe par sa duplicité, et nous nous
demandons s'il ne se joue pas de nous. Tout en nous invitant à
user de raison, il fait appel à notre crédulité. Il nous impose en
même temps de ne pas croire et de croire. Dans son récit la fiction
combat la réflexion critique. Le texte lui-même trahit volontairement cette duplicité, lorsque Dyrcona déclare :

> « Mais écoutez, Peuples de la Terre, ce que je ne vous
> oblige pas de croire, puisqu'au Monde où vos miracles
> ne sont que des effets naturels, celuy-cy a passé pour un
> miracle [3]. »

A la fin de l'épisode, nous éprouvons le sentiment d'avoir rencontré l'extraordinaire, nous succombons au charme de l'irrationnel. En débridant notre imagination par son récit, Cyrano nous
fait perdre pied; nous voguons désormais avec lui dans un espace
où le possible et l'impossible, le réel et l'imaginaire, le poétique et
le philosophique se confondent. La chasse au Vrai conduit Dyrcona aux confins de l'incertitude.

Cela se marque dans le récit par les transformations que subit
le personnage. Du début des *Estats et Empires de la Lune* jusqu'à
la fin de l'épisode du Paradis Terrestre, Dyrcona se présente comme
un homme d'un esprit vigoureux, ironique, très au fait des découvertes de la science moderne, audacieux dans ses hypothèses,
imperméable à l'esprit de superstition, rebelle devant la tradition
et au principe d'autorité, décidé à toucher la vérité du doigt, même
s'il lui faut pour cela violer le ciel. Parallèlement, le Dyrcona qui
s'envole pour le Soleil, le fait pour échapper aux forces qui répriment
la liberté de pensée, et pour accomplir ce vieux rêve de l'humanité
qu'est la conquête de l'Absolu que Platon déjà avait symbolisé
dans le Soleil. Et pourtant, c'est ce Dyrcona-là qui va garder tout
au long de ses voyages une sorte de silence respectueux, à qui les
autres dispenseront leur douteuse science, qui jouera pour ainsi
dire le rôle de comparse et de faire-valoir. Ayant à peine percé
l'écorce du fruit de l'arbre de Science, il est condamné à une demi-
ignorance : il comprend dans *L'Autre Monde* qu'il ne sait pas
grand chose. C'est d'ailleurs à cela que l'on reconnaît l'Autre
Monde : tel qui brille sur Terre, au milieu du commun, n'est qu'un
écolier devant ceux qui ont essayé de se faire une idée plus juste et

1. O. C. Belin, p. 369.
2. *Ibid.*, p. 462.
3. *Ibid.*, p. 458.

plus totale du savoir authentique. Et l'on ne vaincra pas sa sottise, en croquant la pomme de science à la dérobée; il faut accepter l'épreuve de l'endoctrinement, la lente initiation. C'est pourquoi Dyrcona parle peu, écoute; quitte à démêler plus tard le vrai du faux et à ne pas se laisser abuser par les discours qu'on lui tient, le héros-narrateur sera paradoxalement pendant la plus grande partie des *Estats et Empires du Soleil* celui à qui l'on raconte des histoires — dans tous les sens de l'expression, bien entendu, — de même qu'il avait été, par un retournement inattendu de personnalité, devant l'aréopage lunaire le disciple d'Aristote et le défenseur d'un christianisme écervelé.

A ce personnage qui connaît des aventures extraordinaires, nous avons tendance à nous identifier au commencement, lorsqu'il conteste l'arbitraire. L'habileté de Cyrano consiste à nous faire réprouver la mutation de Dyrcona et adopter le point de vue de ses interlocuteurs. Ainsi la marche, le déplacement du voyageur-narrateur nous entraînent-ils dans le mouvement à la découverte d'autres mondes, d'autres vérités, d'autres modes de pensée. Ces voyages symbolisent le cheminement d'une intelligence vers le vrai avec des étapes de doute, de discussion, ou d'acquiescement. Aucun des épisodes n'est donc intellectuellement insignifiant. Cyrano est le premier de nos écrivains de fiction, le premier de nos romanciers, à utiliser systématiquement la science dans le dessein de délivrer et de déniaiser ses lecteurs.

La science de Gonsales est archaïque, parfois inexacte, bizarre. Celle du Démon de Socrate repose sur des croyances plus que sur des certitudes. Celle des docteurs de la Lune et du « filz de l'hoste » exprime une pensée autoritaire, dogmatique, excessive et radicale. Mais quels que soient leurs défauts propres, les systèmes exposés ont une vertu fondamentale pour Dyrcona et pour nous, qui est de nous rappeler à la pratique du raisonnement et de réveiller notre sens critique. Ils mettent la vérité en perspective; nous avons un instant le sentiment qu'elle se trouvera au bout du voyage. Au moins sous leurs coups le système d'Aristote, qui interdisait l'essor intellectuel dans une société bloquée, a-t-il volé en éclats.

Peut-être notre espérance demeurera-t-elle vaine. L'effort scientifique des *Estats et Empires de la Lune* mène plus au doute qu'il ne donne des assurances; est-ce l'œuvre d'un sceptique? Les *Estats et Empires du Soleil* s'achèvent sur un discours brisé : Descartes ne remettra jamais en place les morceaux du puzzle; l'ultime sagesse, dont Dyrcona avait d'ailleurs déjà refusé une conclusion — une seule, mais c'est beaucoup — ne prendra pas la parole, le récit l'enfouit dans un silence brutal.

Il est vrai que dans son voyage au Soleil, Dyrcona ne se voit plus proposer d'explications de nature rationnelle et scientifique. Les personnages qu'il rencontre dans les lieux qu'il aborde lui offrent des réponses d'où les éléments symboliques, les anecdotes légendaires et l'on-ne-sait-quel mysticisme sous-jacent expulsent les considérations d'astronomie, de physique, de chimie, ou de biologie. A l'histoire des éléments reconstitués par Gonsales avec des souvenirs de l'école ionienne, le Phénix préfère l'histoire de sa propre légende; Oiseau de feu, Oiseau du soleil, il est là-haut où il doit être, mais son discours laisse Dyrcona décontenancé, muet de surprise et de réticence : l'oiseau s'en rend compte et le dit [1], sa remarque est un avertissement au lecteur. Nous sommes au monde du Mythe; le voyageur subit désormais la question de l'explication mythique.

Le petit homme de la macule avait emprunté à Démocrite le mythe de la Terre génitrice : l'homme est un jour né du limon par une sorte d'accident génétique, sans aucune raison particulière. L'a-finalité de l'être humain le livre au hasard, lui rend quasi impossible de signifier son existence. La Terre peut à loisir en produire comme des chevaux et des singes. Mythe à vrai dire terrifiant, parce qu'à la question : pourquoi et comment l'homme à ses commencements? il se borne à donner une réponse plate, qui supprime toute causalité, interdit explication, justification, recherche de sens. Vision dérisoire et cruelle, qu'heureusement le petit homme n'expose pas de savoir certain, ne tient pas de source autorisée, qui lui viendrait d'un pouvoir supposé d'induction. De cette « Genèse » - là Dyrcona veut bien être l'auditeur, pas le garant. Le mythe se suspend, et s'efface. Ainsi s'évanouira, à mesure que le voyageur avancera vers les parties obscures du Soleil, le Mythe-souvenir de l'Age d'Or, allégoriquement incarné par « le Petit Roy » et son peuple, préhistoire miraculeuse où le désir suffisait à créer la réalité.

La tentative mythique atteint un premier terme avec le discours du Phénix. Le narrateur devenu auditeur, à qui l'on a déjà raconté deux moments de l'histoire des origines, rencontre un de ces êtres complexes qui peuplent les récits originels au croisement des croyances populaires et de la symbolique de la philosophie-poésie [2] des pré-rationalistes. Le Phénix fait à Dyrcona le récit de sa « vie [3] ». Que pourrait-il lui dire d'autre? tout mythe comme celui du Phénix se réduit à lui-même : il n'est qu'une histoire qui se raconte sans fin, et dont la répétition ne peut ouvrir aucune porte sur l'explication du monde. Les mécanismes de génération du mythe se dévoilent dans leur fonctionnement même; ils tournent à vide; le discours, auquel le mythe est réduit, brusquement sombre dans le non-dit, bute sur un « car » qui n'expliquerait rien, se détruit, culbute grotesquement sur un serment de menteur [4].

Après la longue épreuve du Royaume des Oiseaux, sur laquelle nous reviendrons, le voyageur de nouveau a remonté le temps. En face des Chênes de Dodone, doués de parole, de raison, et surtout de sensibilité, il est comme l'homme primitif en face des dryades, en cet autre Age d'Or où l'on goûtait « le plaisir de la liberté, et celuy de manger le miel qui couloit le long de l'écorce des

---

1. O. C. Belin, p. 465.
   « *Je voy bien que vous soupçonnez de fausseté ce que je vous viens d'apprendre.* »

2. Citer Ésope, le fabuliste, à côté d'Anaximandre, le philosophe (*Ibid.*, p. 464) n'est-ce pas un peu dénoncer le temps où la méditation du sage se dévoyait dans la fable?

3. *Ibid.*, p. 464.

4. *Ibid.*, p. 465.

arbres [1] ». Ou plutôt peut-être dans le temps béni où l'arbre dans sa splendeur végétale était l'interprète des messages divins. Son exploration du mythe n'est donc pas tout à fait détachée de l'histoire de l'humanité, de l'histoire de la pensée de l'humanité. Il interroge l'imaginaire et l'inconscient collectifs. D'ailleurs il ne peut s'empêcher d'y ajouter ses propres souvenirs, de nourrir le discours des Chênes du discours du poète de la Renaissance : le chêne déplorant la cruauté du bûcheron se souvient évidemment de la fameuse élégie de Ronsard « contre les bucherons de la Forêt de Gastine [2] ». Mais du même coup c'est, par delà des siècles, tout autant l'humanisme que l'antiquité sur lequel portera l'investigation; non seulement le mythe initial, mais le mythe culturel.

Si chez l'auteur, le poète de la Nature ne peut cacher sa sympathie pour un monde qui constitue l'environnement indispensable du bonheur, et où l'altruisme, l'amitié, la délicatesse de sensibilité sont vertus premières; si dans les débuts du texte le lyrisme éclôt spontanément en formules gracieuses et en gentilles métaphores, le philosophe est probablement moins convaincu par le récit des amours « d'Oreste et de Pilade ». Les accidents de parcours ne cessent d'écarter Dyrcona du but de son enquête, et de le jeter dans la considération de problèmes annexes, semble-t-il. Cependant il n'est pas impossible que Dyrcona éprouve le sentiment d'avancer : le petit homme de la macule lui a proposé une explication de la génération des hommes; « le petit Roy » lui a dit le secret de la régénération spontanée, du pouvoir de l'esprit sur une matière en action dont il est en quelque sorte le démiurge; les Chênes de Dodone traitent devant lui, au moyen du mythe, les problèmes du fonctionnement et du comportement.

Dans un Cosmos où tout a une âme, préexiste la nécessité de l'harmonie; la vie universelle repose sur l'entente, la compréhension, et la complémentarité des êtres vivants. La Nature, accueillante et sereine, a mission procréatrice; elle est le vaste réseau des tendres relations qui se nouent entre les éléments qui la constituent : arbres et oiseaux, Terre et Ciel, bêtes et gens, chêne et tourbe nourricière, Artaxerxe et son platane, le fer et l'aimant, communiquent et communient. Voilà ce que signifie le mythe d' « Oreste et de Pilade », de cette autre pomme d'un autre Eden : le principe du fonctionnement, c'est la sympathie universelle. La Nature se sent, elle ne s'explique pas, ne se calcule pas, n'est pas un objet de raison. L'homme s'y fond, s'y confond avec le reste des existants : aussi le naturalisme — celui de Marsile Ficin, de Cardan, de Paracelse, de Ronsard — est-il exposé par un arbre, non par un hominien.

Touche-t-on au terme du voyage? Ou faut-il aller plus loin? La construction mythique encore va se défaire. Le discours des deux Chênes s'émiette. « L'Histoire des Arbres Amans [3] », s'est insinuée dans le récit comme une digression; le mythe originel s'y atrophie, se dissout en sous-histoires où le grand thème de l'amour

---

1. O. C. Belin, p. 477.
2. *Élégie XXXII* dans l'édition de 1587.
3. O. C. Belin, p. 480.

cosmique se ramifie en perversions et aberrations d'amours, la loi se fait contingence, la norme engendre l'anormalité, alors que les redites du texte en indiquent les dérèglements mécaniques. Qu'est-ce en outre que cette « fameuse amitié de Pilade et d'Oreste [1] », sinon une copie de celle de Nisus et Euryale célébrée par Virgile? L'auteur a-t-il commis un malencontreux lapsus? c'est bien improbable puisqu'il cite plus loin « *les Nises et les Euriales* [2] ». A-t-il voulu rivaliser avec l'auteur latin? mais alors pourquoi l'imiter presque servilement? Nous penchons plutôt pour une troisième hypothèse : Cyrano nous fait assister à la fabrication d'un mythe, mais il tient à le dénoncer par quelque accident du discours. Le Chêne de Dodone radote, récite de travers, se perd dans des subdivisions, et, tout occupé à en raconter toujours davantage, en vient à parler, sans grand souci de cohérence ni de clarté, des phénomènes de l'aimantation et de la fonction des pôles, dans des termes qu'en 1650 personne ne peut prendre au sérieux et qui passeront pour d'archaïques sornettes. Une fois vidé de son efficacité le discours mythique n'a plus qu'à s'éteindre; et en effet le romancier l'interrompt en faisant intervenir un élément extérieur : « Cette voix alloit je pense entamer un autre discours; mais le bruit d'une grande alarme qui survint l'en empescha [3] ».

Dyrcona ira donc de l'avant. Plus ses pas le portent vers « les parties opaques du Soleil », plus on dirait qu'il s'enfonce au Pays du merveilleux, du fantastique, où l'on ne trouve pas la vérité, mais la fable. Et voici que s'offre maintenant à lui le spectacle de la « Beste à feu » et de « l'animal Glaçon ». La rencontre de ces animaux mythiques est pour l'auteur l'occasion d'inventorier des images et des thèmes du fantastique populiste, crédulité superstitieuse ou légendes et folklore, qu'il utilise comme éléments de fiction romanesque; l'imaginaire collectif nourrit celui de l'écrivain qui tout à la fois s'en saisit et s'en tient à distance. L'épisode de la lutte entre la Salamandre et la Remore a certainement aussi une fonction allégorique et représente figurativement le thème scientifico-philosophique de la lutte éternelle et fondamentale entre le chaud et le froid — reprise d'Aristote ou de Plutarque, chez qui le chaud et le froid ont tous les caractères d'une véritable substance, et constituent avec le sec et l'humide les quatre premières qualités simples; n'oublions pas non plus ce que nous avons remarqué précédemment, combien la description des deux animaux correspond à la configuration atomique qu'un Gassendi pouvait donner du feu et de la glace.

Or le combat héroï-comique [4] de la Salamandre et de la Remore est indissociable du discours d'un nouveau venu, « Vieillard fort venerable », guide mystérieux, devin, et qui se charge jusqu'à la fin du roman de tout montrer et expliquer au personnage narrateur; c'est Campanella. Le philosophe italien devrait traduire

---

1. O. C. Belin, p. 481.
2. *Ibid.*, p. 482.
3. *Ibid.*, p. 487.
4. L'épopée n'est pas ici cyranesque. Son regard se pose sur les objets qui sous lui se métamorphosent et deviennent occasions d'extension.

en langage clair les phénomènes observés, peut-être en donner une interprétation raisonnable. Au lieu de cela, il va filer les lieux communs de la mythologie populaire. Au long de son discours le voyage dans le Soleil va devenir un voyage dans le sottisier du temps. Il fait bien appel au témoignage d'explorateurs qui ont voyagé vers le Nord [1], pour introduire ses remarques sur la glaciation, mais c'est pour mieux reprendre à son compte les inventions incroyables du vulgaire sur les remores. Il n'a pas le temps d'entreprendre l'histoire de la salamandre que selon un procédé qui nous est désormais familier et intelligible l'auteur lui coupe la parole. Le personnage de Campanella et sa vision du monde ne sont-ils pas d'autant plus déconsidérés que Salamandres, Remores, sont pures inventions de l'esprit, nagent dans les eaux du fleuve Imagination, sur les rives duquel fourmillent les Phénix [2]? Et que dire de l'insistance de l'auteur de la *Cité du Soleil* à traiter sérieusement des « Lampes ardentes », des « maquereuses... dont le sang privé de chaleur fait qu'on les range, quoy qu'ils ayent des aisles, au nombre des Poissons [3] »? Avant même de s'être nommé [4], Campanella s'est identifié : il prend place dans la liste des raconteurs d'histoires.

Campanella a été naturellement, dans la seconde partie du roman, l'instructeur du mythe solaire : Soleil-Ame du monde, refuge ultime de tout ce qui est esprit de vie,

> « les ames viennent par un principe de ressemblance se joindre à cette masse de lumiere, car ce Monde cy n'est formé d'autre chose que des esprits de tout ce qui meurt dans les orbes d'autour, comme sont Mercure, Vénus, la Terre, Mars, Jupiter, et Saturne [5] »;

intelligence et source d'existence,

> « vous ne devez point douter que le Soleil n'opere de l'esprit bien plus parfaitement que vous, puis que c'est par la chaleur d'un million de ces ames rectifiées, dont la sienne est un elixir, qu'il connoist le secret de la vie, qu'il influë à la matiere de vos Mondes la puissance d'engendrer, qu'il rend des corps capables de se sentir estre, et enfin qu'il se fait voir et fait voir toutes choses » [6].

De telles théories peuvent nous sembler étranges, confuses, improbables; mais en les exposant comme il le fait, Cyrano ne trahit pas la pensée de l'auteur de la « *Civitas Solis* », du « *De Sensu rerum et de magia* » etc... L'héliocentrisme et le panpsychisme sont au cœur du système campanellien. Le discrédit dont est frappé, au bout de quelques pages, le penseur italien, ne peut manquer de

1. L'auteur pense peut-être à Isaac de Lapeyrère qui avait dédié à la Mothe le Vayer sa *Relation du Groenland* et sa *Relation d'Islande*.
2. O. C. Belin, p. 498.
3. *Ibid.*, p. 492.
4. *Id.*
5. *Ibid.*, p. 493.
6. *Id.*

porter préjudice à la crédibilité de ses explications. Et la foi aveugle et naïve qu'il affiche à l'égard de la physique cartésienne contraste désavantageusement avec l'esprit d'examen et le sens critique dont Dyrcona tente, en dépit des circonstances, de faire preuve : comment Descartes en sortirait-il indemne ?

Enfin la rencontre de Dyrcona avec Campanella va faire passer notre voyageur par des péripéties qu'il vaut la peine d'analyser. En premier lieu Dyrcona visitera un paysage qui n'est autre que l'allégorie de notre cerveau et de ses mécanismes opératoires [1]. Nous ne reviendrons pas ici sur la part de vérité de cette amplification : nul doute que l'auteur n'y exprime des idées convaincantes sur les qualités respectives du jugement, de l'imagination, et de la mémoire, et sur leurs rapports. Nous nous intéressons plutôt au procédé d'exposition lui-même. Il est d'abord refus de réalisme, de la description directe et objective de faits d'observation ou de vérité d'évidence, et en cela il suppose une attitude ludique contraire à tout projet d'exactitude scientifique ; le mythe et l'allégorie rendent toute science impossible. Deuxièmement cette intrusion du jeu dans la recherche et dans la découverte se traduit par une sorte de coup d'état et de prise de pouvoir de l'imagination, moins en tant qu'elle est puissance d'invention qu'en tant qu'elle réduit le réel au concret, le ramène à l'image, quitte à en retoucher la photographie — le paragraphe sur « le Fleuve de l'Imagination [2] » n'est-il pas celui qui inspire le plus le narrateur ? mais tout ce passage du texte n'est-il pas également accumulation d'images ? Troisièmement, que Cyrano ait, comme le pensait P. Toldo, emprunté le thème de cette allégorie à Ovide et à l'Arioste, ou qu'il lui ait été inspiré par le personnage même de Campanella qui appartiendrait ainsi au groupe de « ces Philosophes qu'on nomme resveurs [3] », une conclusion s'impose : dans le roman, Campanella explique le monde de manière indirecte ou irrationnelle, sa pensée s'appuie sur l'image plus que sur le raisonnement, suscite la crédulité plus qu'elle ne fait appel à la démonstration ; dans tout l'épisode l'esprit de fiction domine, l'esprit de vérité s'affaiblit.

En deuxième lieu, le compagnonnage de Dyrcona et de Campanella connaît une nouvelle aventure extraordinaire, un nouvel accident, lorsque surgissent le jeune homme, la jeune femme et leur « Condur ». Les quelques pages qui leur sont consacrées [4] pourraient sembler gratuites et inutiles, si nous ne les lisions pas à la lumière des conclusions auxquelles nous sommes arrivés. Depuis sa venue dans le récit Campanella nous a fait passer au royaume de la Chimère : chimérique est l'oiseau Condur qu'il « reconnaît » lui-même, qu'il identifie pour nous, dont il se fait donc le garant, comme est chimérique cette « Isle de Mandragore » où il situe son habitat. Une bonne partie de la description du Royaume des

1. O. C. Belin, pp. 495-500.
2. Ibid., p. 498.
3. Ibid., p. 497.
4. Ibid., pp. 501-506.

Amoureux que fait la jeune femme rappelle précisément des points de la *Civitas Solis*, c'est donc bien Campanella qui est ici en question; or cette description comporte des éléments d'ironie qui indiquent clairement que l'auteur se tient à distance de l'œuvre dont il s'inspire, qu'il nous invite à une re-lecture au deuxième degré. Campanella parodié suscite la méfiance. Cyrano s'en amuse gentiment, s'amuse et en même temps glisse ici et là quelques traits pleins d'à-propos et qui méritent d'être relevés. S'il joue quand il fait ratiociner la jeune femme sur les motifs du procès qu'elle intente à son jeune époux, ce jeu peut devenir satire — et par là refus — de tout ce qui dans la *Civitas Solis* réglementait l'amour, en faisait une pratique légale, abolissait la spontanéité du désir.

L'amour, dans cette anecdote, a rang de vertu sociale qui accomplit la relation humaine par excellence. Il cultive la joie, la « douceur », l' « indulgence ». Le Royaume des Amoureux « confine d'un costé à la Republique de Paix, et de l'autre à celle des Justes [1] », géographie allégorique qui dit combien l'amour est indispensable à la vie communautaire. Avec ce royaume du plaisir de vivre, et de vivre ensemble, le Royaume de Vérité fait un violent contraste : rigueur, discipline et légalisme semblent y régner; les mères n'y ont qu'un enfant [2], autrement dit les mots n'y ont qu'un sens et les principes qu'une seule conséquence. La jeune femme n'a donc pas pu subir le brusque transport d'un royaume à l'autre sans embarras. L'éducation qu'elle a reçue chez les véridiques lui a donné une certaine pratique du langage, une certaine appréhension du discours des autres, qu'on pourrait qualifier de candides et de naïves : elle s'exprime d'ailleurs elle-même d'un ton un peu strict. Mais le discours érotique abuse des mots, détourne le langage de sa voie droite, le défigure en l'enfermant dans la métaphore. La jeune femme s'y perd; elle ressent d'autant plus la force de la rhétorique galante qu'elle la prend au pied de la lettre. Et Cyrano, qui excelle dans la dénonciation du charabia ampoulé, en profite pour se livrer à une très amusante parodie, à une page de « à la manière de [3]... », comme il l'avait fait dans les *Lettres* et dans *Le Pedant Joué*. Il revient ici à l'un de ses thèmes favoris, la condamnation du langage stéréotypé, du « langage cuit », de la fausse poésie où l'invention a été momifiée par le temps. Il y ajoute un autre sujet de réflexion, déjà traité par lui : les dangers de confondre mauvaise littérature et vie; la jeune femme est victime d'une formation précoce et irréfléchie, c'est dire que la vérité n'est ni donnée ni acquise une fois pour toutes; la monosémie aveugle conduit au monolithisme intellectuel, provoque l'inadaptation. La vérité doit être le résultat d'une prise de conscience, produit d'une réflexion sur une confrontation; on la conquiert, on la mérite; elle est d'autant plus belle qu'elle reste

---

1. O. C. Belin, p. 503.
2. *Ibid.*, p. 504.
3. *Ibid.*, pp. 504-505.

fragile : le Royaume de Vérité n'existe pas, mythe, illusion, chimère
encore.

Il n'y a donc pas de réponse finale. Le voyage au Soleil s'achève
sur trois points de suspension. Le nouvel émule du philosophe
platonicien se pétrifie dans son éblouissement. Le Mythe pas plus
que la Science ne nous a donné de certitudes. Dans sa tentative
pour conquérir le ciel, l'Icare des temps modernes n'avait dû son
salut une première fois qu'à une intervention diabolique. Le
deuxième retour sur terre ne se produira pas. Prométhée demeure
en suspens, la main sur le feu céleste. Serions-nous d'ailleurs
dignes de le recevoir ? La grande leçon de *L'Autre Monde* n'est-
elle pas celle de notre indignité, de notre impuissance, de notre
contingence, du peu de place que nous occupons dans un univers
qui n'a que faire de nous et où nous passons pour des hôtes indé-
sirables ? Le voyageur de l'espace n'apprend-il pas à ses dépens
la terrible vérité de la condition humaine ?

CHAPITRE 5

L'homme en procès

Au cœur de chacun des deux récits de voyage se situe un épisode qui leur donne probablement une de leurs significations pro-
fondes. Dyrcona est arrêté, mis en prison; on instruit son procès.
Le peuple des Séléniens d'une part, celui des Oiseaux d'autre part,
sont quasi unanimes à le condamner; non pas pour lui-même, car
l'individu qu'il est n'a commis aucune mauvaise action particulière, mais parce qu'il incarne et représente alors à leurs yeux
l'espèce humaine tout entière qu'ils ont les meilleures raisons du
monde d'exécrer.

Dyrcona avait été sur la terre le prophète de la vie extra-
terrestre : il fallait qu'il y eût des habitants sur la Lune pour que
le pari d'un soir de libations prît forme philosophique. Devant
le voyageur de la planète, les cercles étroits dont l'homme était
le centre, anthropocentrisme, globe terrestre, univers clos de
l'ancienne astronomie, se brisent. Mais de cette course aux étoiles,
dans une sorte de ciel des systèmes qui efface le ciel des idées
platonicien, il ne sort pas indemne. Homme, ce qu'il y découvre
c'est le dépassement, le refus et la négation de l'Homme.

La Terre n'est plus la Terre, l'Homme n'est plus l'Homme.
Après avoir commencé « à croire que leur monde n'estoit qu'une
Lune », et à dire que le Monde d'où il venait « estoit un monde
et que le leur n'estoit qu'une Lune [1] », Dyrcona se trouve bientôt
contraint « de prononcer à tous les carfours de la ville : Peuple,
je vous declare que cette Lune icy n'est pas une Lune, mais un

---

1. O. C. Belin, p. 395.

monde; et que ce monde de la bas n'est point un monde, mais une Lune [1] ». L'*Autre Monde* est celui du renversement des priorités, de l'inversion des valeurs et des vérités établies. Les Séléniens, à propos desquels le narrateur a longtemps employé un vocabulaire animal — depuis le début : « je rencontré deux fort grands animaux [2] », en passant par « m'ayant fort lontemps lesché, m'engeula... et de l'une de ses pattes [3]..., etc... » — finissent par se voir reconnaître par Dyrcona le statut « d'hommes [4] » qu'ils s'étaient toujours octroyé.

En revanche le terrien se voit peu à peu dépouillé de tous ses caractères de distinction. Non seulement il n'est plus le seul habitant de l'Univers et donc plus son seul propriétaire, mais il paraît dérisoire au regard des autres. Les Séléniens sont plus grands, plus forts, et vivent plus longtemps que nous; les animaux solaires sont doués de facultés que nous ne pouvons même imaginer. Les savants de la Lune sont bien plus avancés que les nôtres et inventent pour la commodité publique des objets et des procédés qui marquent les progrès de leur civilisation. Les Oiseaux vont jusqu'à considérer l'homme comme un être démuni de toute raison. D'ailleurs dans la Lune Dyrcona passe successivement pour une bête curieuse, un petit singe femelle, un « magot », un « perroquet plumé », « une autruche », avant qu'au bénéfice du doute on ne le prononce homme. Au Royaume des Oiseaux, cherchant désespérément à se faire prendre pour ce qu'il n'est pas, il échouera à passer même pour singe, et devra assumer pleinement le fardeau de son humanité.

Il faut ajouter que d'un voyage à l'autre la situation de Dyrcona a changé. Dans les deux cas il se trouve placé en état d'infériorité, puis sa vie semble en danger. Mais le procès qu'on lui fait n'est pas le même. Les Séléniens voient en lui un être dont l'évolution n'est pas achevée, un esprit qui profère des contre-vérités, un homme non éclairé et qui n'a pas bénéficié des avantages de la culture. Les « prestres » à un moment [5] proposeront bien qu'on le condamne à l'eau, condamnation réservée aux athées [6], mais l'ensemble de la population ne lui est pas hostile à ce point, et il suffira d'une plaidoirie astucieuse, quelque peu sophistique, du Démon de Socrate pour qu'on le remette en liberté. Le ton ironique du procès, où certains ont voulu voir une caricature du procès de Galilée [7], et l'indulgence du Roy, confirment qu'il n'existe entre l'homme de la Lune et l'homme de la Terre qu'une différence de degré, en réalité une profonde analogie. Dyrcona peut donc séjourner là-haut pour s'instruire. Il découvre ainsi des gens dont les mœurs, les habitudes, la sagesse, font paraître les nôtres

1. O. C. Belin, p. 396.
2. *Ibid.*, p. 376.
3. *Ibid.*, p. 381.
4. *Id.*, : « *un homme que je ne connoissois point...* »
5. *Ibid.*, p. 395.
6. Le fait est d'autant plus ironique qu'il est accusé d'athéisme pour avoir soutenu la philosophie d'Aristote. C'est bien le monde à l'envers.
7. Cela n'est pas déraisonnable.

primitives. En trois points au moins, leur anthropologie défie celle d'un Français de 1650 :

1) ils ont raffiné et civilisé l'art inévitable de la guerre, réduit à presque rien le conflit armé, accru d'autant l'importance de batailles d'esprit et de science; ils n'y recourent que lorsque l'arbitrage a échoué, et en font alors l'occasion d'exercice de l'intelligence et de la générosité, tandis que sur la Terre les Princes portent de terribles responsabilités et justifient le reproche de barbarie qu'on adresse à l'humanité :

> « Et cependant qu'ilz font casser la teste à plus de quatre millions d'hommes qui valent mieux qu'Eux, ilz sont dans leur cabinet à goguenarder sur les circonstances du massacre de ces badaux; mais je me trompe de blasmer ainsy la vaillance de vos braves subjets; ilz font bien de mourir pour leur patrie : l'affaire est importante, car il s'agit d'estre le vassal d'un Roy qui porte une fraise ou de celuy qui porte un rabat [1]. »

Nous sommes tous coupables aux yeux de cet ironiste grinçant.

2) ils démontrent pratiquement l'absurdité du principe d'autorité dont l'origine est à chercher dans un respect excessif du Père par ses enfants; en un discours brillant et vigoureux [2] le Démon de Socrate dénonce les mécanismes de la gérontocratie, de la tradition et du conservatisme, il vante les mérites de la jeunesse, de l'action et du progressisme. Traduisons : que l'humanité apprenne à vivre avec l'avenir, non en fonction d'un passé sacralisé; la société française traditionaliste du dix-septième siècle, fondée sur la cellule familiale rassemblée autour du chef-géniteur, subit ainsi une attaque en règle.

3) Les rites lunaires de la mort, pour ce qu'ils ont d'agressif et d'inattendu, nous amènent à reconsidérer les rites terriens tout à coup réintégrés dans un ensemble de coutumes et dépouillés de toute valeur d'exclusivité. En même temps, c'est la pensée de la mort dans le monde occidental de cette époque qui est visée : mort triste, mort solitaire, mort qui fait peur; l'image que les Séléniens nous en proposent devrait nous réconcilier avec elle, l'exorciser, supprimer notre angoisse en restituant la mort dans le cadre des phénomènes naturels. Mais l'appréhension de la mort n'est-elle pas une des sources principales du sentiment religieux? la religion, dont les prêtres séléniens sont de bien mauvais avocats, n'a-t-elle rien à perdre à une démystification de la tragédie mortuaire? De Lucrèce au Sade des *Cent Vingt Journées de Sodome et Gomorrhe* ou de *Florville et Courval* une même réflexion sur la mort conduit à en faire un « moment philosophique », d'où toute pratique d'une religion définie comme superstition serait bannie. Sans aller jusque-là, les Séléniens les plus instruits s'emploient à l'humaniser, à la ramener à notre mesure et à celle de la Nature.

---

1. O. C. Belin, p. 393.
2. *Ibid.*, pp. 397-400.

Au siècle de la Mort baroque, ce retour au plus pur épicurisme — comme chez Rabelais — donnait à méditer.

Bref les hommes de la Lune nous donnent des leçons, nous apprennent à vivre mieux. Ils sont hommes plus intelligemment et plus heureusement que nous. Cet Autre Monde-là trouve ses différences dans l'analogie. Au contraire les Oiseaux se veulent dans leur royaume radicalement distincts de l'humanité, ne lui offrent aucun enseignement; ce qu'ils souhaitent, c'est notre totale disparition : « les plus sensez adjoustoient, que l'Homme estoit quelque chose de si abominable, qu'il estoit utile qu'on crût que ce n'estoit qu'un estre imaginaire [1] ».

Le désir de mort est ce qui prédomine chez les Oiseaux. Une fois entré dans leur Royaume, Dyrcona est arrêté, paralysé, enlevé, menacé d'avoir les yeux crevés. Tandis que chez les Séléniens il avait eu droit, à chacune de ses deux comparutions, de présenter ses opinions, de les soutenir et de les défendre, et que les plus sages de la nation lui avaient expliqué les leurs, le procès qu'on lui fait chez les Oiseaux est sans recours; devant l'implacable haine de ses accusateurs, la ruse maladroite qu'il tente en se faisant passer pour singe échoue; il est condamné à mort à l'unanimité, puisque son avocat lui-même refuse de plaider sa cause :

> « Ainsi, Messieurs, je vous declare, et à toute la Cour,
> que pour faire le salut de mon ame, je ne veux contribuer
> en façon quelconque à la durée d'un Monstre tel que
> l'Homme [2]. »

Une telle férocité est d'autant plus extraordinaire que les Oiseaux poussent le souci de la stricte justice jusqu'à s'inquiéter des conditions climatiques dans lesquelles ils vont la rendre, et surtout qu'ils nous sont présentés comme spontanément sentimentaux, affectueux, que l'on tient à crime chez eux de ne pas aimer ou de ne pas être aimé : l'histoire du chardonneret qu'on « accuse de n'avoir pas encor depuis six ans merité d'avoir un Amy [3] » vient opportunément, et par contraste, mettre en cause le monde inamical des hommes, et rendre plus frappante la misanthropie absolue des Oiseaux.

La perspective romanesque s'est modifiée; la fiction devient pamphlet, le récit mise à mort. C'est l'homme en tant que tel contre qui l'écrivain semble diriger ses coups. Dyrcona n'en finit pas d'être puni des crimes de l'humanité.

L'homme est d'abord coupable de cruauté; il tue, il massacre, de la manière la plus sanguinaire, puisque le plus souvent il tue inutilement et par plaisir. « Il nous massacre... [4] », s'écrie l'avocat de « Guillemette la Charnuë », « la gorge encore ouverte d'une balle de plomb que luy ont tiré les Hommes... [5] », « il nous égorge, il nous mange, et de la puissance de tuer ceux qui sont demeurez

1. O. C. Belin, p. 467.
2. Ibid., p. 473.
3. Ibid., p. 468.
4. Ibid., p. 472.
5. Ibid., p. 471.

libres, il fait un prix à la Noblesse [1] ». Il fait de l'univers un terrain de chasse; et là où devraient régner spontanément l'esprit de communauté, l'entente et la solidarité, il impose la dure loi du meurtre. On a peine à faire comprendre au Roy Colombe « ce que c'estoit qu'inimitié [2] », mais l'homme ne sait ce que c'est qu'amitié, encore moins la fraternité des espèces. Il est le destructeur de la Nature, il en bouleverse et en transgresse les lois les plus précieuses et les plus intimes. C'est au nom de la Nature, autant qu'en leur nom propre, que les Oiseaux réclament la suppression du genre humain. Ils ne peuvent se contenter de le traiter « à la pareille [3] », comme les Séléniens; il leur faut appliquer « la solution finale », celle du génocide libérateur.

Or l'argumentation des Oiseaux nous paraît d'autant plus recevable qu'elle reprend en grande partie les propos de Dyrcona lui-même devant M. de Montmagnie. D'un bout à l'autre du roman se constitue un acte d'accusation. L'homme est un animal raté, qui a perdu le sens de son instinct, et qui ne connaît plus cette « voix secrète [4] » de la Nature qui dans l'Autre Monde parle à chacun des êtres vivants. Il est dénaturé; hors des normes. C'est véritablement un Monstre. Ainsi en jugent les Séléniens devant Dyrcona [5]; ainsi jugent les Oiseaux de l'homme [6]. Dans la seconde partie du roman, la thématique de la monstruosité s'est donc elle aussi doublée : l'homme n'est plus monstre seulement en ce qu'il diffère d'apparence ou même de comportement avec les autres habitants de l'univers; il est monstre surtout au sens moral, en ce qu'il manque volontairement et consciemment aux grandes règles de la vie cosmique : fraternité, égalité, liberté.

Au Soleil tous les règnes ont leur Royaume, sont représentés : minéral, végétal, animal. Tous participent également de la Nature; tous ont leur valeur, et tous peut-être leur âme propre. Comment le ciel et la terre ne leur appartiendraient-ils pas aussi bien qu'à l'homme? La Nature est « nostre commune Mere », et nous devons y « vivre en societé [7] ». Mais l'homme est précisément celui qui brise la société universelle de la Nature, en tentant d'imposer aux autres créatures son chimérique et sanglant empire. Il refuse d'être un animal parmi les autres, et par un orgueil imbécile, au nom d'un finalisme anthropocentriste, dont tout le roman dénonce l'absurdité, il prétend s'octroyer dans le Cosmos une primauté absolue.

Cet orgueil est pourtant dérisoire, et les Oiseaux comme les Séléniens démontent sans peine le ridicule comportement de l'humanité : superstitieux, toujours prêts à chercher dans la magie ou l'irrationnel infantile l'explication de ce qu'ils ne comprennent

1. O. C. Belin, p. 473.
2. Ibid., p. 470.
3. Ibid., p. 377.
4. Ibid., p. 473. L'homme a perdu son instinct. « Le Singe est toujours Singe » (p. 468); l'homme n'est plus rien de naturel.
5. Ibid., p. 391.
6. Ibid., p. 456, p. 473.
7. Ibid., p. 472.

pas — alors qu'une bonne intelligence de la Nature y suffirait généralement — les hommes sont probablement, après tout, aussi dénués de raison que le proclame l'accusateur public dans le discours qu'il prononce au nom de Guillemette. Tout fait d'eux des aliénés : étrangers à la Nature même qui les produit et qu'ils pervertissent, ils s'enclosent dans un monde dangereusement déraisonnable de coutumes et de croyances ; ils vivent dans d'épouvantables contradictions qui les détruisent et détruisent les autres, incapables qu'ils sont de conserver à leur usage le bien le plus cher de tout être vivant, la liberté, que par un esprit de servitude mécaniquement suscité par son contraire, l'esprit de tyrannie, ils aliènent aux plus terribles ou aux plus grotesques d'entre eux, et qu'ils mutilent jusque dans la représentation épouvantable qu'ils se font de la mort.

Ils seraient donc de pitoyables objets de risée, si leur propre dénaturation n'était contagieuse et si leur malignité ne les poussait à dénaturer les autres, les innocents, et à les employer à leurs fins d'oppression et d'extermination [1]. Dans l'Autre Monde cela ne peut être pardonné. Aussi les Oiseaux sont-ils, selon le mot de Dyrcona, un instant « ravis d'entendre que je n'estois pas Homme... bien aises de le croire ; car ceux qui n'en avoient jamais veu, ne pouvoient se persuader qu'un Homme ne fut bien plus horrible que je ne leur paroissois [2] ». Aussi, une fois l'identité de Dyrcona certifiée, seront-ils impitoyables ; alors que sur la Lune il avait été libéré au bénéfice du doute après la seule intervention du Démon de Socrate, la plaidoirie de Margot la pie ne lui vaudra qu'une indulgence toute relative, et il sera condamné à mort.

Une telle haine exposée de façon si véhémente et si minutieuse [3], ne peut manquer, quand bien même nous nous serions identifiés à Dyrcona et nous sympathiserions avec lui, de nous toucher, et peut-être de nous convertir. La vision mirifique que nous avions de nous-mêmes se brouille ; le miroir magique se brise. Nous rions amèrement de notre perversité, lorsque l'auteur souhaite nous en faire rire. Montaigne [4] même a usé de moins de violence dans les *Essais*, et ni Montesquieu ni Voltaire ne surpasseront le réquisitoire ici prononcé contre la folie et la furie des hommes.

Mais pour assurer le succès de son entreprise anti-humaniste, Cyrano n'a pas voulu se contenter d'un mouvement de diatribe directe. Non sans subtilité il va sur un plan parallèle doubler l'attaque. En effet, le lecteur se rend compte assez vite que les accusateurs les plus virulents de l'homme ne sont pas eux-mêmes sans défauts ; le monde céleste n'est guère plus innocent que celui de la Terre. Dyrcona est là-haut mis en accusation parce qu'il est un

1. N'est-il pas remarquable que le procès fait à l'homme ici suive le même cheminement que dans les *Mazarinades* le procès fait à Mazarin ?
2. O. C. Belin, p. 467.
3. Nos usages les plus éprouvés sont avec force analysés et critiqués, et en particulier tout ce qui concerne l'organisation socio-politique de la France contemporaine : il faut voir comme la conception de la monarchie absolue est malmenée par Margot au nom de la raison et de la liberté. *Ibid.*, pp. 468-469.
4. I, 27, *C'est folie de rapporter le vray et la faux à nostre suffisance ;* I, 31, *Des Cannibales,* par exemple.

homme et que l'homme est originellement coupable, mais aussi parce qu'il est différent, porteur des croyances et du dogmatisme des Humains, des Terriens, et qu'ils s'opposent, avec ses préjugés, inévitablement aux croyances, au dogmatisme et aux préjugés des Séléniens ou des Oiseaux, qu'on prendrait donc à tort pour détenteurs de l'unique vérité. Cela signifie-t-il que leur analyse critique perd toute valeur ? Nullement; bien au contraire, car les vices dont ils sont affligés sont justement ceux qui rendent les hommes exécrables, et que l'auteur dénonce ainsi une seconde fois. L'Autre Monde, c'est alors le Même Monde; les Séléniens et les Oiseaux traitent les hommes comme les hommes les traiteraient, avec la même hargne, au nom des mêmes faux principes.

Les peuples de la Lune et du Soleil, même plus heureux, plus évolués, que ceux d'ici-bas, ne peuvent échapper à la grande loi de l'Univers : là où se sont constitués et vivent des groupes sociaux, se créent des ostracismes et des exclusives. Toute société organisée a pour premier mouvement de rejeter. La multitude se complaît en elle-même et à sa ressemblance; elle s'institue ses modèles, son éthique, sa vision du monde, hors desquels point de salut. « Il y a du vulgaire, icy comme là, qui ne peut souffrir la pensée des choses où il n'est point accoustumé [1] », rappelle à Dyrcona le Démon de Socrate qui regrette lui-même, nous le savons, d'avoir tantôt à feindre et tantôt à se taire. Dyrcona ne retrouve la liberté sur la Lune qu'au prix de son identité : il est tant bien que mal reconnu « homme », mais homme de la Lune, car pour les Séléniens la Terre est une planète inhabitée. Le sélénocentrisme et l'ornithocentrisme parodient cocassement, et avec le même arbitraire, l'anthropocentrisme; « icy comme là » l'usage du finalisme provoque l'injustice et l'ignorance. Les prêtres de la Lune refusent de confronter leur vérité avec le réel, transforment la religion en fanatisme, veulent la mort de quiconque ne se soumet pas au plus rigoureux conformisme de pensée. Mais le commun peuple s'entretient lui-même dans ses dangereuses illusions finalistes : les hommes véritables marchent à quatre pattes [2], pensent-ils, et les prêtres n'ont pas grand effort à faire pour les persuader de la monstruosité de Gonsales et Dyrcona, dans une harangue qui est purement et simplement la dérision de la vieille démonstration de la supériorité humaine en raison de la station debout [3].

Les Oiseaux ne feront à Dyrcona qu'une parodie de procès, un de ces procès dans lesquels on ne peut être ce qu'on est, où il faut faire semblant — ici, d'être, ironiquement, ce qu'il y a de plus proche et de plus éloigné de l'homme, le singe —. Ils sont le portrait vivant de notre intolérance : la pie manque d'être mise en pièces [4] parce qu'avec sincérité et pratiquant concrètement l'esprit prétendu d'amitié du peuple des Oiseaux, elle prend pitié du voyageur, puis défend sa cause. Dans cette atmosphère de sur

---

1. O. C. Belin, p. 377.
2. Ibid., pp. 390-391.
3. Ibid., p. 466.
4. Ibid., p. 470.

veillance, de soupçons et de peur, surgit même un « grand Cens-
seur [1] » qui semble exercer un pouvoir redoutable, et, plus que le
roi en titre, régner sur un monde qui tout à coup devient un
monde concentrationnaire.

Quelque fondé qu'il soit dans l'absolu, le « Plaidoyé fait au Parlement des Oiseaux, etc. [2]... » montre qu'au Soleil comme sur la
Lune la justice n'est pas plus exacte que sur la Terre. Et l'oiseau
qui le prononce manque grossièrement d'objectivité. Au principe de ce discours se trouve une série d'apriori caricaturaux :
les Oiseaux sont seuls doués « de la raison et de l'immortalité »
dont les hommes, animaux inférieurs, sont tout à fait « degra-
dez [3] »; les Oiseaux seuls ont le sens de la justice; ils ont le droit de
s'en remettre à leur instinct et à leurs impressions pour porter
jugement, de se fier au paraître; et de condamner sans appel le
genre humain tout entier, en bloc, répondant au génocide par le
génocide. Au point que la compassion terrestre de Dyrcona pour
Margot, et que la compassion solaire de Margot pour Dyrcona, ne
servent de rien. La justice des Oiseaux est bien le pendant de la
justice intolérante, partiale, égocentrique et sanguinaire des
hommes; de part et d'autre même esprit de système et de préjugé.
Si Dyrcona échappe finalement à la mort, il ne le doit pas à l'éloquence de César le perroquet ni à la bonté de ses juges, mais au
fait que par une de ses actions, à leurs yeux éclatante, il a témoigné
à l'un d'entre eux la considération qu'ils souhaitent et ainsi satisfait à leur vanité. Il a épousé leur cause; il est entré dans leur jeu.
De même les infidèles étaient-ils épargnés lorsqu'ils se convertis-
saient à la religion officielle.

Les Séléniens et les Oiseaux sont donc à la fois meilleurs que
l'homme et semblables à l'homme. Ils remplissent une fonction
comparative, font référence. Le voyage de Dyrcona chez eux permet à Cyrano une critique redoublée de l'homme de son temps.
Faire le procès du Français et de la France de 1645-1650, et proposer de les transformer, voilà la part d'actualité du roman. Rendre à
l'homme en général le sens de lui-même, l'usage de la raison,
l'exercice de sa liberté; lui proposer pour l'avenir des buts à atteindre, et en particulier des buts humanitaires : par exemple la suppression des guerres, l'instauration de régimes politiques respec-
tant l'égalité des individus; lui réapprendre la Nature, lui restituer
cet instinct qui seul peut guider l'être vivant dans ses rapports
avec le monde et l'ouvrir à l'infini de l'Univers; voilà la portée
« philosophique » du roman.

Aussi l'ouvrage serait-il incomplet si l'auteur n'y avait au moins
esquissé un tableau de cette terre des hommes à laquelle son personnage essaie d'échapper à deux reprises. C'est pourquoi Cyrano,
au centre même de son récit, a placé l'épisode de Toulouse.

1. O. C. Belin, p. 470.
2. *Ibid.*, p. 471.
3. *Id.*

Toulouse

Pourquoi la région de Toulouse? Au moment de choisir un lieu qui lui paraisse représentatif de ce monde qu'il abhorre et qu'il aime, qu'il souhaite quitter et qu'il voudrait amender, Cyrano en libre penseur, en déniaiseur et en disciple de déniaiseurs qu'il est, ne peut pas ne pas se souvenir de cette terrible ville de Toulouse où en 1619 Vanini, arrêté, emprisonné, condamné à mort, eut la langue arrachée et fut brûlé vif hurlant de douleur; où depuis 1644 il y a une épouvantable recrudescence de procès et de condamnations pour sorcellerie [1]. Pour un esprit éclairé de cette moitié du XVIIe siècle, pour un libertin lui-même sans cesse menacé, le procès de sorcellerie marque certainement le comble de l'abomination humaine, où se conjuguent l'ignorance, l'intolérance, l'injustice, la superstition, la volonté de tuer, le fanatisme et la sadisme. Si donc l'auteur veut indiquer de quelle terre il s'envole, pour quelles raisons, dans quel esprit, il ne peut mieux faire que de situer l'épisode terrestre de son roman à Toulouse, ville entre toutes odieuse à ses yeux et à ceux de ses amis.

Pourtant le bonheur sur terre n'est pas impossible. Dyrcona, revenu d'Italie où il avait atterri à son retour de la Lune, retrouve ses bons amis Cussan et Colignac. Retrouver ses amis, c'est le début de la félicité; puis, il s'agit de leur raconter ses aventures, car faire partager en les narrant les dangers auxquels on vient d'échapper, les merveilles dont on a été témoin, c'est encore un plaisir d'amitié. Vivre, et vivre ensemble, voilà la condition nécessaire. « Enfin, s'écrie Cussan, nous vivons, et nous vivrons, malgré les accidens dont la Fortune a baloté nostre vie [2]. » Il suffit ensuite d'organiser son temps de pratique. « De là en avant nous ne parlâmes que de nous réjoüir [3]. » Et l'auteur brosse pour nous un tableau enthousiaste d'un de ces bonheurs que peut-être il a connus de manière éphémère, que peut-être il a imaginés : ce sont les plus beaux.

« Nous allions de Colignac à Cussan, et revenions de Cussan à Colignac : Les plaisirs innocens dont le corps est capable, ne faisoient que la moindre partie. De tous ceux que l'Esprit peut trouver dans l'étude et la conversation, aucun ne nous manquoit; et nos Bibliotheques unies comme nos Esprits appelloient tous les Doctes dans notre Societé. Nous meslions la lecture à l'entretien; l'entretien à la bonne chere, celle-là à la Pesche ou à la Chasse, aux promenades; et en un mot, nous joüissions pour ainsi dire et de nous-mesmes, et de tout ce que la Nature a produit de plus doux pour nostre usage, et ne meslions que la Raison pour bornes à nos desirs [4]. »

---

1 Un des interlocuteurs de Colignac O. C. Belin, p. 426 s'écrie : « *Hé quoy, Monsieur, y a-t-il aucun Parlement qui se connoisse en Sorciers comme le nostre?* »
2. *Ibid.*, p. 425.
3. *Ibid.*, p. 427.
4. *Ibid.*, pp. 427-428.

Le bonheur ne requiert donc qu'amis et bonne compagnie, loisirs [1], argent; Dyrcona trouve tout cela sur place. Il requiert aussi l'isolement; il faut être à l'écart du monde, et mener son existence de privilégié dans une sorte de lieu clos, à l'abri des murs d'un château, protégé par l'ignorance des autres [2]. Or Dyrcona a transgressé la règle d'or; sous la pression amicale de Colignac, il a rédigé *Les Estats et Empires de la Lune,* dont le texte passe dans le domaine public; voilà son nom, sa pensée, sa personne, jetés au monde, livrés au vulgaire, donnés en pâture à l'ignorant et au superstitieux ameutés par le fanatique. Dyrcona ne peut plus vivre heureux, puisqu'il ne peut plus vivre caché. Dans le récit du bonheur s'immisce la thématique de la menace qui pointe, du danger qui guette, de la mort qui plane. Dyrcona, auteur d'un voyage dans la Lune, se voit accusé de magie et de sorcellerie, d'être un Diable ambulant, comme une première fois au Canada on l'avait soupçonné d'y avoir volé par quelque tour de sorcier. La même volonté de ne pas chercher à savoir produit les mêmes inquiétants effets. Mais ici encore l'analyse critique de l'auteur semble plus aiguë : alors que dans *Les Estats et Empires de la Lune* Dyrcona demeurait libre, bénéficiait de la sympathie de M. de Montmagnie et pouvait tranquillement discuter avec lui, il sait qu'à Toulouse sa vie est en question. La délégation des « neuf ou dix Barbes à longue robe [3] » ne vise à rien d'autre qu'à l'amener se faire brûler.

Le péril est d'autant plus sérieux qu'une longue tradition judiciaire autorise leur démarche, étaie leurs prétentions. L'usage commun les justifie. Ils sont convaincus de l'existence des sorciers, et, loin de borner celle-ci au cadre des possessions diaboliques dûment reconnues, ils s'ingénient comme beaucoup à la découvrir dans tous les cas qui à leurs yeux de sots patentés et entêtés semblent hors du commun; dans leur monde sans imagination, l'imagination ne peut être que démoniaque. A l'imbécillité s'ajoute la méchanceté; et l'éclat de rire de Colignac [4] l'empêche probablement de lire dans leurs regards les lueurs assassines. Inconscients dangereux jusqu'à la furie, ils seraient de peu de poids et de conséquence, si derrière eux ne s'agitait ce curé de Colignac dont l'âme damnée a été remarquablement suggérée par Cyrano. La religion n'est pas en cause, l'église peut-être, le clergé certainement. La terre des hommes est soumise à la tyrannie sanglante d'une poignée de créatures qui, en propageant leurs mensonges, en encourageant les préjugés, en interdisant à qui que ce soit de poser des questions, de réfléchir, de s'instruire, d'exercer sa raison à la quête de la vérité, et à la conquête de sa liberté, cherchent l'accomplissement de leurs intérêts égoïstes et mesquins; le monde entier leur est un lieu de rapines et de lucre, et ils iraient sans hésitation jusqu'à mort d'homme pour un privilège, un titre, un peu d'ar-

---

1. Nous savons par les *Lettres* que l'univers cyranesque est un univers sans travail.
2. Sans aucun doute, le lecteur découvre ici le prototype de la situation sadienne.
3. O. C. Belin, p. 426.
4. *Ibid.,* p. 427.

gent. Le christianisme, à l'origine religion d'amour et d'affranchissement, devient alors source de fanatisme, prétexte à superstitions; l'Église se fait la complice de l'oppression, unit son pouvoir spirituel à celui d'un pouvoir politique qui rêve d'abolir la liberté de conscience.

Tout cela, l'épisode de Toulouse nous le fait vivre, et bien plus encore. Avec ses personnages Cyrano nous dit l'angoisse et le sentiment d'insécurité que devaient éprouver beaucoup de ceux qui refusaient de se soumettre à l'endoctrinement officiel, de se conformer à la loi du troupeau, et qui proclamaient leur volonté d'être par-soi. Il nous dit, lorsque Dyrcona est appréhendé sur le chemin de Cussan, combien l'ignorance soigneusement entretenue par l'absence d'instruction, et métamorphosée en abrutissement, peut facilement devenir l'instrument du vice et de la méchanceté que sécrète la bigoterie; combien la superstition populaire est proportionnelle à l'analphabétisme confusément masqué par un psittacisme à la Mathieu Gareau [1]. Il nous montre que la machine, une fois en marche, avance implacablement, et que le malheureux accusé n'a d'autre recours que la ruse, le mensonge; ou bien il doit accepter de se dégrader, de s'humilier, de s'anéantir, sans avoir même la certitude d'échapper à la mort, et quelle mort! Soupçonné à tort d'être un suppôt de Satan, Dyrcona est arrêté par un paysan illettré, saisi par une foule fanatisée, enragée par des générations de propagande, véritablement intoxiquée par les discours malicieux d'un curé indigne; on l'emporte à Toulouse; le voici prisonnier, reclus, aveugle et promis au silence éternel, à la torture et au bûcher, dans un cachot dont la froideur et les ténèbres sont comme les images de la cruelle impassibilité et de l'obscurantisme de ses bourreaux. Ayant raté une première évasion, il ne devra sa survie qu'à la forte intervention de ses amis qui ont enfin retrouvé sa trace; mais il aurait pu mourir à l'insu de tous, tant à cette époque les forces de répression ont de pouvoir et peuvent compter sur la connivence publique. Triste tableau de la France et des Français.

Que lui reste-t-il à tenter? de nouveau la fuite, l'envol vers le ciel, vers la liberté, la vérité, la lumière, la possession de soi. Tentative illusoire, vain espoir; aux hommes bêtes et méchants succèdent les Oiseaux qui leur ressemblent par trop de traits. Il avait rencontré sur la Lune des gens qui cherchaient dans la Science les réponses aux grandes questions que nous nous posons; mais ces réponses, tantôt traditionnelles, tantôt audacieuses et modernistes, tantôt éclectiques, finissaient toujours par l'exclure systématiquement sans laisser au voyageur ébahi aucune certitude. Il rencontre sur le Soleil des êtres qui cherchent à l'éblouir d'explications émerveillantes, qui l'entretiennent à coups de mythes, font appel à son imagination pour mettre à mal le rationalisme qu'à grand peine il avait préservé : il y subit, à son tour, en quel-

---

1. Le gardien de prison, aussi bien que le « pitaut » qui arrête Dyrcona sur la route de Cussan, est un souvenir du paysan du *Pédant Joué*. Nouveau renvoi à quelque chose qui est extérieur à l'œuvre, mais qui ne l'ouvre qu'à la fiction.

que sorte, l'épreuve de l'intoxication et n'arrive guère à démêler le vrai du faux. Le voyage dans l'Autre Monde, la référence à l'Autre Monde, suffisent à dénoncer ce monde-ci, à disqualifier cette humanité-ci, à grever de doute les vérités d'ici-bas; mais Dyrcona n'en reviendra pas à jamais savant, à jamais affranchi de l'erreur et de l'inquiétude intellectuelle.

La poursuite de Dyrcona, sur terre, dans le labyrinthe de la ville de Toulouse, illustre sa situation constante dans le roman. Il est pris; il fuit pour ne pas être pris; il est pris; il s'échappe; il avance toujours et plus loin pour distancer ses poursuivants, sans peut-être jamais bien savoir où il est, où il en est, quelle violence ils vont exercer sur sa conscience. Et dans sa course ne rencontrer que des gens, des êtres, qui répondent partiellement aux questions qu'il leur adresse : « Qui suis-je ? que suis-je ? où vais-je ? pourquoi ? »; affronter les préjugés, les croyances dogmatiques; et rester avec son doute. La liberté n'existe pas; les seuls moments de liberté qu'il connaît sont ceux qu'il passe entre deux mondes, suspendu dans l'espace; et encore... l'icosaèdre l'enferme longtemps, gêne sa montée droit au soleil; il ne peut arriver que dépouillé, nu, réduit à son désir.

Par quelque voie qu'il essaie d'y atteindre, l'absolu et la vérité sont impossibles à l'homme. La science chemine, hésite; sur la Lune Dyrcona assiste à la naissance et à la mort des explications scientifiques. Sur le Soleil ce sont les mythes qui devant lui s'effritent; le moule mythogène, qui se dénonce, finalement se brise. Les cosmogonies, les humanismes, les sagesses, s'annihilent, se contredisent; toute théorie du système du monde apparaît dérisoire ou inévitablement douteuse, même si elle est séduisante. Toute théorie de l'homme demeure en suspens. Les ruptures de discours, les interruptions et accidents de récit, la suspicion qui à certains détours du roman est jetée sur les principaux personnages, auteurs-narrateurs de théories, d'histoires, de mythes, indiquent assez clairement que la communication elle-même, sans cesse brisée, aboutit au non-sens.

Les voyages de Dyrcona dans L'Autre Monde pourraient n'avoir jamais de fin. La brutale cassure du roman, à l'instant même où Descartes apparaît, inventeur et messager d'une philosophie qui prétend à la totalité de la sagesse et du savoir, lui donne sa dernière touche. Il s'achève sur le néant des questions sans réponses, comme les Pensées de Pascal sur l'angoisse que n'a pu apaiser le formalisme rhétorique. Certains, qui voient dans Rohault le responsable de la publication de cette seconde partie, imaginent qu'il en a supprimé la fin parce que Cyrano y faisait la critique de Descartes; nous pensons tout simplement que la maladie et la mort ont empêché l'auteur d'écrire ses dernières pages et de corriger un texte qui n'est pas sans imperfections; ainsi Descartes ne peut-il s'exposer, ainsi la disparition mystérieuse de Colignac [1] demeure-t-elle inexpliquée. Mais pour quelque raison que le livre s'interrompe, cette

---

1. O. C. Belin, p. 443.

interruption n'est pas malheureuse; elle correspond trop bien à l'esprit d'un ouvrage qu'on oserait presque caractériser par une esthétique de la rupture, d'où il tirerait tous ses effets et tout son sens.

CHAPITRE 6

Le narrateur et ses doubles

Même le personnage du narrateur se présente comme irréductible à l'unité, refuse d'être identique à lui-même et circonscriptible, d'un bout à l'autre du roman. Il se divise, se morcelle, se contredit, à tout le moins vit dans l'ambiguïté. Qui est-il d'ailleurs ? Dans la version manuscrite des *Estats et Empires de la Lune*, pas une seule fois le narrateur n'est nommé; il n'est rien d'autre que le « je », héros-personnage-narrateur. Dans les *Estats et Empires du Soleil*, il se nomme Dyrcona. Nous savons bien que ce nom n'est qu'une anagramme de « Cyrano d(e) »; mais il faut considérer comme une véritable trahison des intentions de l'auteur la nomination de Cyrano dans le texte de conclusion des *Estats et Empires de la Lune* substitué à celui du manuscrit. Nous considérons de même l'effort des commentateurs et lecteurs pour ramener le « je » du récit au narrateur-auteur qui se confondrait avec la propre personne de Cyrano, comme un contre-sens grave. Faire de Dyrcona le simple porte-parole de Cyrano, c'est oublier que nous lisons un roman, c'est aller à l'encontre de la volonté clairement indiquée de l'écrivain de se distinguer et de se détacher de son œuvre. Cyrano est-il allé dans la Lune, dans le Soleil ? Le texte est donc fiction; mais est-il fiction seulement en cela ? N'est-il pas surprenant que nous ayons à poser ces questions, à proposer ces observations élémentaires ? Et pourtant il n'y a pas un ouvrage récent sur *L'Autre Monde* qui ne se satisfasse d'assimiler Dyrcona à Cyrano, et par conséquent de refuser à ce livre la qualité de roman, d'œuvre de fiction.

S'ajoute à ce premier abus critique, une autre violence pratiquée sur le texte. Puisque ce roman n'est jamais lu comme un roman, qu'on y voit point une écriture qu'il faudrait analyser et dont il faudrait accepter la signification, puisque l'écrivain de *L'Autre Monde* n'existait pas pour la critique, elle s'est permis d'opérer une lecture fantaisiste et interprétative par la réduction de l'écrit à une « pensée », à une « philosophie », bien entendu dénoncées comme « extravagantes » ou « négatives » ou « paradoxales » ou « pointues », tous qualificatifs qui sont autant de moyens de refuser l'œuvre et de la rejeter en Enfer. Le jeu consiste alors à pratiquer une sélection de passages isolés et tronqués, désignés comme représentatifs, à déclarer que les personnages les plus téméraires, les plus étranges ou les plus inquiétants sont eux aussi des porte-parole de Cyrano, qu'il s'exprime directement par leur truchement — cette expression contradictoire est elle-même à la mesure de l'absurdité d'une lecture que nous réprouvons — : revoilà donc notre Cyrano sans esprit de suite, et en même temps athée, matérialiste; bref, pour les uns diabolique, et pour les autres héroïque. Comment ne pas s'indigner que cette lecture partiale soit aussi une lecture partielle, et que *Les Estats et Empires du Soleil* qui dans notre analyse constituent une seconde partie indispensable du roman, aient inspiré si peu de commentaires, et si décevants?

En réalité tous les personnages du roman ont leur autonomie, expriment leur pensée propre, et surtout ont leur fonction particulière dans la fiction romanesque. Nous ne prétendrons pas que Dyrcona n'exprime jamais un point de vue identique à celui de Cyrano, et nous avons à plusieurs reprises montré en quelles occasions le « je » du récit reprenait à son compte des idées chères à l'auteur. Mais celui-ci ne se manifeste-t-il pas tout autant et tout aussi peu chez ses autres héros? Mais le Dyrcona expulsé du Paradis terrestre, abruti par la pomme, dévoyé dans l'aristotélisme par son demi-savoir ou sa demi-ignorance, réduit à quia par les sophismes outranciers du « filz de l'hoste », fasciné par le Phénix, impatient devant le petit homme de la macule, endoctriné par la mythologie campanellienne, peut-il être autre chose qu'une fonction romanesque? Gonsales, le Gonsales de L'Autre Monde, n'a plus grand-chose du personnage de Godwin; victime de l'inquisition, « obligé de courir toutte la terre, et enfin de l'abandonner pour la Lune[1] » afin de préserver sa liberté de pensée, il est plutôt deux fois qu'une un autre Cyrano s'imaginant persécuté par les bien-pensants, un autre Dyrcona contraint de fuir au Soleil. C'est le Démon de Socrate qui propose à Dyrcona la lecture d'un livre « intitulé : Les Estats et Empires du Soleil », qu'il a « apporté jadis de (son) pays natal[2] »; il se confond donc ici avec l'auteur, dont Dyrcona se distingue nettement.

En face de ses interlocuteurs séléniens Dyrcona, qui avait d'abord incarné l'homme d'esprit, l'aventurier de l'absolu qu'il redeviendra parfois dans *Les Estats et Empires du Soleil*, fait figure de niais; l'accident du Paradis terrestre n'explique la chose que superficiellement. On trouve ailleurs l'explication naturelle de cette mutation : dans le dessein du romancier le personnage de Dyrcona doit inévitablement se transformer en personnage comique. Il est, en effet, comme tous les personnages du roman, multi-fonctionnel; et parmi ses fonctions romanesques l'une consiste à représenter dans *L'Autre Monde* l'humanité tout entière avilie par ses erreurs et ses vices, et que l'auteur veut ouvertement condamner, réduire à dérision : Dyrcona n'est donc plus qu'un homme comme beaucoup d'autres. Mais par ailleurs nous savons bien que ses contradicteurs ne possèdent pas non plus le vrai absolu, qu'ils ne proposent qu'un type de vérité. Nous découvrons une situation qui ne peut être analysée qu'en termes de technique

---

1. O. C. Belin, p. 385.
2. *Ibid.*, p. 413.

romanesque : Dyrcona et ses contradicteurs constituent un groupe
fonctionnel; en particulier Dyrcona et « le filz de l'hoste » se lient
— se lisent — en un couple indissociable, qui ne peut avoir de
signification qu'en tant que tel. Ainsi dans ses discussions scientifiques et philosophiques « le filz de l'hoste » surprend, embarrasse,
vainc Dyrcona d'autant plus facilement que celui-ci a pour rôle
de soutenir des théories erronées. Mais cela ne signifie pas que « le
filz de l'hoste » a raison dans l'absolu; nous avons nous-même
constaté son esprit de système, et dans le roman un autre personnage intervient, qui met à mal ses opinions excessives, le Démon
de Socrate, lequel Démon de Socrate n'est pas lui-même irrépro-
chable. Le narrateur et « le filz de l'hoste » forment un couple
comique où l'imbécillité de l'un contraste gaiement avec la raideur
de pensée de l'autre. Comment ne pas penser à Molière, à Don
Juan et Sganarelle? Comment ne pas être frappé de l'analogie qui
existe entre la fin des *Estats de la Lune* ou « le filz de l'hoste » est
enlevé par un diable, et la fin de la comédie où Don Juan est pré-
cipité dans le feu de l'Enfer? Mais alors prétendre que « le filz
de l'hoste » est le porte-parole de Cyrano est aussi absurde que de
voir dans Don Juan l'interprète de la pensée de Molière, quand
bien même dans son discours l'on retrouverait des thèmes dont
l'on sait la familiarité à l'auteur.

Concluons sur ce point : personne, dans ce roman où les personnages s'agencent et sont déterminés pour des raisons d'esthétique romanesque, n'exprime noir sur blanc la pensée de Cyrano
de manière constante, personne ne l'incarne absolument, ni « je »
ni Dyrcona ni les autres.

On peut en être étonné si l'on pense à l'accoutumée vigueur
d'engagement de Cyrano dans ses écrits; mais de même qu'il a
respecté les règles élémentaires du genre comique et du genre tragique, de même il respecte la règle fondamentale du genre romanesque, et n'écrit ni le roman à thèse à quoi l'on a trop souvent
réduit *L'Autre Monde*, ni une autobiographie intellectuelle. La
fiction n'y est pas un élément extérieur et décoratif, le support
commode d'un message directement et autoritairement commu-
niqué; elle constitue la tissure même de l'œuvre. En ce sens Cyrano
se veut fidèle à une tradition multiple : il écrit les aventures extraordinaires d'un picaro de l'espace. *L'Autre Monde* est à la fois un
roman sérieux et un roman comique, un roman scientifique et un
roman poétique, un roman rationaliste et un roman à la gloire de
l'imagination. En tout cas le récit qu'il nous propose s'ordonne de
manière strictement cohérente, se déploie et s'édifie au gré du
mouvement du personnage principal qui est un mouvement de
progression, de déplacement en avant; il apparaît donc comme
un cheminement dans l'espace, symbolique peut-être d'un cheminement dans la recherche intellectuelle, mais où les indications
spatio-temporelles articulent avec précision le récit lui-même et lui
donnent un caractère de vécu vraisemblable. Dans le voyage de
Dyrcona les étapes-conversations, où il se trouve confronté à des
personnages-enseignants-narrateurs, ne sont pas plus importantes
que la marche qui le mène de l'une à l'autre; car c'est la marche

qui est le signe de la quête de l'absolu ou de l'enquête sur la vérité, et c'est elle qui déclenche la production du roman.

La question de l'actualité

Un tel ouvrage pose en termes complexes et de manière subtile la question de ses rapports avec l'actualité. D'une part, Dyrcona semble de temps à autre tout à fait au courant des dernières découvertes philosophiques ou scientifiques de son époque et la considérer comme une époque de progrès des connaissances. D'autre part, en inventant le personnage de Dyrcona parti chercher ailleurs une vérité que la Terre lui refuse, que ses contemporains frappent d'interdit et qui n'a peut-être droit de cité que dans la Lune ou le Soleil, Cyrano condamne brutalement le monde de 1650 où il vit. Mais, nouveau retournement, nouvelle contradiction, ce que son héros découvre et s'entend dire dans l'Autre Monde n'a rien de neuf pour nous, rien d'inconnu pour lui. Qui interroge-t-il dans le Soleil, sinon, rangés par une sorte d'ordre chronologique, les penseurs du monde occidental ? Monté au Soleil comme un double du philosophe platonicien, il rencontre, parmi beaucoup, Démocrite et Platon, les vitalistes italiens, Pomponace, Cardan, Campanella, et, quittant peu à peu l'histoire ancienne pour coïncider avec le temps qu'il vit, Descartes. Cependant Descartes est mort, comme sont morts tous ceux qui répondent à Dyrcona dans les parties obscures du Soleil [1] — qui sont, ne l'oublions pas, les plus propices à la nature humaine — ; le voyage dans *Les Estats et Empires du Soleil,* c'est donc le voyage dans le Passé, l'interrogation des morts. Cela explique que Dyrcona, qui se trouve naturellement en décalage d'anachronisme avec ses interlocuteurs, puisse conserver vis-à-vis d'eux du détachement, peut-être une attitude critique.

Au contraire, pendant tout son séjour dans la Lune — même au Paradis où s'expriment les croyances populaires — Dyrcona interrogera des êtres qui sont pleinement ses contemporains et qui portent les marques reconnaissables de la vie. Sur le fond d'ignorance de la foule lunaire semblable à la foule terrienne, et contre les préjugés d'un obscurantiste clergé, des esprits éclairés réunis en groupes de réflexion soutiennent des points de vue audacieux et modernistes. C'est la situation même des libertins dans la France du milieu de siècle. Comment ici ne pas reconnaître dans l'Autre Monde le Monde ? Comme chez Luillier, par exemple, à Paris, il existe sur la Lune un lieu clos, à l'abri de la sottise et de l'hostilité publiques, où s'exposent des théories révolutionnaires que le narrateur n'approuve peut-être pas, mais qui valent par leur force et qui rompent avec des systèmes pusillanimes et dessé-

---

1. Les Oiseaux eux-mêmes sont peut-être morts, si l'on s'en fie au récit des tourments que les hommes leur ont infligés, et si l'on se rappelle l'exemple de Guillemette, « *nouvellement arrivée du Monde de la Terre, la gorge encore ouverte d'une balle de plomb que luy ont tiré les Hommes.* »

chants; elles ouvrent de nouvelles voies à la pensée, la « libèrent». N'est-ce pas la première vertu du Libertinage ? Lorsque le Démon de Socrate, en guise d'au revoir à Dyrcona, lui dit : « Songés à librement vivre [1] », n'avoue-t-il pas son appartenance à la secte ? Certains commentateurs ont vu dans ce personnage, d'ailleurs, un souvenir de Gassendi; nous sommes enclin à les suivre sur ce point. Nous pensons aussi que « le fils de l'hoste » pourrait être un souvenir de Chapelle. Nous ajouterons que Gonsales — héros étranger, il faut s'en souvenir — n'est pas sans rappeler l'un de ces exilés qui fréquentaient les cercles libertins de Paris, et nous sommes tenté d'y reconnaître quelqu'un comme Campanella, pour qui Cyrano éprouve ici comme plus tard une sympathie non dépourvue d'esprit critique.

De cette tentative d'identification on peut tirer des conclusions intéressantes. L'Autre Monde prend place dans notre littérature romanesque comme un Grand Cyrus du Libertinage, où tout en créant une œuvre d'aventure et de fiction, l'auteur ferait participer le lecteur aux secrets d'un groupe qui se distingue sociologiquement et philosophiquement. Mais quelles que soient l'amitié de Cyrano pour ses maîtres et ses camarades de combat, la séduction qu'exerce sur lui leur pensée, il conserve son quant-à-soi, se garde à distance, refuse de faire de leurs propos paroles d'un nouvel évangile. Cette ultime réticence devant même les systèmes les plus solides ou les plus raisonnables est un trait distinctif de son caractère : il ne veut pas laisser enfermer sa pensée, veut exercer à tout prix sa liberté de jugement, serait-ce à l'égard des déniaisés. Tout en faisant donc la somme critique des connaissances accumulées par les hommes depuis les premiers temps [2], il se réserve le droit de transformer Gassendi, Campanella, Chapelle, et tout le groupe des libertins, en authentiques personnages de roman, comédie incluse.

Mais pour que le lecteur ne se fourvoie pas et que la signification pédagogique de l'ouvrage soit perçue, il apporte le plus grand soin à reproduire l'essentiel de la pensée des philosophes ou savants qu'il met en scène. On comprend bien qu'il est indispensable pour la réalisation de son projet que la pensée de Campanella par exemple, dans Les Estats et Empires du Soleil, soit reconnaissable, et que Cyrano l'expose avec quelque exactitude, même caricaturale ou parodique. Accuser Cyrano de plagiat [3], c'est conséquemment découvrir un fait mais être incapable de l'interpréter. Il ne plagie pas; le discours qu'il répète, mais de telle sorte que nous puissions prendre nos distances par rapport à lui, devient matière romanesque : non seulement la réflexion de Pomponace sur le pouvoir de l'imagination est répétée dans le discours du « petit Roy du peuple des regions éclairées », mais elle est la source

1. O. C. Belin, p. 413.
2. A l'époque de Cyrano les premiers temps de l'homme ne semblent pas bien éloignés.
3. Après beaucoup d'autres, mais avec une particulière vigueur, M. Alcover (op. cit.) multiplie l'emploi du terme.

de l'épisode lui-même et des événements extraordinaires qui s'y produisent. De même la témérité de la philosophie de Chapelle (= « Le filz de l'hoste ») explique l'audace de ses discours romanesques, mais est aussi à la production du comportement désinvolte et excessif du personnage romanesque — à l'égard de son père, comme à l'égard de l'ordre moral ou des vérités établies —; exagération qui contraste avec la prudence et la sagesse du Démon de Socrate, prudence et sagesse qui elles-mêmes reproduisaient l'image vraisemblable du discours gassendiste. Discours et personnage sont intimement liés dans la création romanesque de *L'Autre Monde.*

La dynamique de la contradiction

La démarche de l'écrivain pourrait se décrire comme un va-et-vient : du réel au fictif, du rationnel à l'imaginaire, du philosophique au romanesque. Il ne s'agit pas d'un mélange des genres, au sens burlesque de l'expression, mais bien d'une écriture du monde comme antithétique. La Terre suppose la Lune ou le Soleil, le Monde l'Autre Monde; mais cet Autre Monde repose lui-même sur la contradiction, les Séléniens vivent dans l'opposition, les déniaisés font face aux enniaisés, l'Autre Monde est à la fois un autre et le même monde, où les personnages tiennent sérieusement des discours sérieux que l'auteur s'empresse de mettre en porte-à-faux et qu'il pousse au point de chute à plat. La Raison engendre contradictoirement l'Imagination, et l'Imagination la Raison. La Raison-discours est le fondement de la Science, mène au progrès de l'esprit délivré des vices et des hantises d'autrefois, explique la rédaction du *Fragment de Physique* où la parole raisonnable dompte et subjugue le monde; mais cette même Raison-discours peut se détruire elle-même, ou ne pas suffire à « expliquer ». En face l'Imagination se substitue alors à elle, totalement et radicalement : l'imagination du petit Roy exclut la raison du Rossignol; cependant cette Imagination, triomphante ici, fait tout le ridicule d'Hélie ou du Phénix. Le monde romanesque de Cyrano se constitue sur des antithèses sans compromis, des contradictions sans conciliation, des antinomies sans résolution. Il s'écrit dans une tension entre l'un et l'autre, où chacun joue un rôle moteur.

La structure de l'ouvrage est de toute évidence binaire, et cette binarité s'exprime en situations conflictuelles. Les deux parties du roman, apparemment analogues ou répétitives l'une de l'autre, rapportent en réalité, nous l'avons montré, deux voyages dont les destinations sont à l'un et à l'autre bout de la quête entreprise. Au sein même du récit, tout va par deux, mais hostilement. Terre-Lune, Lune-Soleil, Soleil-Terre, Lune-Terre. Dyrcona affronte ses amis, affronte M. de Montmagnie, fait face aux Séléniens, à Gonsales, au Démon de Socrate, au « filz de l'hoste », au curé de Colignac, aux paysans, aux geôliers, au petit homme de la macule, etc. Mais les personnages qu'il rencontre s'affrontent eux-mêmes entre eux; ou bien le récit les confronte, et à mesure qu'ils se succèdent l'un l'autre dans l'histoire, ils se contredisent, cherchent à s'éliminer, à imposer une autre vérité à la vérité précédente, à effacer une vision du monde par une autre vision du monde, dans une série de contraires où le personnage de Dyrcona se contente parfois de jouer le rôle non de complice mais d'opposant qui leur permet de se poser.

L'anecdote avance aussi d'une façon que le sens fort d' « alternance » rend à peine. Dyrcona passe sans transition du bonheur au malheur, comme il est passé brutalement de la marche au vol, de la prison à la liberté, de la Terre au ciel qu'il affronte, du doute immobile à l'agile espoir de connaissance. Le flot continu du récit romanesque est un leurre; sous le poli et l'uni de sa surface, on découvre des failles en réseau presque systématique. Le voyageur passe d'étonnement en étonnement parce que son voyage va d'accident en accident. Monté par prodige dans la Lune, tombé par hasard au Paradis Terrestre, sermonné par l'étrange Hélie, coupable d'un flux irraisonné et involontaire [1] de paroles et qui brise le discours d'Hélie, il est soudainement châtié par son hôte, se retrouve instantanément hors du Paradis, etc.; et nous faisons la connaissance alors d'un Dyrcona devenu l'inverse de celui que nous avions connu. Le thème général du procès, intimement lié au thème de la prison qui court à travers tout le roman, et où le monde se réduit schématiquement au face-à-face menaçant de l'accusé et de ses juges, concourt à l'exploitation littéraire de ce modèle cyranesque de la dichotomie antithétique.

Le Cosmos n'est pas ce que l'on croit; le narrateur l'affirme contre toute opinion reçue. Le Cosmos n'est pas Un, clos, ordonné, rassurant; et le héros de l'espace n'y entend point l'harmonie des sphères célestes. Dans son infinité logent des mondes infiniment discontinus [2], des êtres infiniment différents, qui tous vivent et meurent, apparaissent et disparaissent, selon la loi naturelle de la création et de la destruction — L'Etre et le non-Etre indissociables y constituent la trame de la matière et de l'existence. Le Soleil, astre de vie, de lumière et de vérité, n'est pas seulement scindé en parties éclairées et en parties obscures, il est morcelé en royaumes qui s'ignorent l'un l'autre, dont les habitants ne s'entendent point [3], et que seuls peut-être les philosophes peuvent parcourir à profit — mais non sans qu'on essaie de les y mettre à mal [4]. Nulle paix, nulle sérénité, dans un monde où le feu attaque les arbres, où s'affrontent éternellement la Salamandre et la Remore.

Dyrcona vit dans un monde hostile et meurtrier, qu'il faut combattre ou fuir. L'amitié y est d'autant plus précieuse qu'elle est plus rare et qu'elle s'édifie sur les plus fragiles fondations.

---

1. O. C. Belin, p. 375 : « *je ne sçay comme le Diable s'en mesla, tant y a que fie ne pus m'empescher de l'interrompre*..

2. L'état du Cosmos est analogue à l'état de l'écriture du roman.

3. L'épisode de la jeune femme du Royaume de Vérité et du jeune homme du Royaume des Amoureux nous éclaire sur ce point.

4. O. C. Belin, p. 492. Seule son « *ame de Philosophe... tissue de parties bien plus deliées que les instruments dont on se serviroit à la tourmenter* » permet à Campenalla de voyager sans danger.

La sympathie n'y suffit pas, ni la complicité des plaisirs : au retour
de Clamart, Dyrcona prend conscience tout à coup des impossi-
bilités de la communication entre les hommes. Il faut s'entendre,
il faut se comprendre; et pour cela il est nécessaire de parler le
même langage. Au sens large, parler le même langage c'est comme
Dyrcona, Colignac et Cussan, appréhender, sentir, et exprimer la
vie, l'homme et le monde de la même façon; communion idéale
qui est à la source du bonheur. Au sens élémentaire, cela signifie
que l'on donne aux mêmes mots à peu près le même sens; or dans
les milieux qu'il traverse c'est à ce problème du langage que
Dyrcona se heurte; dans ce monde et dans l'Autre, l'on subit toujours les conséquences de la malédiction de la Tour de Babel.
Dyrcona devra apprendre le sélénien; encore les Séléniens parlent-
ils de deux manières différentes [1]. Si nous oublions les personnages qui lui tenant un discours manifestent à son égard une indif-
férence polie — par exemple le petit homme de la macule qui
possède l'idiome universel et originel —, les seuls qui viennent
à son secours quand sa vie même est en danger sont précisément
ceux qui au cours d'un séjour chez nous ont appris à parler homme
et par là même ne peuvent se défendre de quelque affection à notre
égard, donc à l'égard de Dyrcona : le Démon de Socrate, Margot
la pie, César le perroquet. Margot ne s'en cache pas : « Quand je
me souviens toutefois d'avoir esté dès le berceau élevée parmy
eux, d'avoir appris leur Langue si parfaitement, que j'en ay presque
oublié la mienne, etc... [2] ». Au contraire l'hostilité du public en
général, et des paysans en particulier, contre Dyrcona au début
des *Estats et Empires du Soleil*, naît d'une incompatibilité de langage. Le livre de Dyrcona est lu en contre-sens, comme la *Physique*
de Descartes engendre l'incompréhension.

La mise en évidence des contrariétés et des contradictions,
l'apparition simultanée du sens, du non-sens, et du contre-sens,
le refus des vérités établies et la méfiance à l'égard des vérités
nouvelles, les mutations et les incertitudes des personnages, les
brusqueries et les retournements du récit, tout cela procède d'un
même sentiment originel chez l'auteur, d'une même appréhension
du réel. Nous savons, depuis notre étude des *Lettres* [3], que pour
Cyrano le réel est insaisissable, ne peut se confondre avec le vrai,
toujours hypothétique. Notre esprit tend à la rationalisation
comme à notre seule défense contre la vertigineuse inintelligibilité
de ce qui est, pourquoi, comment. Mais cet effort, qui se double
d'un effort parallèle de l'intuition imaginative, nous évite à peine
la faillite, nous arrête un instant seulement au bord du gouffre
où nous tombons du plus haut de nos illusions. La quête de la
vérité dans L'Autre Monde mène Dyrcona à l'extrémité du doute.

---

1. O. C. Belin, p. 380. La société lunaire n'est pas égalitaire, et Cyrano souligne de
manière pittoresque cette inégalité. Il est un de nos rares auteurs de l'époque à donner
à la distinction entre la langue populaire et la langue des « Grands » son contenu
socio-politique.

2. *Ibid.*, p. 469.

3. Cf. notre thèse : *Cyrano de Bergerac écrivain (1619-1655)*. Poitiers, 1975.

L'essor vers le ciel qui devrait être ascension vers l'absolu, s'achève une première fois par une chute grotesque, qui se serait certainement répétée à la fin des *Estats et Empires du Soleil*. Le ciel n'est pas pour nous; et la Terre qu'il a de bonnes raisons de détester finit par sembler à Dyrcona plus accueillante que ces autres mondes où il ne peut plus jamais être lui-même, et dont paradoxalement l'immensité ne le libère pas : au sein de l'infini c'est la prison, la cage, qui l'attendent; ou les rigueurs d'autres pensées systématiques qui l'étreignent.

Cyrano est incrédule au sens le plus fort du terme, non pas matérialiste ou athée, comme on le dit, mais incapable de croire; il n'arrive pas à croire, à s'en tenir à quoi que ce soit. Dans son roman, même la pensée de ces philosophes libertins qu'il admire devient prétexte à moqueries. Cette incrédulité, il l'exerce globalement : non seulement contre le surnaturel, le merveilleux chrétien, la magie, et d'une manière générale les entraves à la pleine liberté intellectuelle; mais encore contre tout ce que dans sa présomption l'homme a constitué en intouchables systèmes dont il assimile le dogmatisme à la vérité; la fiction romanesque met en cause le régime politique, l'organisation sociale, la pratique religieuse, les circuits économiques, l'appareil judiciaire, la conception formalisée des relations entre les hommes et entre les nations. Il s'ingénie à opposer au Pour toujours quelque Contre irréfutable; mais la cohérence de ses critiques et de sa satire ne donne naissance à aucune sagesse. Thèse et antithèse ne se résolvent pas en synthèse, la dialectique demeure en suspens. C'est pourquoi le roman ne peut être lu que dans une perspective de polysémie; mais puisque cette polysémie est volontaire, elle lui donne une signification particulière et en fait une œuvre de scepticisme radical.

C'est pourquoi aussi le récit s'attarde de préférence sur les situations conflictuelles. Cyrano romancier excelle à décrire la préparation et l'établissement d'épisodes que son personnage principal vit dramatiquement; il ne s'étend guère en revanche sur les moments de tranquillité, de bonheur, ou bien sur ceux où il finit par échapper au danger qui le menaçait. Par exemple l'essentiel de l'épisode du Royaume des Oiseaux consiste en un procès à sens unique qui engendre la peur et qui s'achève sur une condamnation à une mort horrible; or Cyrano ne s'en satisfait pas : il décide de développer ce nouvel élément de dramatisation, entreprend de brosser un tableau à la Saint-Amant où les oiseaux portent des noms prédestinés (orphraye, autruche noire, condurs et griffons, corbeaux, chouettes), où les bruits ajoutent aux couleurs leurs forces menaçantes, et où l'on passe de l'angoisse à la terreur; l'intervention des oiseaux de paradis, quelque « philosophique » qu'elle paraisse, n'est point faite pour apaiser; bien au contraire, en traitant « objectivement » devant Dyrcona de sa mort prochaine, les deux volatiles accroissent la vraisemblance et grossissent emphatiquement l'éventualité du supplice; les détails topologiques et chronologiques fournis par l'auteur — dans un récit à la première personne qui nous rend l'identification plus aisée —, l'idée astucieuse de la répartition des tâches chez les bourreaux qui met en branle malgré elle l'imagination du lecteur, l'opposition puissante de la lumière et de l'obscurité, du noir et du blanc, confèrent à ces pages une rare efficacité dramatique. En revanche la péripétie finale qui conduit Dyrcona au salut tient en quelques lignes. L'heureux dénouement intéresse beaucoup moins Cyrano que la mise en place d'une sorte de tragédie de la condition humaine.

C'est pourquoi encore les personnages du roman, qui se trouvent libres d'inventer leur propre vérité, introduisent dans la trame du récit probable peu à peu d'autres récits; les histoires finissent par s'emboîter dans l'histoire à l'infini; chaque personnage se mue en narrateur, et le roman pourrait sembler n'être que l'agencement de ces soliloques. Dans *Les Estats et Empires du Soleil* surtout, le récit ne cesse de se dérouler; sur le chemin de la vérité Dyrcona ne rencontre qu'amoureux du mythe et créateurs de fables. L'épisode des Chênes de Dodone, lui-même accident dans le récit d'un voyage fictif, et dont on ne sait s'il appartient au domaine de la réalité ou à celui du rêve, consiste en anecdotes tissues de légendes, de souvenirs de poésie lyrique ou épique, de fables tronquées, où les niveaux de récit se superposent en strates presque indiscernables. Le roman est fabriqué sous nos yeux à la gloire de tous les narrateurs : même vaine, même monstrueuse, la puissance de raconter, d'inventer des séquences narratives, reçoit ici la sanction de l'écriture, pour elle-même.

Autre trait caractéristique de *L'Autre Monde*, le sens du spectacle, le désir du spectaculaire. Cyrano est un visuel; son imagination même fonctionne à partir de représentations concrètes. Dans sa description du Vallon des Sens les notations visuelles sont beaucoup plus fréquentes que toutes les autres réunies — seule la mémoire fait quelque bruit, mais, remarquons-le, ce bruit aboutit à l'insignifiance. Le voyageur interplanétaire est curieux de voir, non de sentir, de toucher, ni même d'entendre. Le monde est descriptible. Cependant vision n'est pas conquête. Le monde s'offre d'autant plus à la description que le regard peut moins le pénétrer, qu'il se dresse comme un mur devant l'homme qui lui fait face et auquel il s'oppose. De même que dans les explications du « filz de l'hoste », certains corps opaques repoussent « cette poussiere de feu qu'on appelle rayons visuels... jusques à nostre œil » où elle porte « l'image de l'object qui la repousse [1] », de même le réel fait front à l'appréhension du narrateur et n'a rien d'autre à lui communiquer qu'une infinie série de spectacles, qui surgissent et nous surprennent. Cyrano alors écrit contre, comme le peintre peint contre le paysage, comme le sculpteur sculpte contre son modèle. Par cette hostilité de la matière le roman reste toujours agôn et drame.

Toutefois bien des pages nous donnent l'occasion de rire franchement. *L'Autre Monde* mérite son sous-titre d'« *Histoire Comique* ». Personnages, situations, discours charabiesques peuvent de temps en temps ressortir à la comédie. Toute la séquence de l'évasion de

---

1. O. C. Belin, p. 410.

Dyrcona et de sa poursuite dans Toulouse est de la meilleure
veine du comique romanesque dominé par la notion d'une fata-
lité-nécessité commandée, téléguidée, par l'accident imprévisible
et pourtant inévitable; les risibles mésaventures en cascade du
héros, ballotté au gré des coquineries du sort, font sur l'instant
oublier le sérieux de la situation.

Parfois dans les moments les plus dramatiques l'auteur intervient ouvertement pour briser la tension du récit : en pleine confrontation de Dyrcona avec les Oiseaux, Margot la pie s'émeut
jusqu'aux larmes du souvenir « des formages mous si excellens [1] »;
ailleurs Cyrano n'hésite pas à faire des Oiseaux, par des jeux de
langage, l'amusante copie des Français de son temps : « Les Oiseaux
de longue robe, tant Advocats, Conseillers que Presidens ... »,
et la phrase se poursuit par la mise en relief du décalage entre leur
animalité naturelle et l'humanisation de leur comportement « ...se
jucherent tous par étage, chacun selon sa dignité, au coupeau d'un
grand Cedre »; ou bien l'Estourneau devient « un si Oiseau de
bien » [3]; ou bien encore l'écrivain jette dans son texte une sorte
de calembour qui nous remet à distance, par exemple : les Oiseaux
« volerent incontinent aux opinions [4] », etc...

Cette tonalité ne fait d'ailleurs pas dissonance dans le roman;
le comique n'y est jamais vraiment gratuit : c'est ce que l'on pourrait appeler un comique de dérision. Ainsi l'épisode de Toulouse ne
doit pas se dissocier du contexte dans lequel il s'inscrit et dans
lequel Dyrcona résiste tant bien que mal aux tentatives d'intimi-
dation et d'intoxication dont il est l'objet comme en sont l'objet
tous les hommes de son époque; de telles pages font apparaître
la dérision de ses efforts aussi bien que celle des efforts de ses
adversaires. De la même façon et selon le même procédé de
contraste et de décalage, l'élément de comédie que l'auteur
introduit dans l'épisode du Royaume des Oiseaux a plusieurs
visées : non seulement il détend le récit, mais au sein du procès
fait à l'homme il dénonce et ridiculise ses accusateurs parce qu'ils
se comportent comme lui, leur discours est à la fois juste et arbitraire; l'homme en sort infiniment humilié, mais les belles phrases
par lesquelles, et les beaux principes au nom desquels il a été
condamné, soudain sonnent le vide. L'avocat de Guillemette
fait de l'homme en prière un portrait très risible, mais notre rire
naît aussi de ce que l'orateur n'a pas compris ce dont il décrit
superficiellement la gestuelle : le comique, procédant de son
ignorance, la révèle. Dyrcona nous montre l'exemple à plusieurs
reprises; il raille les sottes explications d'Hélie [5]; même à demi
abruti d'avoir mal croqué la pomme de savoir, il garde assez de
présence d'esprit pour déceler le comique de certaines situations,
il a bien de la peine à « s'empescher de rire » quand « le filz de

1. O. C. Belin, p. 469.
2. Id.
3. Ibid., p. 473.
4. Id.
5. Ibid., p. 375.

l'hoste » tance son père comme sur terre un père tancerait son fils[1], il « se prend à rire » quand un Sélénien lui explique les coutumes mortuaires pratiquées sur la Lune [2]. Plus tard, de même que Colignac rit malgré lui et peu diplomatiquement des exigences des visiteurs qui lui réclament la vie de Dyrcona [3], celui-ci rit tant de la maladresse du paysan qui l'arrête qu'il en perd toute force [4] et, une fois en prison, tant de la naïveté de son geôlier [5] que le récit abandonne sa coloration morose, mais sans que la portée critique de l'épisode s'efface.

L'auteur lui-même est en effet le plus grand pourvoyeur de distanciation comique. Ecrivant son roman avec une extrême liberté, à l'instant même où il paraît traiter avec sérieux des sujets graves, il a en réalité enfoui dans son texte la petite graine du doute qui finit par germer dans l'esprit du lecteur. L'Autre Monde est par excellence un roman ironique. Cyrano ne se contente pas d'y pousser les personnages ou d'y rédiger des passages attrayants et satiriques; l'esprit de tout l'ouvrage est à l'ironie. Les discours les plus scientifiques, les mythes les plus éloquents, prononcés et produits par les plus austères et intelligents personnages, s'intègrent dans le dessein esthétique et philosophique du roman, ne peuvent en faire une œuvre à thèse, parce qu'il n'affirme rien, qu'il infirme — aux deux sens du terme : prouver que non, ôter toute force. Cyrano est le véhément précurseur de Bayle, de Montesquieu, de Voltaire. L'ironie n'est pas pour lui seulement un procédé, c'est une rhétorique; pas seulement une rhétorique, c'est une vision du monde; pas seulement une vision du monde, c'est une philosophie, un art de penser, un art de vivre, auxquels on reconnaît le déniaisé, celui qui refuse l'acte de foi, qui commence par dire non pour tout passer au crible de sa conscience et de sa raison. Notons cependant quelque chose de tout à fait exceptionnel, et que nous avons déjà étudié, Cyrano romancier ne limite pas l'usage de l'ironie à des thèmes de discussions; ses personnages eux-mêmes, Dyrcona le premier, sont écrits ironiquement, vivent le roman en décalage, ne peuvent être pris au sérieux de la lettre. Alors que Zadig représentera la sagesse, et qu'il faudra attendre Candide pour que le héros voltairien apprenne le monde à ses dépens (comme Gil Blas), dès Les Estats et Empires de la Lune Dyrcona à ses dépens démontre qu'on ne peut guère apprendre, et peut-être dés-apprend. L'Autre Monde, qui semblait un roman d'éducation, est finalement un roman de l'échec du savoir, en ce sens une sorte de Bouvard et Pécuchet du dix-septième siècle.

Une fois au moins dans le récit, un personnage suggère que notre lecture ne peut être faite au premier degré; c'est lorsque le Démon de Socrate, après avoir pris avec force le parti des enfants contre les pères, ajoute :

---

1. O. C. Belin, p. 407.
2. Ibid., p. 414.
3. Ibid., p. 427.
4. Ibid., p. 431.
5. Ibid., p. 434.

« Je sçay bien que j'ay penché du costé des enfans plus que la Justice ne demande, et que j'ay parlé en leur faveur un peu contre ma conscience : mais voulant corriger cet insolent orgueil dont les peres bravent la foiblesse de leurs petits, j'ay esté obligé de faire comme ceux qui veulent redresser un arbre tortu, ils le retortuent de l'autre costé affin qu'il revienent esgalement droit entre les deux contorsions [1]. »

Mais cette apologie de l'exagération, qu'il ne faut pas négliger et qui a sa place dans l'arsenal satirique de l'auteur, est loin de suffire à rendre compte des effets corrosifs du roman et du nihilisme de certaines de ses perspectives. A force de tout mettre en doute, peu s'en faut que Cyrano ne détruise tout, ne nous laisse rien d'autre que le vide, qu'une raison broyeuse et concasseuse qui pulvériserait toute dignité de l'existence. Son rationalisme pointilleux et tenace fait de *L'Autre Monde* un roman philosophique aux limites de la désespérance.

Et pourtant, retournement ultime, Cyrano lui-même refuse partiellement cette désespérance, combat la sécheresse de ce rationalisme. Le roman philosophique fait place au roman tout court, car le vide produit par la raison se peuple des créations de l'imagination.

Pour rendre l'ascension, les voyages dans la Lune et dans le Soleil, réels, il faut les rendre possibles. Pour les rendre possibles, il faut inventer. C'est dans cet écart entre le réel et le possible que se situe le récit. Du même coup, tirant de là sa possibilité d'être, le roman en tire son sens : le roman est cet écart, il est l'histoire de cet écart.

L'esprit d'examen fait la paire avec l'esprit d'invention. L'un efface et repousse l'autre incessamment. La tendance principale du romancier au sein du roman peut bien être de nier, de briser, de réduire à néant, au néant, de crier son incrédulité et son radicalisme, de dire à l'homme son infirmité et la futilité de son existence; sur un plan scientifique, métaphysique, sur le plan de l'épistémologie, il peut bien vouloir conclure au pire pour nous; reste que dans une perspective romanesque le genre qu'il a choisi, celui du voyage dans l'espace et de la confrontation de son héros avec les autres mondes, l'oblige à créer, à supposer, poser, imaginer, produire, à se départir de tout scepticisme pour prétendre aux générosités de l'imagination. Le roman marche boiteusement — honteusement, ou à son insu — sur ces deux jambes. Il invente pour mieux nier, mais pour nier il lui faut affirmer sans relâche.

L'Autre Monde est un champ clos où pour toujours s'affrontent la Raison-Remore et la Salamandre-Imagination. Non seulement l'appareil de la fiction est solide, détaillé, et la part propre du récit de voyage méthodiquement rédigée, mais il arrive qu'au moment même où il se saisit d'un objet de critique, l'écrivain ne

puisse s'empêcher de le traiter avec complaisance : toute la seconde
partie du roman, *Les Estats et Empires du Soleil*, est l'expression
de la séduction exercée sur lui par l'art de raconter, multipliée
par le nombre des personnages qu'il introduit dans le récit; jusque
dans *Les Estats et Empires de la Lune* la composition du texte se
gonfle du plaisir de l'écriture éprouvé par Cyrano; le roman n'est
plus fonctionnel, et le langage n'est plus instrumental. Cyrano
n'invente pas, plus, une histoire pour (pour faire le procès de
l'homme de son temps); il invente, il s'invente, une histoire.
S'en prend-il, par exemple, aux systèmes passéistes, aux philosophies rétrogrades, aux mythes démodés? il se met à rêver à l'Age
d'Or et retrouve les accents des Anciens. Décide-t-il de dénoncer
les ravages de la pensée magique sur l'esprit de ses contemporains ?
la satire devient caricature, scène de comédie, l'oiseau nous fait
rire des simagrées de l'homme de l'église. Veut-il exposer la
science hétéroclite de certains? Gonsales parle longuement, enfle
ses conférences de métaphores maladroites et redondantes, prend
place au centre de la scène tout à coup pour tenir les discours
d'un pédagogue ridicule. S'attache-t-il à récuser le merveilleux
chrétien populaire? le discours d'Hélie le fascine, il le laisse se
développer avec une curiosité mêlée d'agrément; auparavant
et plus tard, il lui substitue d'ailleurs une sorte de merveilleux
scientifique dont souvent il sourit, et qui rend douteuse sa croyance
au Progrès avec un grand P.

Le roman de Cyrano apparaît donc comme une œuvre des plus
astreignantes, provocantes; par sa structure même elle oblige la
raison, ou si l'on veut la conscience-de-soi-et-des-autres du lecteur, à rompre les amarres, puisque sa signification ne peut naître
que de la saisie successive de refus, des affrontements de notions,
de situations, d'appréhensions du réel, de principes, et de fois,
contradictoires. C'est dans cette diversité que le récit aux lignes
brisées trouve néanmoins son unité.

B. Le texte écrit

Passer de là aux problèmes spécifiques de l'écriture est un pas
naturel, mais que l'on franchira avec d'autant plus de circonspec-
tion qu'il pourrait faire croire que l'on va sacrifier maintenant
à quelque rite, traiter la forme, après avoir exploré le fond, ou
définir le style quand on a précisé la pensée. Loin de nous ce projet.
Il est clair qu'en étudiant le sens de l'histoire nous en avons déterminé essentiellement l'écriture qui n'en est qu'un autre nom.
Ce que nous nous proposons donc de faire désormais, c'est de
mettre davantage en évidence des procédés et des moments :
procédés dont l'ensemble illustre l'efficacité de l'écrivain; moments,
ou plutôt poussées, effervescences du langage, coulées comme
d'un volcan, où s'expriment, non le mieux mais le plus sensiblement, l'activité et la personnalité de l'écrivain.

Si l'on voulait ramener schématiquement l'écriture de ce roman à ses fonctions principales, on dirait qu'elles sont trois : démontrer, amuser, séduire. Distinctions commodes, quoique artificielles; opératoires, quoique l'on puisse démontrer en amusant, amuser pour démontrer, séduire en démontrant et en amusant, etc... N'oublions pas non plus ceci : que Cyrano écrit toujours aussi pour lui-même, donc que toujours il s'abandonne à son plaisir, à sa pente, et qu'il y travaille.

CHAPITRE 7

Démontrer

C'est la tâche que s'assignent la plupart des personnages. Démontrer que : ceci, cela. Le type courant de la démonstration dans *L'Autre Monde* est évidemment la démonstration scientifique, où il ne suffit pas de dire, mais où il faut expliquer et persuader. Si nous cherchons un exemple, parmi les bonnes démonstrations scientifiques on peut choisir, dans *Les Estats et Empires de la Lune*, celle où « le filz de l'hoste » passe du problème de l'Eternité du Monde au problème des perceptions [1]. Dans ces pages Cyrano s'applique à composer pour son personnage un discours qui se veut précis et vraisemblable. Plutôt que de procéder à une analyse du texte dans son entier, arrêtons-nous sur quelques paragraphes où le jeune homme traite d'un sujet particulièrement intéressant : la perception visuelle [2].

La question de la vue est au cœur des recherches savantes pendant la première moitié du xviie siècle. Aux théories scolastiques des « espèces », attributs métaphysiques de la « substance » de l'objet, Descartes propose de substituer une théorie mécaniste au centre de laquelle il place la lumière. Nous savons d'autre part que depuis longtemps Gassendi se passionne pour le problème de la vision, et les phénomènes d'illusion optique; ainsi que le rappelle O. Bloch dans sa thèse [3], la théorie qu'il finit par proposer, si elle reprend les principes épicuriens, élimine tout ce qui constitue l'explication par les simulacres : pour Gassendi voir, c'est recevoir des rayons lumineux sur la rétine; comme la lumière a une nature matérielle, corpusculaire et atomique, voir, c'est donc recevoir dans l'œil des rayons matériels à partir desquels l'image de l'objet se constitue. Ajoutons à cela l'importance, déjà dite, de la vision dans les schémas intellectuels de l'époque : voir, c'est savoir; la perception visuelle est pour un homme d'alors le premier rapport d'appréhension du réel, celui qui fonderait une connaissance objective.

---

1. O. C. Belin, pp. 408-412.
2. *Ibid.*, pp. 410-411.
3. *Op. cit.*, pp. 6-29.

C'est dire l'intérêt pour les lecteurs de Cyrano des propos du
« filz de l'hoste ». Il le sait si bien qu'il n'hésite pas dans son pro-
logue à accroître leur curiosité par une formule piquante : « Com-
mençons par la veue, elle merite, comme la plus incomprehensible,
notre premier debut », sorte de captatio benevolentiae. En ce
qui concerne la suite du texte, Lachèvre, fidèle à une stratégie
dépréciative, veut la réduire à trois citations de Gassendi, Lucrèce
et Descartes, déplaçant ainsi l'attention du lecteur du problème
fondamental de la cohérence interne du texte à celui, futile et
inintéressant, du plagiat. Or ce qu'il y a d'absolument remarquable dans cette page, c'est précisément le souci minutieux
de l'auteur de ne faire tenir à son personnage qu'un discours qui
lui soit trictement conforme ; le jeune homme est un matérialiste
— athée, nous le saurons plus tard — qui ne voit dans l'homme
qu'un assemblage mécanique d'atomes dépourvu de « sensibilité » ;
sa théorie de la vision ne peut donc être qu'une théorie matérialiste et atomiste : elle se distingue radicalement de la théorie
gassendiste qui posait la « sensibilité » de l'homme. Ce que Gassendi
refusait, l'émission de rayons matériels par l'œil de l'homme, c'est
précisément ce que le « filz de l'hoste » situe au principe de sa
théorie ; de même, alors que Gassendi n'admet entre l'objet et le
sujet que des corpuscules lumineux, « le filz de l'hoste » suppose
« un nombre infiny de petits corps qui s'exhalent continuellement
en esgales superficies du sujet regardé » qui constituent « l'image
de l'object » : c'est incontestablement de l'épicurisme pré-gassen-
diste. Il y a donc bien ici cohérence générale du discours tenu, et
cohérence du discours et du personnage qui ne font qu'un.

L'organisation du passage est, en outre, remarquable, et pourrait passer pour un modèle pédagogique. Il commence par
une définition précise, en termes simples et familiers, dans laquelle
le jeune homme expose les mécanismes qui rendent compte du
phénomène examiné d'un point de vue général. Dans un deuxième
paragraphe, le jeune homme soulève lui-même une objection
éventuelle pour mieux y répondre immédiatement, en profite
pour donner des explications supplémentaires sur la conforma-
tion de la matière, en utilisant un exemple courant — celui du
verre — et en éclairant ses propos de comparaisons judicieuses
et qui placent sa démonstration sur le plan de l'observation, de
l'expérience. Enfin il répond à une question-lieu commun de
Dyrcona sur la réflexion dans un miroir, qui lui donne l'occasion
d'enchérir sur sa théorie, et de mettre un point final à sa démonstration.

Un tel texte, qui s'enchaîne, et s'écrit avec concision, clarté,
simplicité, force, est le plus court chemin de l'auteur au personnage, du personnage au lecteur, du lecteur au personnage. Le
verbe ne s'y met pas seulement au service du sujet traité, il se
fait comme l'émanation d'une créature romanesque qu'il exprime
de l'intérieur : ici d'un personnage qui ignore l'hésitation, sûr
de sa pensée, de son système, et qui fort d'une addition de principes croit pouvoir en peu de mots tout dire sur tout, balayant
les objections qu'on pourrait lui faire, et qu'il devance : « Mais

vous ne manquerés pas de m'objecter que... », d'un prompt
« Mais je vous respons que... » qui n'autorise à son interlocuteur ni
doute ni même réflexion. La démonstration d'un point de science
devient aussi démonstration de soi.

Observons cependant que même dans ces pages où s'expose
autoritairement un esprit monolithique, le cadre privilégié de
l'énonciation des idées demeure la conversation. La présence de
l'autre, Dyrcona, est nettement marquée dans le texte par une
intervention bien que timide. Dans tous les cas, le recours de
Cyrano au dialogue est tout à fait caractéristique d'une intention
propédeutique : car c'est assurément par la présentation de deux
pensées qui se font face, même incidemment, qu'un tel auteur
peut espérer réveiller les consciences critiques, déranger l'équi-
libre stérile où elles végétaient. Le « je », loin de s'étaler, prépare
l'affirmation d'un « tu » ou d'un « il » derrière lesquels à tort ou à
raison il s'efface. « Platon, écrivait Montaigne, me semble avoir
aimé cette forme de philosofer par dialogues, à esciant, pour loger
plus décemment en diverses bouches la diversité et variation de
ses propres fantasies [1]. »

Un deuxième type de démonstration se crée dans le roman
lorsque l'un des protagonistes s'attache à défendre et prouver une
idée morale, philosophique. A ce personnage, Cyrano permet
moins d'être exact que d'être pertinent, moins de persuader que
d'emporter l'adhésion, moins de s'exprimer que de se battre. La
démonstration donne naissance à un modèle d'éloquence. C'est
bien le cas de ces pages où le Démon de Socrate fait l'apologie
d'une des coutumes des Séléniens, celle selon laquelle «en ce monde la
les vieux rendoient toutte sorte d'honneur et de deference aux
jeunes; bien plus, que les peres obeissoient à leurs enfans. »

Tout commence par un étonnement de Dyrcona. Et c'est cet
étonnement dont le Démon s'étonne lui-même, qui met en branle
son discours, parce qu'il a le sentiment que Dyrcona manque au
bon sens et qu'en son esprit d'homme est enraciné un des préjugés
vicieux et jamais remis en question, par lesquels ses congénères
et lui étouffent leur liberté d'intelligence et leur goût de la vérité.
Il s'agit bien d'une prise à partie, avec de fausses questions : « Vous
vous estonnés... d'une coustume si contraire à celle de vostre
pays ? », qui précèdent des réponses cinglantes : « Elle ne repugne
point, touttefois, à la droite raison », d'autres questions mêlées
d'impératifs sans réplique, et qui reposent le vrai problème dans
les termes adéquats : « car en conscience, dites moy, quand un
homme jeune et chaud est en force d'imaginer, de juger et d'execu-
ter, n'est-il pas plus capable de gouverner une famille qu'un
infirme sexagenaire? » Et ce premier paragraphe se clot naturellement sur une phrase dont les termes sont d'autant plus agressifs,
les métaphores ébauchées d'autant plus brutales que le Démon
de Socrate a conscience de s'attaquer à autre chose qu'à une idée

---

1. Apologie de Raimond Sebond.

fausse et davantage : à une habitude sublimée en principe, à une peur d'enfant transmuée en intouchable composante d'une sensibilité d'adulte, et à la pierre de base de l'édifice social. Il faut que sa démonstration soit aussi forte que fine, vive et « musclée », combative et subtile.

On ne sera donc surpris ni de la fréquence des interrogatives, ni de la densité des exclamatives. Pressant un interlocuteur que son discours réduit au silence — bien qu'il s'ingénie à lui prêter la parole dans son propre texte — le Démon de Socrate achève indifféremment les mouvements de son argumentation d'une question qui porte sa propre réponse : « Pourquoy donc vous soumettre à luy, quand la paresse a fondu ses muscles, debilité ses arteres, evaporé ses esprits, et succé la mouesle de ses os ? »; d'une longue période finale de caractère nettement oratoire :

« ainsi mon fils, quand il n'a pas risqué un danger où un jeune homme s'est perdu, ce n'est pas qu'il en prejugeast la catastrophe, mais il n'avoit pas assez de feu pour allumer ces nobles eslans qui nous font oser, et l'audace en ce jeune homme estoit comme un gage de la reussite de son dessein, par ce que cette ardeur qui fait la promptitude et la facilité d'une execution estoit celle qui le poussoit à l'entreprendre. »

où l'appareil rhétorique du parallélisme, de l'antithèse, de la fausse copulation permet à la phrase de se développer efficacement, et de déployer progressivement des cadences où l'on retrouve le symbolique alexandrin [1]; ou d'une formule qui résume brusquement ce qu'il y a d'inquiétant, d'injuste, d'inacceptable, dans une situation dépeinte d'un vocabulaire cru, vulgaire, d'un burlesque dérisoire : « ... cependant il vout falut passer par la ; vous eustes beau piailler pour retourner à la longue et noire maison dont on vous arrachoit, on faisoit semblant de croire que vous demandiés à tetter. »

On n'étudiera pas sans profit la dernière page de ce monologue [2] qui s'est animé de paragraphe en paragraphe et où l'extrême vivacité se marque par des « certes », « mais », « ouy », « quoy ! », « comment ! » On n'y a point affaire à une éloquence régulière, mais à un art de la parole dont la singularité vaut le commentaire.

Première observation : sa variété. La phrase initiale est constituée d'une affirmation calme ; puis d'une affirmation surprenante, car elle renverse les situations acquises — et donc bouleverse un trait de mentalité collective. Vient une question, qui décontenance, fait réfléchir. Elle est suivie d'une hypothèse qui provoque l'imagination avec d'autant plus de rudesse que le

---

1. On décèlera dans ce texte une alternance des rythmes pairs et impairs qui se résout d'abord en un alexandrin : « *ce n'est pas qu'il en prejugeast la catastrophe* », puis en un décasyllabe : « *ces nobles eslans qui nous font oser* », enfin de nouveau en un alexandrin : « *estoit celle qui le poussoit à l'entreprendre* ».

Retenons aussi la présence dans la phrase d'un certain nombre d'échos sonores, ou de rimes intérieures, analogues à ceux de la poésie régulière.

2. Le long paragraphe des pages 399-400, dans l'édition Belin : « *Vous ne tenés... tetter.* »

vocabulaire est familier, sans apprêts. Ensuite deux phrases s'additionnent, une affirmative exclamative à l'emporte-pièce et une interrogative exclamative qui l'amplifie. A ce passage de rhétorique accumulatoire succède une période qui se décompose en une hypothèse audacieuse éclairée d'une comparaison saisissante, et en une seconde hypothèse qui serait plus satisfaisante si elle n'était abolie par une observation d'ordre général au rythme tout à fait remarquable (trois heptasyllabes dont les deux derniers riment). Le texte se poursuit par une phrase de structure oratoire et qui s'enclôt dans un chiasme. Immédiatement surgissent trois phrases interrogatives qui s'organisent en cascade; et derrière elles une courte exclamative. L'avant-dernière phrase consiste en une nouvelle hypothèse au conditionnel, qui s'ouvre sur un discours dans le discours, de tonalité indéniablement burlesque. Enfin le paragraphe s'achève sur une affirmative brisée, dont le « cependant » initial signifie dérision, et où la seconde partie, plus longue, va des passés simples de récit aux imparfaits qui marquent la chute.

Si l'on analyse cette page d'un point de vue quantitatif en phrases longues ou brèves, on découvre la rythmique suivante : longue, brève, brève, longue, brève, brève, longue, brève, brève, longue, brève, brève, brève, brève, longue, brève, longue. Autrement dit, dans un premier temps une structure musicale se répète, puis cède la place à une structure qui paraît d'abord lui ressembler mais qui finit par s'adjoindre deux mesures brèves qui la transforment et accélèrent la cadence; puis au contraire une autre structure se crée en une longue décomposée, suivie d'un trille qui prépare la mesure au point d'orgue. Faut-il faire remarquer que cette musicalité du texte correspond assez exactement à sa signification littérale? Qu'elle soit naturelle ou qu'elle soit le fruit du travail, une telle technique de l'expression écrite, où l'asyndète accroît l'efficacité du texte sans nuire à son harmonie, où la fameuse timidité des « Que sçavez-vous si? », « Qui sçait si? », « Peut-estre que... » est en fait le moyen d'introduire les propositions les plus surprenantes, où le mot suppose avec tant d'insistance la diction et le ton, qui se compose si évidemment sous l'effet d'une passion du personnage, illustre de manière éclatante la fécondité des rapports de l'auteur au langage.

Troisième sorte de démonstration, celle qui s'appuie sur les faits du récit pour établir que les choses sont comme elles sont dites, puisqu'elles sont dites. Elle institue en particulier la description romanesque en témoignage. Dyrcona, monté vers la Lune et le Soleil par haine des on-dit, pour voir les choses, pour passer les idées reçues au crible de la raison et les confronter au réel, négateur de la causalité en soi — le monde est comme ça parce qu'il est comme ça — s'autorise cependant à imposer aux lecteurs une vision du monde qui n'était peut-être pas la leur, qui pouvait encore les étonner ou les inquiéter, et dont il se fait le seul garant de la véracité. J'y étais, je l'ai vu.

Souvent, il est vrai, le texte comporte un avertissement, un

signe, auxquels nous reconnaissons qu'il nous fait entrer dans
l'irréel. Par exemple au moment où commence le long épisode
de la rencontre avec les Séléniens, le narrateur indique malicieusement : « Cette avanture me fit souvenir de ce que jadis j'avois
ouy conter à ma nourrisse des Syrenes, des Faunes et des Satyres [1]. »
Ce renvoi à la mythologie populaire et au temps de l'enfance ne
peut être qu'un clin d'œil [2]. Mais souvent aussi la description
veut de toute évidence servir de preuve. Lorsqu'il dépeint les
espaces extra-terrestres, observe la rotation de la terre, situe dans
le ciel planètes et étoiles au moyen des termes de la nouvelle
cosmologie, Dyrcona s'en fait plus que le disciple le porte-parole,
le servant, et ne nous permet ni recul ni réticence; le texte, écrit
avec exactitude, précision et patience, se veut à plat, sans relief
qui puisse alerter chez nous le sentiment de la distance — distance
avec ce qui est écrit.

> « Je distinguay clairement toutes ces revolutions, et
> je me souviens mesme [3] que long-temps apres je vis encor
> l'Europe remonter une fois sur la Scene, mais je n'y
> pouvois plus remarquer separément les Estats, à cause de
> mon exaltation qui devint trop haute [4]. »

On peut maintenant revenir sur l'importance du récit à la
première personne. Le « je » du roman opère à trois niveaux
qu'on distinguera ici sans peine, mais qui dans le texte se confondent le plus fréquemment. Il y a le niveau du « je » narrateur
objectif; celui qui écrivait le texte crée un réel qu'il assimile, que
nous avons tendance à assimiler, au vrai : dans le passage que nous
venons de citer le « Je me souviens » est une forme la plus avouée
de ce pouvoir créateur. Au second niveau, le « je » n'est plus une
entité mais une identité, un personnage sensible, qui a subi et
qui revit pour nous des aventures et des mésaventures; ses malheurs
nous retiennent d'ailleurs plus que ses plaisirs et ses joies; et le
genre même du récit de voyage au cours duquel les accidents se
succèdent nous engage de plus de sympathie, donc affaiblit notre
sens critique. Enfin, au troisième niveau, le « je » nous inclut,
nous absorbe; nous nous fondons en lui; le « je » que je suis,
lecteur, ne peut éviter de se lire dans le « je » du texte auquel je
m'identifie de plus en plus étroitement; dans ce processus d'alié-
nation-identification, les découvertes, les surprises du « je » personnage jouent un rôle fondamental parce qu'elles coïncident avec
les miennes, et qu'à force de voir et de subir « comme », « avec »,
« en même temps et au même rythme que », les deux « je » se
superposent, n'en font plus qu'un. De même l'exotisme du roman
appelle et justifie mon dépaysement, au point que je deviens le
voyageur égaré : je n'ai pas d'autre choix.

A la limite montrer suffirait par conséquent à démontrer. Si

---

1. O. C. Belin, p. 376.
2. Cela n'enlève rien au sérieux de ce qui suivra dans le roman, bien sûr.
3. La formulation est astucieusement contraignante.
4. O. C. Belin, p. 446.

l'auteur recourt néanmoins à la démonstration, si le roman retrouve
volontiers l'ancien procédé de la « disputatio », ce ne peut être
que pour une raison : « démontrer que » n'est jamais que le temps
faible d'une démarche argumentative dont le temps fort est
« démontrer que... ne pas... » Nous ne reviendrons pas sur les
détails de ce point déjà bien établi. Le Démon de Socrate, « le
filz de l'hoste », les philosophes Séléniens, Gonsales, Dyrcona
lui-même, ont pour souci principal de battre en brèche une science
et une idéologie — l'une et l'autre entremêlées — qui sont l'héritage de l'aristotélisme scolastique ; quelles que soient leurs diver-
gences sur les solutions de remplacement, ils se rencontrent
unanimement dans cette bataille dont l'enjeu est la délivrance de la
pensée publique. On voit bien alors qu'il y aurait en cela une
ligne de démarcation commode entre *Les Estats et Empires de la
Lune* où la visée critique est essentielle, et *Les Estats et Empires
du Soleil* où le discours, mythique, est franchement assertif.

Amuser, s'amuser

Nous ne parlons plus des épisodes comiques. Nous parlons
des divers emplois du langage à des fins uniquement ludiques, ou
au contraire d'esprit sérieux comme dans la rhétorique de l'ironie.

Familiers de l'auteur, nous n'ignorons pas son penchant pour
le calembour. La lecture des *Entretiens Pointus* nous a donné
l'occasion d'en éprouver la force et la signification. Or des calem-
bours et des jeux de mots, il y en a dans *L'Autre Monde*. A tel
endroit [1] le Démon de Socrate déclare à Dyrcona, confondu,
« sachés qu'on ne vit icy que de fumée », qui est une manière
amusante de donner un sens réaliste à une expression populaire
comme « vivre de l'air du temps » ; à tel autre [2] l'auteur renchérit
sur l'expression quand sans avertissement il glisse dans son texte :
« ... mais nostre commun precepteur se teut, parce que le repas
estoit en impatience de s'envoler ». Plaisir personnel de l'écrivain ?
conseil au lecteur de ne pas tout prendre au pied de la lettre ?
voire mise en garde astucieuse, et si fréquente ailleurs, contre la
dégénérescence du « langage cuit » ? Tout au long de l'épisode du
Royaume des Oiseaux Cyrano joue sur le vocabulaire consacré,
multiplie l'emploi au second degré des expressions toutes faites :
les Oiseaux qui instruisent le procès de l'homme qu'il est, se
réunissent au « Tribunal » où siègent « advocats », « conseillers »,
« juges, à la séance » ; et dès l'ouverture, les contemporains de
l'auteur pouvaient reconnaître, aux termes mêmes de la description,
le compte rendu, mais tout à coup décalé, d'un procès criminel
comme la France en voyait tant juger [3] ; rejeté en prison, Dyrcona

---

1. O. C. Belin, p. 382.
2. *Ibid.*, p. 402.
3. *Ibid.*, p. 467 : « *Au lieu de m'interroger sur la sellette, on me mit à califourchon sur un
chicot de bois pourry, d'où celuy qui presidoit à l'Auditoire, après avoir claqué du bec deux ou
trois coups, et secoüé majestueusement ses plumes, me demanda d'où j'estois, de quelle Nation, et
de quelle espece ?* etc... ».

ne sera « nourry que du pain du Roy [1] »; bref l'intention satirique
et dénonciatrice du passage n'arrive à pratique que par l'application la plus exacte d'une enfilade de stéréotypes à une situation
qui les dénonce non seulement dans leur usage immédiat qui rend
les oiseaux risibles, mais aussi et surtout dans leur contenu idéologique et sociologique, et qui par là dénonce les institutions judi-
ciaires de la France du xviie siècle et ce qui les fonde. Hors de leur
contexte perdant leur solennité, les mots perdent leur sens.

Par un effet analogue Cyrano, retrouvant la verve du *Pedant
Joué*, dénonce ici ou là le charabia littéraire; et en particulier,
dans *Les Estats et Empires du Soleil* rangeant parmi les truchements
mythiques ridicules le langage de la poésie galante ou précieuse,
coupable à ses yeux de rendre impossible tout rapport au réel et
au vrai, il n'hésite pas à faire de « la jeune femme au condur » le
premier témoin, amusant malgré elle, de l'accusation. Incapable
de faire la part des mots, comme plus tard certains personnages
du *Dialogue des Héros de Roman*, elle ne cesse de tomber dans le
piège de la métaphore. Sa maison « de toutes parts est assiégée
d'eau », croit-elle, « car l'un de mes amoureux (et cet Homme ne
m'auroit pas voulu tromper puis qu'il m'aimoit) m'écrivit que du
regret de mon départ il venoit de répandre un ocean de pleurs.
J'en vis un autre qui m'asseura que ses prunelles, depuis trois
jours, avoient distilé une source de larmes; etc. », et elle poursuit :

> « J'estois fort en peine dans quelle machine je me
> sauverois de toutes ces eaux qui m'alloient gagner : mais
> un de mes Amans qu'on appelloit le Jaloux, me conseilla
> de m'arracher le cœur, et puis que je m'embarquasse dedans;
> qu'au reste je ne revois pas apprehender de n'y pouvoir
> tenir, puisqu'il y en tenoit tant d'autres; n'y d'aller à
> fonds, parce qu'il estoit trop leger; que tout ce que j'aurois
> à craindre seroit l'embrasement, d'autant que la matiere
> d'un tel Vaisseau estoit fort sujette au feu... »;

et la phrase finale est un fameux exemple de Phébus [2].

Curieusement on reconnaît ici l'idée directrice des observations
de Malherbe en marge des sonnets de Desportes : Cyrano condamne
dans la succession incoherente et inconséquente des métaphores
un véritable dérèglement de l'écriture qui donne naissance à ce
galimatias du meilleur comique. Mais il ne se satisfait pas de cette
moquerie de pince-sans-rire. En situant l'épisode après la rencontre de Dyrcona avec Campanella et avant la rencontre avec
Descartes il a, croyons-nous, la volonté de dévoiler le pouvoir
d'intoxication du jargon. Tout en concédant à l'écrivain une
liberté d'écriture dont il a lui-même usé abondamment, il lui
interdit de dévoyer le langage des chemins, même détournés, de la
conscience; la figure, métaphore ou image, n'a de valeur que si
elle renforce ou rénove l'appréhension de la réalité, que si elle

---

1. Le Pain du Roy, ou le Pain des Prisonniers, c'est, dit Furetière « *le pain que le Roy
donne sur le fonds des amendes pour la nourriture des pauvres prisonniers,* etc... ».
2. O. C. Belin, p. 505.

réveille chez le lecteur le sens des choses ou permet à l'auteur d'exprimer plus vivement la vérité d'une situation, d'un sentiment, d'un personnage. Dans le cas contraire elle est purement et simplement un véhicule d'aliénation intellectuelle : risible et terrible. Ainsi la surcharge en métaphores des exposés scientifiques de Gonsales jette-t-elle la suspicion sur les vérités qu'il prétend démontrer : cette science est mal digérée, et Gonsales tente par le style figuré de remédier à certaines lacunes du raisonnement. Ainsi la science des Chênes de Dodone (par exemple : « Les Poles sont les bouches du Ciel »), qui n'est que l'amplification d'images passées dans le langage commun, ne peut-elle engendrer que des explications extravagantes.

Ce dépassement du « à la manière de », où s'étaient bornés la plupart des satiriques de l'époque, rend naturelle l'extension de la parodie dans L'Autre Monde. Nous savons déjà combien certains personnages du roman ont été suscités par des souvenirs de lecture; nous pouvons désormais être plus attentifs à quelques détails du texte. Sous le regard incrédule de Dyrcona, le petit homme de la macule s'agite, développe dans sa théorie de la génération une série de points qui sont des lieux communs de la philosophie médicale depuis bien des siècles, et que les querelles récentes des Aristotéliciens et des Galénistes ont jetés sur la place publique [1]. Ce sont les biologistes des premiers temps, concluant leurs réflexions sur cette chaleur innée, native, dont la nature est analogue à la chaleur des astres, que Cyrano parodie dans le discours de l'étrange petit homme. Pour Riolan le père, le Soleil « engendre un bœuf avec la semence du bœuf, et l'homme avec la semence de l'homme ». Ou bien le Soleil, au contact de l'air humide, engendre batraciens et poissons qui certains jours tombent du ciel comme gouttes de pluie. Avicenne encore n'avait-il pas déclaré que « si tous les hommes avaient péri jusqu'au dernier, le Soleil pourrait par sa chaleur en faire renaître un de la boue », donnant une forme audacieuse à l'hypothèse de Démocrite ? L'analogie entre ces textes et celui de Cyrano n'est pas seulement dans l'idée, elle réside aussi évidemment dans le vocabulaire où certains mots-clés font signe, repère (par exemple, « boue »). Et c'est ainsi que de l'inspiration érudite on passe à la parodie. On peut reconnaître le même procédé pour les exposés libertins dans la Lune ou pour ceux des arbres dans le Soleil, où les gens avertis retrouvaient, altérés et dégradés, les matériaux anciens.

Mais de toutes les parodies la plus riche d'effets et de sens pourrait bien courir à travers tout le roman : c'est celle de Campanella. Déjà présent sous le masque de Gonsales et dans le texte hétéroclite de ses professions de foi scientifiques, Campanella ne resurgit pas seulement dans le personnage qui porte son nom à la fin des Estats et Empires du Soleil. C'est déjà du Campanella que profère le petit homme de la macule lorsqu'il dit à Dyrcona [2] :

1. On se reportera avec profit à J. Roger, op. cit., pp. 49-94.
2. O. C. Belin, p. 449.

« De ces torrents d'humeurs assemblez, il s'est formé la Mer, qui témoigne encor par son sel que ce doit estre un amas de sueur, toute sueur estant salée », car Campanella avait écrit avec la même platitude dans *La Cité du Soleil* : « La mer est la sueur de la Terre, ou le liquide émané de la combustion et de la fusion qui ont lieu dans ses entrailles. » De même Campanella affirmera à plusieurs reprises l'idée d'une complicité de la génération entre le Ciel et la Terre, qu'il résumera dans *La Cité du Soleil* en ces termes : « Le Soleil est le principe mâle, la Terre le principe femelle. » D'autre part toute la fin du roman, ainsi que nous l'avons indiqué, repose sur une lecture littérale des textes de Campanella qui trouvent ainsi leur réalisation au second degré.

On peut dire plus. Campanella ne parle pas directement du problème des macreuses dans son œuvre, ni non plus des remores ni des salamandres; cependant plus d'un passage dans le *Del Senso delle cose e Della magia* va dans le sens d'un cautionnement, d'un enregistrement écrit pur et simple de faits légendaires, de croyances mirobolantes, qu'il ne met jamais en doute. Et d'ailleurs l'auteur y rapporte comme une preuve du « sentiment » des plantes : « il y a des plantes en Scandinavie dont les fruits deviennent des animaux volatiles[1]... », phrase qui n'est pas sans rappeler celle par laquelle Barthelemy de Chasseneuz rapportait le phénomène des macreuses dans son *Catalogus gloriae mundi, laudes, honores*, etc. « En Écosse il existe un arbre prodigieux sur le bord d'une rivière dont les fruits en forme de canards tombent en leur maturité. Ceux qui tombent sur la terre se pourrissent, mais ceux qui tombent dans l'eau nagent, et puis s'envolent. » Soucieux de saisir les mécanismes intellectuels qui président à l'écriture, Cyrano, par le procédé de la parodie, recrée donc un texte, et à partir d'un texte réel ou possible, un personnage, des personnages, des épisodes, qui flattent peut-être l'imagination, mais où il dénonce l'esprit de crédulité.

Et si nous poussons davantage notre lecture, nous pouvons être amené à nous demander si le voyage dans le Soleil tout entier n'est pas mise en texte parodique de Campanella, Campanella l'auteur, le fabricateur de livres, de discours écrits. Car, après tout, si Dyrcona découvre là-haut de la bourbe sensible et qui engendre l'homme, des oiseaux qui sentent, aiment ou haïssent, et raisonnent, des arbres qui parlent et doués de sentiment, des créatures qui se métamorphosent à volonté d'imagination, n'est-ce pas le monde selon le *Del Senso*[2], des personnages selon Campanella tout autant que ceux qui s'échappent du Royaume des Amoureux et que *La Cité du Soleil* annonçait? Parodier c'est donc imiter le type de discours, être capable de le reproduire; mais pour mieux

---

1. *Del Senso* III, 14 : « ... *ci sono piante in Scandinavia che li frutti loro diventano animali volatili, e in tutte le piante nascono vermi, etc...* ».
2. Ajoutons que les divisions constatées par Dyrcona dans le Soleil sont en fait annoncées par Campanella (O. C. Belin, p. 492) : « *il est divisé en Royaumes, Républiques, Estats, et Principautez, comme la Terre. Ainsi les quadrupedes, les volatiles, les plantes, les pierres, chacun y a le sien.* » Cela rappelle des têtes de chapitre du *Del Senso*.

en discréditer le type de pensée. C'est surtout, à travers la répétition d'un texte tourné à dérision, mettre à jour des données de mentalité qu'on ridiculise dans leurs effets pratiques au niveau du langage : dites et redites, elles sonnent l'absurde [1]. Le texte de *L'Autre Monde* serait un antitexte en ce sens et dans cette mesure [2].

L'écriture propre du roman renvoie donc le lecteur, et a fortiori le commentateur, à une superposition vertigineuse de niveaux de signification. Il est bien rare qu'on puisse lire une page uniment, et sans avoir à s'interroger sur les pièges d'une interprétation littérale. L'auteur ne va-t-il pas jusqu'à pratiquer la parodie interne, celle qui consiste à jouer d'un personnage en rapiéçant son texte de morceaux qu'il a déjà écrits antérieurement — et en particulier pour des fins de comédie ? Comment le Démon de Socrate donne-t-il à Dyrcona des preuves de sa présence et de celle de ses compagnons sur Terre, avant que la stupidité des hommes ne les convainque d'en partir, sinon en reprenant une litanie, accumulation de style burlesque, de tous les noms qu'on leur avait donnés depuis l'antiquité, et qui avait place déjà à la fin d'une tirade de Corbineli dans *Le Pedant Joué* (IV, 1) : « On nous appelloit oracles, nimphes, Genies, fées, dieux-foyers, Lemures, Larves, Lamies, farfadets, nayades, Incubes, ombres, manes, Spectres, phantosmes... [3] ? » Tandis que le texte en lui-même moque l'esprit de superstition, ce rappel désunit le personnage du Démon, lui ôte de son sérieux; en même temps la parodie de soi marque chez l'auteur une permanence de pensée qui s'exprime dans la permanence d'une écriture où la phrase en chapelet signifie la fuite de la raison. En renvoyant le lecteur du geôlier de la prison toulousaine à Mathieu Gareau [4], il réserve certes aux initiés les saveurs de l'érudition, le plaisir de la complicité avec l'écrivain dans le rire; mais cela implique sans doute aussi que Cyrano dépeint là un personnage typique de la société française contemporaine, paysan qui pourrait être gardien de prison, dont les difficultés principales sont pécuniaires, et dont la simplesse — exprimée dans le discours brisé, les jurons, les exclamations, bref dans le patois — fait de lui un sbire, un comparse de l'ordre établi auquel il contribue, ballotté au gré des circonstances économiques, sans bien le comprendre.

Comme si la parodie ne suffisait pas à créer chez le lecteur la

---

1. On se souvient des vers de Du Bartas, dans *La Création du Monde* :
« *Dieu, non content d'avoir infus en chaque espèce*
Une engendrante force, il fit par sa sagesse
Que, sans nulle Venus, des corps inanimés
Maints parfaits animaux çà-bas fussent formés.
Ainsi le vieil fragment d'une barque se change
En des canards volants, ô changement étrange !
Même corps fut jadis arbre verd, puis vaisseau,
Naguère champignon et maintenant oyseau. »
2. Puissante ironie que celle qui opère sur le livre de Campanella lui-même l'imitation qu'il recommandait de pratiquer sur le visage et la posture d'autrui afin de connaître sa pensée.
3. O. C. Belin, p. 377.
4. *Ibid.*, pp. 433 et sq.

distance avec le texte qu'il cite, Cyrano s'autorise en certaines circonstances à recourir à un procédé que la stylistique burlesque venait d'annexer : le travestissement littéraire. Au *Virgile Travesty* de Scarron, dont les deux premiers livres sont publiés en 1646, et auquel répondra en 1656 le *Lucain Travesty* de Brébeuf, il ajoute un chapitre de la Bible Travestie. Le sacrilège[1] est d'abord pratiqué contre la Genèse; préoccupé d'une organisation efficace du travestissement, Cyrano commence par mettre le lecteur dans son jeu en lui indiquant dès les premières lignes où son héros se trouve, car le procédé du travestissement exige que le lecteur soit immédiatement conscient des modifications apportées par l'auteur au texte sur lequel il travaille; donc nous savons que Dyrcona est tombé au Paradis Terrestre, et qui plus est « justement » sur l'Arbre de Vie. Cependant, alors que nous nous attendons à ce que l'auteur accomplisse tout de suite son dessein moqueur, il ne peut s'empêcher, par un de ses détours qui ne nous surprennent pas, d'écrire deux pages poétiques sur le Jardin d'Éden. Puis il ferme cette parenthèse et revient à son travestissement; or celui-ci consiste en une schématisation : d'abord réduire le Paradis Terrestre aux éléments topologiques les plus nus, un jardin, l'Arbre de Vie, l'Arbre de Science, une « rivire au bord de laquelle il est planté »; c'est encore plus sec que le second récit de la Création (Genèse 2, 8 à 15). Cette sécheresse qui signifie tout à la fois que les choses dont il est ici question sont si bien connues que l'auteur ne les cite que par nécessité, et plus profondément qu'il réduit sa description aux résidus structurels de la mythologie populaire, va faire doublement contraste avec deux autres éléments qui déséquilibrent astucieusement le récit. Un élément thématique, la confusion entre « miracle » et « hasard », déjà présente en tête du passage dans l'expression « miraculeux hazard », qui met directement en cause une explication surnaturelle des événements du monde, et qui débouchera sur un thème corollaire, celui d'un Dieu agissant surtout par « les causes secondes ». Et un élément structurel qui est la frénésie verbale d'Hélie, lequel n'attend même pas que Dyrcona lui pose des questions pour entreprendre l'explication détaillée de toutes les assomptions et ascensions qui ont précédé celle de son interlocuteur; ce trait à lui seul suffirait à ridiculiser Hélie, et son énorme discours survenant après un tableau poétique et au milieu des interrogations que nous nous faisons avec Dyrcona, nous gêne, nous ennuie, nous paraît inutile : Cyrano atteint son but.

Cyrano atteint son but d'autant plus aisément que le monologue d'Hélie est un tissu d'âneries. D'abord Hélie invente une suite des aventures d'Adam et Ève dont l'invraisemblance fait tout l'intérêt; puis il s'échine à raconter par quelle série d'inventions et de miracles hasardeux Enoc arrive au Paradis Terrestre, cet Enoc qui devint une grande figure de la tradition juive, fils de Yered et père de Mathusalem, dont la Genèse dit seulement :

---

1. Pour une interprétation globale, cf. *supra*.

« Hénok marcha avec Dieu, puis il disparut, car Dieu l'enleva [1] », mais qui ici est un petit vieillard cocu, confit en dévotions, et qui file la laine à longueur d'éternité. Même irrespect dans le récit du déluge, qu'Hélie agrémente des aventures d'une Achab inventée de toutes pièces [2], et dans lequel il multiplie les pieds-de-nez à la lettre biblique. Les paragraphes qu'il consacre à sa propre ascension achèvent le travestissement : il se démythifie lui-même, révélant par contre-coup le caractère mythique de toutes les affabulations édifiées à partir des versets de la Bible [3] consacrés à son enlèvement.

Travestir la Bible, c'est pour l'époque le moyen le plus audacieux de contester une lecture littérale de ses textes, qui ne coïncide plus avec les découvertes de la science ni avec les exigences de la raison. Mais il nous semble que le plus grand intérêt du passage réside dans l'art du romancier à fabriquer pour ses personnages des discours où leurs aberrations, déclamées tyranniquement dans des logorrhées, se composent sans fin en propositions surajoutées qui se dévoient progressivement de l'ordre raisonnable. Ainsi de dévoilement de secret en dévoilement de secret, Hélie, qui y rassemble les idées les plus folles [4], finit-il par dévoiler son secret propre : l'absurde. C'était déjà notre conclusion devant les soliloques du *Pedant Joué*.

Ce procédé passerait à bon droit pour une sorte de prolongement emphatique de ce qu'on appelle l'ironie socratique. L'auteur impose à Dyrcona un silence qui peut être celui de l'ignorance ou qui peut signifier qu'il n'en pense pas moins; en tout cas ce mutisme déclenche le déluge de ses interlocuteurs, les pousse à parler, les oblige à raisonner, à argumenter à voix haute, et par conséquent à révéler à tous de manière exemplaire la pauvreté, les tics et l'impuissance de leurs raisonnements. Leurs discours les dénoncent; la prise de parole est un piège; le langage surabondant mais vide de sens propre doit être reçu dans ses sous-entendus, lu à la lumière de ce qu'il ne dit pas directement.

L'ironie est assurément une des attitudes préférées du romancier; étant donné son projet elle ne peut manquer de constituer son arme la plus efficace. Mais même si l'esprit d'ironie, quoique masqué, se perçoit assez bien au fil des pages, nous ne croyons pas inutile à une connaissance plus intime du texte d'analyser une rhétorique de l'ironie qui aurait pu servir de modèle aux écrivains à venir.

L'effort initial de l'ironie cyranesque porte sur un retour à l'ordre du bon sens; et pour cela il n'hésite jamais à user d'une

---

1. Genèse, 5, 24.
2. Dans l'Ancien Testament Achab est uniquement un nom d'homme.
3. Deuxième livre des Rois 2, 11-12.
4. Tout le paragraphe sur la punition du serpent par Dieu qui « *le relegua dans le corps de l'homme* », souvenir de Rabelais et d'Agrippa de Nettesheim, et qui pourrait apparaître comme une digression, est en fait un moment nécessaire d'un discours qui ne peut connaître la voie droite puisqu'il ignore la droite raison.

sorte de raillerie sans concession. Au sens pratique de M. de Montmagnie qui « voit » tourner le Soleil autour de la Terre, Dyrcona
oppose abruptement le « sens commun », dont les explications
résistent à la critique. Est justiciable de l'ironie quiconque ne
défère pas à l'esprit d'examen. « Premierement il est du sens
commun de croire que le Soleil, etc...[1] »; « car il seroit aussy ridicule
de croire que ce grand corps lumineux tournast autour d'un point
dont il n'a que faire[2]... » Et si l'appel véhément au bon sens ne
suffit pas, on peut y adjoindre l'analogie, dont l'intérêt est d'éclairer
l'argumentation, qui a valeur pédagogique, et qui permet de
passer de l'erreur abstraite au concret réel :

> « ... de mesme que la sage Nature a placé les parties
> genitales dans l'Homme, les pepins dans le centre des
> pommes, les noyaux au milieu de leur fruit... »

Et si l'analogie ne suffit pas, on peut encore recourir au sarcasme;
il y a dans le texte de *L'Autre Monde* des « comme si... » mordants
et décisifs qui exposent brusquement les conséquences absurdes
d'un argument qu'une paresseuse tradition a colporté : « comme
s'il estoit vray semblable que le Soleil, un grand corps quatre cens
trente quatre fois plus vaste que la terre, n'eût esté allumé que pour
meurir ses neffles, et pommer ses choux[3]... »

Cyrano n'ignore pas non plus l'emploi de l'antiphrase, bien
qu'elle ne soit pas dans *L'Autre Monde* le trope le plus fréquent;
dans les pages que nous citons, il en est une remarquable, qui suit
l'explication de la rotation de la terre par le père jésuite : « Nous
louasme quelque temps le zele du bon pere... » Ou bien son héros
feint l'indulgence et la condescendance, par une véritable tournure
de prétérition, qui est, comme chacun sait, le meilleur moyen
d'attirer l'attention du lecteur sur un point que l'on prétend passer
sous silence : « Je ne vous reproche point vos Excentriques, vos
concentriques, ny vos Epicicles, tous lesquels vous ne sçauries
expliquer que tres confusement, et dont je sauve mon sisteme »;
notons que l'effet de prétérition ici se double de celui d'une
énumération allitérative qui ouvre la voie à un jugement de
valeur. En d'autres lieux, le lecteur peut relever des exemples très
caractéristiques d'antonymie; lorsque, par exemple, le Démon de
Socrate déclare à Dyrcona : « ... en Angleterre... je rencontré un
homme, la honte de son pays », il utilise l'antonymie avec une telle
force qu'elle fait presque calembour : « car certes c'est une honte
aux Grands de vostre Estat de reconnoistre en luy sans l'adorer la
vertu dont il est le trosne[4] ».

Ces procédés, faciles à recenser, et dont aucun n'est nouveau,
préparent dans le discours une conclusion violente, agressive,
cinglante. Cela est plus neuf; le personnage ne se contente pas de
terminer raisonnablement, platement, son morceau d'éloquence

---

1. O. C. Belin, p. 362.
2. *Id.*
3. *Ibid.*, p. 363.
4. *Ibid.*, p. 378.

ironique. Son ironie n'est pas gratuite; elle naît de la colère, du mépris, d'une indignation devant l'indignité de l'homme; elle vise à faire éclater le contraste entre les opinions bêtement reçues et la réalité, entre l'orgueil de l'humanité et son insignifiance, à dévoiler la coupable confusion entre le paraître et l'être, à distinguer nettement ce qui devrait être pensé de ce qui est pensé. Cette ironie pousse à la vérité, multiplie les questions (« Car, comment...? » « Quoy! parce que...? »), décontenance, désarçonne, désarticule. Elle appelle un finale qui par sa vigueur atteigne au paroxysme, soit le sommet du discours, non sa chute. L'éloquence de l'ironie, chez Cyrano, est donc ascendante. Et pressé par les questions qu'il se pose à lui-même, Dyrcona répond, rageusement, par une dernière phrase au rythme d'abord irrégulier, régularisé par une répétition qui fait surgir une image dont la quotidienneté est étonnante, terrible : « Non, non, si ce Dieu visible esclaire l'Homme, c'est par accident, comme le flambeau du Roy esclaire par accident au crocheteur qui passe par la rue »; image d'autant plus saisissante que le discours en avait été très avare jusqu'alors; c'est où nous éprouvons que le discours devient mouvement, vie, et où la « discussion d'idées » ouvre la perspective d'une passionnée philosophie de l'existence. De tels passages, rares, il est vrai, comment l'auteur pourrait-il être absent? ailleurs, l'ironie, qui gouverne le roman, est un élément de structure dont nous avons déjà parlé.

CHAPITRE 8

Séduire, être séduit

Voilà pour la raison, voilà pour la polémique, voilà pour le combat « philosophique ». Mais nous sommes loin de compte, de conte, de roman. Démontrer, amuser, s'amuser, n'expliquent pas *L'Autre Monde*. L'armature logique des « donc », « il faut conclure de là que... », les plaisanteries et les finesses, l'ironie même éloquente, n'emplissent pas le vide de la page. Bien sûr, personne ne prétendra que le roman de Cyrano est un roman psychologique, encore que les discours des personnages révèlent admirablement leur vie mentale, leur « tournure d'esprit » — comme on disait autrefois —. Mais il y a, dirigeant, assemblant, orientant, animant le tout, les forces de création, le souffle du poète, un peu visionnaire, un peu prophète, toujours prêt à s'enthousiasmer pour les beautés et les richesses très concrètes de la Nature.

Parlant du poète, dans sa *Préface aux Œuvres de Royer de Prades*, en 1650, Cyrano écrivait :

« Il croit qu'il ne suffit pas d'écrire au goust du siècle qui n'estime plus que les choses fades et ne s'attache qu'à la superficie, puis qu'il fait moins d'estat d'un chef-d'œuvre bien imaginé, que de quelques mots, qu'à force de les polir on a comme arrangez au compas. Il tient au contraire que le feu qui se termine en pointe se manifeste tousjours par des sentimens qui semblent retenir sa forme, que la poésie estant fille de l'imagination doit tousjours ressembler à sa mère ou, du moins, avoir quelques-uns de ses traits, et que, comme les termes dont elle se sert s'esloignent de l'usage commun par les rimes et la cadence, il faut aussi que les pensées s'en esloignent entièrement... »

L'*Autre Monde* est un poème.
Par-delà le démonstratif et l'utile, par-delà le rationnel et le technique, Cyrano est notre premier poète scientifique en prose. Que l'on relise ces très belles descriptions que nous donne le « filz de l'hoste » des maisons des Séléniens [1]; l'esprit d'anticipation peu à peu s'efface, nous oublions leur caractère pratique; nous nous trouvons soudain devant un texte où se compose l'image inattendue de deux objets jamais vus, et dont les détails n'arrivent pas à fixer l'imagination, la provoquent. Dans l'un, l'assemblage du circulaire (les roues), du vertical (le mur), de l'oblong volumineux (les soufflets), du linéaire cylindrique (les tuyaux), crée une architecture compliquée, instable, véritablement baroque, à laquelle la suite du texte, l'intrusion des « voiles » qui se gonflent, des « bouffées... qui s'engouffrent », ajoutent une mobilité venteuse, formes qui se défont, qui s'évanouissent fugaces et éphémères. Tableau extraordinaire qui s'ébauche comme une fable, avec des rimes, rimes vraies, rimes fausses, imprévisibles :

> « L'architecte construict chaque Palais,
> ainsi que vous voyés,
> d'un bois fort leger,
> y practicque dessous
> quatre roues... »

L'objet n'existe plus en lui-même; il n'est que le support matériel d'un chant bizarre où le mot est musique, où la métaphore nous précipite dans l'irréel : « ... avec les bouffées continues que vomissent ces monstres à vent et qui s'engouffrent dans la toile [2] ». Ou bien le poète à partir de la périphrase la plus banale évoque un spectacle tellement étrange que nous comprenons que nous ne sommes plus au monde des hommes mais dans l'autre, celui de l'imaginaire où l'excentrique a toutes les audaces : « ... aussi tost que les douces haleines du printemps viennent à le radoucir, ilz remontent au jour par le moyen de cette grosse visse dont j'ay parlé. »
Que nous fait alors que Rabelais ait inventé « l'isle d'Odes, en laquelle les chemins cheminent », « les chemins passans, chemins

---

1. O. C. Belin, p. 407.
2. La graphie du XVIIᵉ siècle « toille » avec deux l participe mieux à l'harmonie d'une phrase chargée de diphtongues, de sons nasaux, et fait un écho discret à « bouffées », « engouffrant », et aux allitérations.

croisans, chemins traversans »? ou que Lando ait décrit « palazzi et sale mobili et discorrente hor qu'a lor là [1] »? La force de cette page de Cyrano ne vient plus d'une faculté de réalisme et d'exactitude, mais au contraire d'un pouvoir spontané de transfigurer avec des mots et de faire surgir l'exotisme et le rêve d'une vision artisanale, presque approximative, de l'objet qu'il s'invente.

Ainsi se résout le paradoxe apparent d'un texte comme celui où Dyrcona fait la description la plus détaillée possible de la machine à icosaèdre [2] qu'il a construite pour échapper à la prison, et qui par accident le mènera au soleil. Le regard qu'il jette sur elle est celui d'un amoureux, et c'est avec une rare sensualité qu'il l'arrête sur l'une, puis sur l'autre, puis sur toutes les parties qui la composent. On pourrait parler de poésie concrète, comme il existe aujourd'hui une musique concrète, un art où le matière par sa présence même, dans sa nudité, fait violence à nos habitudes, se métamorphose, apparaît autre. Ici, dans l'univers carcéral, au sommet d'une tour, la machine, dressée, caressée, polie par Dyrcona, suscite l'insolite. « Boiste », bois sans doute, elle devient trou, voûte, vaisseau de crystal, vase, icosaëdre — néologisme dont la science a un parfum de mystère; puis elle fulgure, s'achève en éclat de lumière (miroir ardent). Ce qui frappe c'est moins encore le souci de dire juste, que le poids des mots qu'on n'hésite pas à mettre en valeur par des répétitions, et des allitérations qui sont à l'époque plutôt procédés de la poésie que de la prose; si bien que paradoxalement ce sont des sons que l'on entend, non des structures visuelles que l'on retient et qui s'organiseraient. De nouveau d'ailleurs, Cyrano prouve son art des rythmes où l'alternance des impairs et des pairs interdit au lecteur de s'arrêter, de se poser. A une première phrase en deux temps : 11,6, répond une phrase plus ample et qui renoue avec la versification régulière : 12,8. Puis surgit une alternance qui reprend brusquement l'opposition précédente : 11,12, dans une phrase longue mais brisée, émiettée, qui se poursuit d'un impair (9), accolé d'un décasyllabe décomposé (4,3,3), que contrarie un vers de 11 pieds, qui prépare le retour à des cadences métriques traditionnelles, plus brèves, par lesquelles le mouvement trouve sa résolution (8,10). Même alternance encore dans le deuxième court paragraphe qui partant sur les pairs (12,8) passe brutalement aux impairs qui assurent, ô surprise, la résolution (3, 11, 6, 7) après une tentative de retour au pair, car il faut que l'image finale échappe aux stéréotypes musicaux [3]. Cyrano qu'on prendrait volontiers et exclusivement pour un visuel, possédait en fait une oreille tout à fait remarquable.

---

1. C'est bien entendu P. Toldo qui rappelle ces textes dans son article.
2. O. C. Belin, p. 443.
3. « Ce fut une grande boiste fort legere/, et qui fermoit fort juste/ : Elle estoit haute de six pieds ou environ/, et large de trois en quarré/. Cette boiste estoit trouée par en bas/; et par dessus la voûte qui l'estoit aussi/, je posay un vaisseau de crystal/ troüé de mesme/, fait en globe/, mais fort ample/, dont le goulot aboutissait justement/, et s'enchassoit dans le pertuis/ que j'avois pratiqué au chapiteau.
Le vase estoit construit exprés à plusieurs angles/, et en forme d'icosaèdre/, afin que/ chaque facete estant convexe et concave/ ma boule produisist/ l'effet d'un miroir ardent. »

« Dans les heures de grandes trouvailles une image poétique peut être le germe d'un monde, le germe d'un univers imaginé devant la rêverie d'un poète », écrit G. Bachelard dans la *Poétique de la Rêverie*. L'imagination de Cyrano rêvant du voyage vers l'au-delà de l'espace, un instant à l'abri de la pesanteur, file son chemin comme celle de tous les poètes. Les quatre envols de Dyrcona ne sont jamais que l'accomplissement d'une sorte d'amour fou conçu dans la solitude, dans la détresse du monde d'ici-bas : « apres avoir flaté mes resveries de quelques moyens capables de m'y porter, voicy comme je me donné au ciel[1]. » La première fois, le coup d'essai, il ne s'arrache qu'à demi à la terre qu'il veut quitter, et la Lune à laquelle il prétend ne s'offre pas tout de suite à lui ; le rêve n'est pas assez profond, le désir assez vif, l'esprit pas assez dégagé de l'attraction du globe, comme l'enfant qui un moment hésiterait à quitter le sein maternel ; l'imagination ne s'enflamme pas : la métaphorisation s'esquisse à peine dans un souvenir biblique de tonalité burlesque[2]. Mais les autres, les trois autres, vont avec de plus en plus de splendeur illuminer le matériau romanesque. Nous disons trois, il faudrait dire quatre, si nous prenons soin d'y adjoindre la belle page où Dyrcona fait à Colignac et Cussan le récit de son rêve nocturne.

Parti pour la Lune, Dyrcona monte précipitamment ; avant de s'en rendre compte, il est déjà là-haut. C'est un effet soudain de cette légèreté dont il parle dans le récit de son rêve : « devenu leger, je m'enlevois jusqu'aux nuës », et que l'extrême rapidité de son ascension vers le Soleil exprime : « essor si subit[3] », « je n'eus le loisir que d'entrer vistement dedans[4] » ; il n'a pas le temps de réfléchir, pas le temps de se revêtir, l'air se saisit de lui[5], il devient objet volant ou plutôt objet envolé, dans l'instant même. Alors il va progressivement échapper à toutes les lois de la matière : l'ordinaire pesanteur cesse de le clouer à la Terre lorsque la Lune boit la moëlle dont il est enduit ; « mon corps soulagé de toute pesanteur, rappelle-t-il plus tard, j'ay poursuivy mon voyage[6] » ; et jusqu'au Soleil lui réserve la surprise d'être « un monde qui n'a point de Centre », sur lequel « il estoit par consequent impossible que je pesasse encor[7] ».

Il se produit en lui une série de transformations qui tendent à en faire un être de plus en plus éthéré ; nous assistons à sa libération. Il est vrai que l'imagination du vol engendre nécessairement l'idée de telles métamorphoses, et telle série d'images, de comparaisons et de descriptions dont la plupart suggèrent et indiquent un passage à l'immatérialité. Soumis aux curieux effets de

---

1. O. C. Belin, p. 360.
2. « *Que... Dieu avoit encore une fois recloué le Soleil aux Cieux.* » Remarquons toutefois les deux octosyllabes et les échos sonores (Dieu, avoit, fois, cieux).
3. O. C. Belin, p. 444.
4. *Ibid.*, p. 452.
5. Le verbe qui revient le plus fréquemment est le verbe « enlever ».
6. O. C. Belin, p. 430.
7. *Ibid.*, p. 455.

l'attraction universelle, il se retrouve un moment « les pieds en hault », la « teste chargée du poids de son corps [1] ». Spectacle saisissant et drôle de ce corps qui dans l'espace interplanétaire « bascule » sur le chemin de la Terre à la Lune, tableau à la Yves Tanguy ou à la Oscar Dominguez.

Non seulement ses forces augmentent et une tension intérieure le fait « estre au-dela de lui mesme »; mais la faim ne l' « atteint » plus [2], il n'éprouve plus le besoin de reconstituer en mangeant une vitalité qui ne se perd plus; le sommeil ne l' « accable » plus [3]; son organisme est en relation directe avec l'énergie solaire qui supplée à tout. Et puis le voilà qui se dématérialise : « je sens je ne sçay quoy de lourd qui s'envole de toutes les parties de mon corps. Un tourbillon de fumée fort epaisse et quasi palpable suffoqua mon verre de tenebres ». Cette lourdeur, cette fumée noire et épaisse, images très évocatrices de l'impureté de notre matérialité, signes effrayants d'une déshumanisation, marquent l'accomplissement de la catharsis céleste [4]. A l'approche du Soleil tout s'épure. Le feu lui-même ne brûle plus, puisqu'il ne peut s'attacher à aucune matière. La machine à icosaèdre devient « diafane », elle se confond avec « le ciel tout autour de » Dyrcona. Quant à lui, purifié, métamorphosé en « un organe de voir » et de sentir, il perce du regard son propre corps devenu transparent; et ses organes font sur l'azur d'étranges taches de couleurs [5].

Au sein de cet espace vitrifié tout est lumière, tout devient chaleur. Dyrcona s'élève vers le but de son rêve, ce « Palais où se composent la chaleur et la lumiere [6] ». Le texte se fait franchement lyrique, l'imaginaire nourrit une invention poétique spectaculaire et scintillante :

> « Quand le Soleil débarassé de nuages commença d'éclairer ma machine, cet icosaèdre transparent qui recevoit à travers ses facetes les tresors du Soleil, en répandoit par le bocal la lumiere dans ma cellule; et comme cette splendeur s'afoiblissoit à cause des rayons qui ne pouvoient se replier jusqu'à moy sans se rompre beaucoup de fois, cette vigueur de clarté temperée convertissoit ma Chasse en un petit Ciel de pourpre émaillé d'or [7]. »

« De temps en temps je regardois en haut, pour admirer la vivacité des nuances qui rayonnaient dans mon petit dôme de crystal [8]. » Peu d'écrivains, nous semble-t-il, ont mieux que Cyrano « fait voir » les beautés de l'irisation, de la lumière éclatée, multipliée, ruisselante.

Au-delà de l'éther au « grand vuide », immobile et serein au

1. O. C. Belin, p. 366.
2. Ibid., p. 445.
3. Ibid., p. 452.
4. Id.
5. Ibid., p. 453.
6. Ibid., p. 430.
7. Ibid., p. 443.
8. Ibid., p. 452.

plus haut du ciel, source de la lumière — cette « poudre de bluettes » — de la chaleur — « chaleur vitale », « chaleur radicale » —, siège du feu parfait, le Soleil ne peut plus être matière, objet; il est esprit. Le voyageur a fini d'échapper à la condition humaine qui l'enchaîne à la terre; l'essor vers le ciel qui avait été d'abord une sublimation de la verticalisation, de cette première fois peut-être où l'enfant se dresse sur ses deux jambes, vient de l'abolir; et Dyrcona peut à loisir « rouler comme une boule », avoir « les jambes vers le Ciel et les épaules contre terre ». « Sur quelque endroit de mon corps que je me plantasse, sur le ventre, sur le dos, sur un coude, sur une oreille, je m'y trouvois debout »; plaisir qui s'égrène comme le texte d'une comptine, et renoue avec les paroles oubliées de l'enfance [1].

Il a connu l'extase : « J'admirois avec extase la beauté d'un coloris si melangé [2]. » Il a connu surtout la joie; dans toutes ses analyses de vol c'est le mot « joye » qui revient peut-être le plus souvent. Arraché au feu de la Saint-Jean, « place de Qebec », il est « gonflé d'une joye... peu commune ». Observant plus tard que son rêve d'envol s'est pour une fois bien terminé, il en attribue la raison « au sang qui s'est repandu par la joye de nos plaisirs d'hyer [3] ». En route vers le soleil il constate : « Je sentois mon visage un peu chaud et plus guay qu'à l'ordinaire; mes mains paroissoient colorées d'un vermeil agreable, et je ne sçay quelle joye couloit parmy mon sang [4]... » Nous ne nous étonnons donc pas que, parlant de la chaleur et du feu inoffensifs du Soleil dont il approche, il en profite pour décrire dans les meilleurs termes le feu de la joie [5]. Au départ de la macule, de nouveau il écrit : « ... je sentois couler dans mon sang une certaine joye qui le rectifioit, et passoit jusqu'à l'ame [6] ». Joie du succès de l'entre-prise, joie propre de la conquête de l'espace, joie d'échapper aux dangers, joie de nature physiologique aussi qui transforme l'orga-nisme à l'abord du soleil et qui n'est que la traduction matérielle d'une dilatation de l'esprit.

Le phénomène le plus intéressant reste celui que Dyrcona décrit dans la dernière partie de son ascension, au moment où son essor s'est « appesanty [7] ». Il ne voit plus d'autre recours qu'une sorte de supplication au Soleil; il prend exactement la posture de celui qui implore : « Toutefois comme alors que nous expirons, nous sommes interieurement poussez à vouloir embrasser ceux qui nous ont donné l'estre, j'élevay mes yeux au Soleil, nostre Pere commun... », « Ainsi donc suspendu dans le vague des Cieux, et déja consterné de la mort que j'attendois par ma chute, je tournay, comme je vous ay dit, més tristes yeux au Soleil. » Et

---

1. O. C. Belin, p. 455.
2. *Ibid.*, p. 443.
3. *Ibid.*, p. 430.
4. *Ibid.*, p. 444.
5. *Ibid.*, p. 445. C'est un texte que nous avons déjà cité.
6. *Ibid.*, p. 452.
7. *Ibid.*, pp. 414 et sq.

cette posture qui dans les récits hagiographiques est propice à l'extase mystique et prépare parfois à des lévitations, ne manque pas d'avoir ici un effet analogue : « Cette ardeur de ma volonté non seulement soûtint mon corps, mais elle le lança vers la chose qu'il aspiroit d'embrasser... », « et mes regards fixement attachez à son globe, marquerent une voye dont ma volonté suivit les traces pour y enlever mon corps ». « Ce vigoureux élan de mon ame... » L'extase n'est efficace, et Dyrcona n'atteint au salut, que par une rigoureuse spiritualisation.

L'effort lui en est d'autant moins difficile qu'il traverse un milieu où tout se désincarne. Il est lui-même devenu pur désir, imagination, « élan » et « âme ». L'espace s'efface sous le mouvement de l'ascension. Le temps s'abolit : la faim ni le sommeil n'existent plus, et avec eux les repères temporels qu'auraient été les repas et la succession des jours et des nuits. L'homme et sa machine baignent dans une lumière éternelle, passent des mondes qui se répètent et n'offrent nulle borne au regard ; « vingt-deux mois [1] » n'enferment que quelques incidents du récit, tandis que le voyageur métamorphosé en objet volant, en véhicule de son propre vol, devient le terme de sa métaphore.

Si par curiosité scientifique l'on se reporte aux travaux de Bachelard [2] ou d'autres [3] sur l'imagination des éléments, on remarquera combien l'invention poétique chez Cyrano semble se conformer au modèle définissable de l'imagination dynamique par excellence, celle de l'élévation et du rêve aérien. Jusqu'au « volo » : je veux, je vole, qui trouve sa réalisation écrite dans l'épisode que nous venons de citer. On pourrait avoir le sentiment que Cyrano n'innove pas. Et cela d'autant plus qu'au contenu propre, limité, de l'imagination de l'air et du vol, il ajoute un bestiaire sans surprise : le Phénix, qui a le privilège de réunir en lui les deux thèmes élémentaires de l'air et du feu, le Condur, les Oiseaux, etc. ou, encore, que poète il cristallise le plus souvent son lyrisme dans des « formes » d'écriture éprouvées, reconnues de son temps : et en particulier tous les rythmes pairs de la poésie traditionnelle jusqu'à l'alexandrin, et dont le lecteur a pu rencontrer de nombreux exemples dans les textes que nous avons rapportés au long des paragraphes précédents.

Ce serait oublier que Bachelard et ses émules se sont contentés — quelles que soient leur finesse et leur pénétration d'esprit — de décrire et d'analyser des textes qui préexistaient à leurs recherches. Et le plus étonnant dans le cas de L'Autre Monde n'est pas que l'imagination de Cyrano se conforme au modèle, mais bien que le modèle se conforme à elle si exactement qu'on peut se demander si l'auteur de L'Air et les Songes n'a pas, sans s'en rendre compte, incessamment en tête le roman de Cyrano qu'il connaissait. En effet L'Autre Monde est le premier de tous les textes à rapporter

---

1. O. C. Belin, p. 455.
2. L'Air et les Songes. Essai sur l'imagination du mouvement. Paris, Corti, 1943.
3. Par exemple M. Mansuy dans son Gaston Bachelard et les éléments ; Paris, Corti, 1967.

avec force, exactitude, précision, soin de tous les détails, l'accomplissement intégral du rêve de vol. On peut dire que le modèle, c'est lui qui l'a inventé; et qu'il est impossible que, dans la littérature occidentale au moins, un poète ait rêvé du ciel sans rendre hommage à Cyrano.

Quant à la prose poétique, dont le procédé peut n'être pas absent, elle a dans le roman les mêmes qualités que dans les *Lettres* et communique à l'écriture un caractère indéniable de nouveauté. La prose n'est plus soumise aux lois de la beauté rhétorique, n'a plus pour visée la période, même gracieuse, et qui épouse le concret; comme les vers les meilleurs, auxquels elle s'apparente, elle dépasse le réel, et crée cet autre monde qui de rêve à rêve nous revient et nous fuit.

Qui mieux que lui a su dans la trame du roman tisser avec énergie et somptuosité les spectacles cosmiques, donner le sentiment de l'infini? La métaphorisation s'ébauche modestement, et de l'ascension vers la Lune Dyrcona ne retiendra qu'une image, certes précieuse, des transformations de la Terre à mesure qu'il s'en éloigne; image somme toute banale, mais qui préfigure dans l'analyse qu'elle établit entre la Lune et la Terre le thème du « monde renversé [1] » : « ... nostre Terre... ne m'avoit plus paru que comme une grande placque d'or ainsy que l'autre [2]. » Montant au Soleil au contraire il pousse ses regards aux limites du ciel visible. De la Terre qui s'éloigne il garde en mémoire « Toulouse qui s'enfonçoit en terre [3] », puis les spectacles offerts par la rotation du globe : « ... toute la mer du Sud ayant tourné (10), laissa mettre à sa place (6) le continent de l'Amerique (8) [4] ». Puis le ciel l'emporte :

> « Je laissay sur ma route,
> tantost à gauche,
> tantost à droite,
> plusieurs Terres comme la nostre...
> Je costoyai la Lune
> qui pour lors se trouvoit
> entre le Soleil et la Terre... »

puis Vénus [5], puis Mercure. « Je remarquay de plus, que tous ces Mondes ont encor d'autres petits Mondes qui se meuvent à l'entour d'eux. » Ainsi avait-il déjà donné un aperçu de l'infini à M. de Montmagnie :

> « Il fault donc croire que comme nous voyons d'icy Saturne, et Jupiter, si nous estions dans l'un ou dans

---

1. La Terre est une Lune, la Lune c'est la Terre.
2. O. C. Belin, p. 366.
3. *Ibid.*, p. 443.
4. *Ibid.*, p. 446.
5. Le surgissement de Vénus dans le Texte constitue lui-même un spectacle assez peu commun de métamorphose des métaphores : « *Et je remarquay, toutefois, que durant tout le temps que Vénus parut au deça du Soleil, à l'entour duquel elle tourne, je la vis toûjours en croissant; mais, achevant son tour, j'observay quà mesure qu'elle passa derriere, les cornes se raprocherent et son ventre noir se redora.* »

l'autre nous descouvrions beaucoup de mondes que nous
n'appercevons pas d'icy, et que l'Univers est eternellement
construict de cette sorte [1]. »

Plus loin encore[2], le regard s'aiguise pour se porter une dernière
fois, en bas, derrière soi. C'est le poème de l'adieu à la Terre qui
s'évanouit dans l'azur, où la fécondité de l'imagination de l'écrivain étreint, émeut, bouleverse l'imagination du lecteur, parce
que nous voyons l'infini s'édifier, s'établir avec le texte, un infini
que nous savons peuplé mais qui n'est plus que lumière :

« La Sphere de nostre Monde (7) [3]
ne me paroissoit plus qu'un Astre (8)
à peu pres de la grandeur (7)
que nous paroist la Lune; (6)
encore il s'estressissoit, (7)
à mesure que je montois, (8)
jusqu'à devenir une estoille, (8)
puis une bluette, (5)
et puis rien; (3)
d'autant que ce poinct lumineux (8)
s'éguisa si fort (5)
pour s'égaler à celuy (7)
qui termine le dernier rayon de ma veuë, (12)
qu'enfin elle le laissa s'unir (9)
à la couleur des Cieux. » (6)

Ou bien encore le regard visionnaire plonge dans l'abîme dont
il suggère l'horreur. Comme bien après lui le Victor Hugo de la
Bouche d'Ombre ou le Vigny d'*Eloa*, Cyrano sait génialement faire
naître, en réveillant en nous la peur mal assoupie de la chute, l'imagination vertigineuse du vide sans fin, du vide et de l'infini. Lorsque
Dyrcona, sortant de son engin spatial ainsi qu'un moderne cosmo-
naute, risque un geste mal assuré et brise la machine qui l'avait
porté, le vide est là, prêt à l'engloutir, et négatif. La puissance
d'évocation de cette scène est si extraordinaire, tous les éléments
s'y ajustent si parfaitement — bruit, émotion, vision, images et
comparaisons — que Cyrano, qui refuse de donner dans le tragique,
se trouve obligé de terminer la page sur une note humoristique [4].

Le Soleil nourrit heureusement sa verve poétique. Dyrcona ne
se lasse pas de le nommer à force de périphrases qui sont autant
de signes d'amour et de joie, s'ajoutant à la répétition pure et simple
du nom : « les grandes plaines du jour », « cette lumineuse campagne », « le jour », « cette Terre transparante », expressions dans
lesquelles le thème central est celui de la lumière, que depuis son
rêve Dyrcona associe étroitement au thème de la liberté, donc du

1. O. C. Belin, p. 364.
2. *Ibid.*, p. 452.
3. On notera que l'heptasyllabe est fréquent dans la métrique de Cyrano; ce
rythme boiteux mais bref prépare admirablement l'oreille à la chute sur le vers pair.
4. O. C. Belin, p. 404.

bonheur. Il invente des formules de sympathie par lesquelles s'exprime le fait qu'il s'assimile ou s'identifie à l'élément solaire, il brûle comme lui ; et comme lui il pétille : « Le respect avec lequel j'imprimois de mes pas cette lumineuse campagne, suspendit pour un temps l'ardeur dont je petillois d'avancer mon voyage. » Puis le lyrisme prend corps ; d'abord en une phrase [1] :

> « Cette Terre est semblable à des flocons de neige
> embrasée,
> tant elle est lumineuse » ;

ensuite en une strophe pleine[2] où la série des métamorphoses du personnage échappé au gouffre le conduit à l'apothéose :

> « Je me sentois tout honteux
> de marcher sur le jour :
> mon corps mesme étonné
> se voulant appuyer
> de mes yeux,
> et cette terre transparante
> qu'ils penetroient,
> ne les pouvant soutenir,
> mon instinct malgré moy
> devenu maistre de ma pensée,
> l'entraisnoit au plus creux d'une lumiere sans fonds.
> Ma raison pourtant peu à peu
> desabusa mon instinct ;
> j'appuyai sur la Plaine
> des vestiges asseurez et non tremblans,
> et je comptay mes pas si fierement,
> que si les Hommes avoient pû m'appercevoir
> de leur Monde,
> ils m'auroient pris pour ce grand Dieu
> qui marche sur les nuës. »

Poésie donc à la fois surprenante et familière. Cent autres exemples pourraient nous assurer que Cyrano poète en prose, amoureux de l'heptasyllabe, au sein même du vers libre se plaît à retrouver les rythmes traditionnels [3]. C'est que sa force d'inven-

---

1. Dans toutes ces pages les alexandrins ne sont pas rares. En dehors des textes que nous citons, cf. O. C. Belin, p. 454 par exemple : « *l'opaque tenebreux qu'elle avait exhalé* », « *Ainsi donc suspendu dans le vague des Cieux* », etc...
2. *Ibid.*, p. 455.
3. *Ibid.*, p. 481, par exemple :

> « ... *Un jour le brave Oreste*
> *engagé dans une bataille,*
> *cherchoit son cher Pilade*
> *pour gouster le plaisir*
> *de vaincre ou de mourir*
> *en sa presence...*
> *Mais que j'exprime mal*
> *l'horreur des mouvemens*
> *de cet inconsolable !* »

(notons encore les rimes, les allitérations, etc...).

tion réside ailleurs : l'imagination de L'Autre Monde se suffit à elle-même; la nature extraordinaire et pour ainsi dire « inimaginable » des aventures de Dyrcona, l'originalité des situations par lesquelles il passe, l'absolue nouveauté littéraire des paysages cosmiques qui se déploient devant nous, tout cela, animé du sentiment puissant de l'éternel et de l'infini, est nécessairement à la source d'une « autre poésie », à laquelle nulle ne pouvait alors se comparer.

À mesure qu'il monte vers le ciel, la pensée de Dyrcona s'élève. Il médite sur le système du monde, sur l'économie de l'univers et son origine. La rêverie poétique est naturellement propice à ces hautaines interrogations. Dyrcona sondant le ciel, et par-delà l'espace et le temps revenant aux premiers jours de la création, au « débroüillement du Cahos », aux mystères de l'apparition de la vie [1], c'est bien le poète en contemplation; ce n'est plus vraiment le savant ni le philosophe. Et plus d'un comme lui méditera, songeur, plongé dans l'effarement de l'azur. Tel André Chénier :

« Là je vais dans mon sein méditant à loisir
Des chants à faire entendre aux siècles à venir...
Souvent mon vol, armé des ailes de Buffon,
Franchit avec Lucrèce, au flambeau de Newton,
La ceinture d'Azur sur le globe étendue.
Je vois l'être et la vie et leur source inconnue,
Dans les fleuves d'éther tous les mondes roulants;
Je poursuis la comète aux crins étincelants,
Les astres et leurs poids, leurs formes, leurs distances;
Je voyage avec eux dans leurs cercles immenses.
Comme eux, astre, soudain je m'entoure de feux,
Dans l'éternel concert je me place avec eux :
En moi leurs doubles lois agissent et respirent;
Je sens tendre vers eux mon globe qu'ils attirent.
Sur moi qui les attire ils pèsent à leur tour [2]... »

Dans le vol de Dyrcona tout n'est pourtant pas facile ni serein, et l'on aurait tort de plaquer sur les récits de ses ascensions la grille de lecture préfabriquée d'une rêverie éthérée, voluptueusement libératrice, où l'on goûte seulement la paix sidérale. A côté de Saturne, Vénus, Mercure ou Jupiter, le voyageur est un Prométhée inquiet, un Phaéton au bord du gouffre, demi-dieu qui tremble et vacille.

Son décollage est toujours décrit comme un arrachement soudain et brutal qui l'emporte inopinément et ne suit que les lois de l'engin auquel il s'est confié. Brièvement indiquées dans les deux départs pour la Lune (« monter avec trop de rapidité [3] », « à peine y eus-je les deux piedz que me voila enlevé dans la nue [4] »), les circonstances du décollage sont analysées avec plus de détails

---

1. O. C. Belin, p. 447.
2. *Hermès*. A. Chenier, *Œuvres Complètes*, édit. P. Dimoff, Tome II, p. 29.
3. O. C. Belin, p. 360.
4. *Ibid.*, p. 366.

lorsque Dyrcona s'envole de la prison toulousaine. C'est un moment où les actions sont fortes [1] : « en un tournemain » Toulouse disparaît ; la machine spatiale s'emplit d' « une furieuse abondance d'air » ; « un horrible vent » « s'engouffre », pénètre « cette machine avec furie » ; la petite voile qu'il avait disposée pour diriger son vol est « arrachée », « s'envole » « au gré d'un tourbillon entonné dedans » ; puis « l'éthar devenoit vent par la furieuse vitesse avec laquelle il s'engouffroit [2] pour empescher le vuide » etc. Aussi passe-t-il par une succession d'intenses émotions : « espouventable horreur [3] », « épouvantable emportement de la raison humaine au succès d'un dessein qui m'avoit mesme effrayé en l'imaginant [4] ».

Soit que nous le trouvions suspendu à la « bonne volonté » de la Lune ou à l'appel du Soleil, Dyrcona ne dépend jamais entièrement de lui-même. Il demeure étroitement, intimement attaché à une machine — ou à une invention d'envol — qui est l'outil de son désir. Il dit sur la macule sa « douleur » à l'idée de perdre son véhicule spatial, progressivement personnifié par les verbes [5], et dont on s'aperçoit que depuis un certain temps elle est devenue une sorte d'extension de lui-même : elle forme avec lui ce « Je » projectile qui traverse les étendues cosmiques [6]. On comprend donc ce que signifie plus tard d'irréparable la destruction et la chute de la « boiste », du « petit Chasteau », de la « Cabanne » ; et l'écrivain invente ici une série métaphorique remarquable, où s'immisce une riche thématique de l'angoisse [7].

On pourrait certes penser que par cet accident Dyrcona est débarrassé du dernier vestige matériel, du dernier souvenir charnel, qui en faisaient un homme de la terre ; il est maintenant dans sa pureté flèche, tension, trait désincarné du désir. Mais, outre qu'ainsi il paraît perdre la puissance de voler, sa vie de nouveau est en grand danger. Tout au long du roman Dyrcona va de survie en survie, et le vol est pour lui d'abord le moyen d'échapper à la mort : mort de l'esprit ou mort du corps. L'auteur ne peut donc naturellement l'imaginer, le projeter, qu'en mouvement : ascension ou marche en avant ; l'arrêt au mieux marque le commencement d'une mésaventure, au pire signifie la prison et la menace d'être tué. La « sérénité de l'éther » provoque le ralentissement de la progression vers le Soleil, Dyrcona est en suspension dans

1. O. C. Belin, pp. 443-444.
2. La répétition de termes expressifs qui est peut-être négligence de style dans un texte que l'auteur n'a pas corrigé, marque aussi sa volonté de donner à ses récits un caractère de violence.
3. O. C. Belin, p. 366.
4. Ibid., p. 444.
5. Ibid., pp. 451-452. Le passage est assez étonnant si l'on y réfléchit. Par exemple les formules de la fin parfont l'humanisation de l'engin à icosaèdre : Dyrcona entreprend de la dévêtir, mais, dit-il, « j'aperceus ma cabanne qui fretilloit déja pour voler. »
6. Ibid., p. 446 : « Je laissay sur ma route, tantost à gauche, tantost à droite, plusieurs Terres comme la nostre où, pour peu que j'atteignisse les Spheres de leur activité, je me sentois flechir », etc... Cf. le texte de Chénier, supra.
7. Ibid., p. 454. Par exemple : « Un tel desordre, un tel malheur, une telle épouvante sont au dela de toute expression... » L'Angoisse n'est jamais absente de ses rêves de vol.

l'air, la chute de nouveau le guette [1]. L'air n'est pour lui qu'un allié épisodique et douteux, et non comme l'écrit Bachelard « la matière de (sa) liberté ».

D'autre part on ne réduirait pas sans abus l'invention de Cyrano à l'imagination aérienne. Si le monde céleste lui réserve de premières grandes joies, Dyrcona ne tarde pas à être désenchanté; de tribulations en tribulations il y connaît peu de bonheurs, peu de paix. Tombé de la Lune il nous semble finalement soulagé de son retour sur Terre. A d'autres moments il confie sa « joye » d'arriver sur la macule [2]. « Je vous laisse à penser la joye que je sentis de voir mes pieds sur un plancher solide, apres avoir si longtemps joüé le personnage d'Oiseau », joie telle qu'elle donne naissance à un élan de lyrisme : « En verité des paroles sont foibles, pour exprimer l'épanoüissement dont je tressaillis lors qu'enfin j'apperceus ma teste couronnée de la clarté des Cieux. Cet extase... » Dès son arrivée sur le Soleil, de même, après quelques minutes d'exaltation et de gaies cabrioles, il se met en marche et, ajoute-t-il, « je parvins en une contrée du Soleil moins resplendissante que celle dont je sortois. Je me sentis tout ému de joye, et je m'imaginay qu'indubitablement cette joye procedoit d'une secrette simpathie que mon estre gardoit encor pour son opacité [3]. » Ces textes y invitent clairement : on reconnaîtra en lui la double vocation du Ciel et de la Terre, de la Lumière et de l'Ombre, qui est comme la trace ineffaçable dans notre âme de notre humanité.

L'imagination du vol qui souvent fait la richesse et la somptuosité du roman et lui donne force poétique, ne peut cependant jamais exclure l'obsession de la chute. Le rêve de Dyrcona s'achève en cauchemar, dérisoire; il se réveille dans sa « ruelle », « le ventre tout nu sur le plastre, et les yeux fort ouverts [4]. » Il monte, pour retomber brutalement, retrouver la réalité, comme — non sans que nous en riions — il avait brusquement repris pied en Italie [5]. Mais la catastrophe a-t-elle vraiment lieu où nous pensons? Sur le Soleil rien ne va rendre à Dyrcona le bonheur perdu de Colignac et de Cussan. Son front peut bien toucher aux astres, pour reprendre le mot d'Horace, autrement dit son imagination peut bien créer un autre monde, son cœur reste auprès de ses amis. La terre qu'il déteste, c'est malgré lui malgré elle le monde auquel il appartient.

La Terre est aussi matériau poétique. Non, sans doute, la Terre des hommes, martyrisée, déchue de sa première innocence; mais la Terre originelle, Terra Mater, intacte, que nul pied n'a foulée, et où l'on peut de nouveau célébrer les rites sacrés de la Nature, depuis longtemps oubliés. Un sentiment très vif, même irrépressible, de la nature terrestre provoque infailliblement chez Cyrano,

---

1. O. C. Belin, pp. 453-454.
2. Ibid., p. 448.
3. Ibid., p. 455.
4. Ibid., p. 430.
5. Ibid., p. 423.

lorsque l'occasion se présente, un afflux poétique. L'imagination alors déborde toujours le dessein de la raison. C'est pourquoi dans l'épisode du Paradis Terrestre dont la visée « philosophique » ne fait pas de doute il ne peut cependant s'empêcher d'inclure un passage ouvertement lyrique, qu'il place en tête [1], peut-être précisément pour s'en délivrer.

Ce sont deux pages qui mériteraient d'être étudiées dans le plus petit détail, mais à propos desquelles nous devrons nous borner aux remarques essentielles. Ce texte de la description du Paradis Terrestre diffère assez peu du texte de la *Lettre Diverse XI* (Autre, D'une Maison de Campagne). Alors que beaucoup de commentateurs pensent [2] que le passage de *L'Autre Monde* est une reprise de la Lettre, nous pensons au contraire que le texte de la lettre, plus élaboré, mieux équilibré, plus riche de sens métaphorique, en est un état postérieur. Nous nous trouvons par conséquent devant une sorte d'ébauche, déjà tout à fait remarquable, d'hymne à la nature du Premier Jour. Mais curieusement, le paysage sur lequel le poète s'extasie est, nous le savons, non un paysage imaginaire, mais plus probablement un de ses paysages préférés de la campagne de Chevreuse; le Paradis Terrestre n'est rien d'autre qu'un petit coin d'Ile de France, un petit paradis sur terre. Une telle description révèle à la fois le type de paysage qui émeut Cyrano, la façon dont il retranscrit cette émotion et la poétise dans son texte.

C'est à la suite de Dyrcona que nous pénétrons dans l'Eden. Et la vue que nous en avons, les perceptions que nous en recevons sont les siennes [3], elles n'ont rien d' « objectif »; souvent même le paysage perçu disparaît pour faire place à un paysage transcendé par l'imagination. Ce qui se voit, se touche, se hume, s'entend, doit être complété de l'appréhension d'un surréel. Le paysage a une âme, une histoire secrète. Deux premières impressions donnent le ton : d'abord les choses ont conservé leur « vertu » d'origine, « l'ame invisible des simples » passe directement à l'odorat; de même les fleurs seront sans apprêts et n'auront que la Nature pour jardinier. Ensuite toute cause de douleur s'y trouve supprimée, les « petits cailloux » ne sont ni « rabotteux ny durs »; et si la présence du mal se manifeste c'est pour s'évanouir aussitôt : les plantes vénéneuses sont mort-nées. Mais la proximité du jardin d'Eden avait déjà été suggérée par un détail topologique, l'existence des « quatre grandes rivieres », analogues à celles que nomme la Bible [4]. Autre signe, l' « Estoille à cinq avenues », donc à cinq branches, étoile selon Pythagore figure de la perfection.

Le spectacle prodigieux commence par des arbres; pas n'importe

---

1. O. C. Belin, pp. 367-368.
2. C'était l'opinion de Lachèvre; c'est toujours celle de L. Erba.
3. « *Je rencontré d'abord... en promenant mes yeux..., puis les précipitant... mon œil... ma main...* ».
4. Genèse 2, 10 : « *Un fleuve sortoit d'Eden pour arroser le jardin et de là il se divisait pour former quatre bras, etc...* ».

quels arbres : des chênes, arbres rois [1]; spectacle vertical qui barre
l'horizon, force le regard jusqu'au ciel; attachés à la Terre mais
d'une puissance et d'un dynamisme tels qu'ils semblent un élance-
ment vers le plus haut, à la fois terrestres et célestes, liens indestruc-
tibles entre la terre nourricière et le ciel chargé d'astres, vivants
et monstrueux piliers du temple de la Nature où sont enfin récon-
ciliés les deux contraires dans un cosmos innocent que baignent les
conjonctions d' « influences » élémentaires. Ainsi l'arbre chez
Cyrano est-il un végétant privilégié, symbole de force, de vie et
de sensibilité, et qui a le ciel pour vocation : les Chênes de Dodone
sont à leur place sur le Soleil. La nature visible, transfigurée,
s'anime d'une vie démesurée; l'œil doit refuser les limites de la
terre; la nature perçue est à la taille de l'univers.

Au terme de la série de métaphores très énergiques par lesquelles
il suscite notre imagination des chênes, Dyrcona-Cyrano introduit
dans un hémistiche une image, « au lit des elemens », qui ramène
le regard au plan horizontal. Le texte passe donc comme naturellement à la description du Paradis Terrestre au ras du sol, dans
toute son étendue; peut-être le voyageur a-t-il continué d'avancer
en contemplant le ciel; il se retrouve soudainement au milieu d'un
champ innombrable de fleurs, dont la dispersion et l'abondance
se marquent dans la composition même de la phrase. Parfum avant
toute chose, qui a pouvoir de revigoration parce que rien d'arti-
ficiel ni surtout d'humain n'est venu en altérer la source. L'absence
de l'homme, sous-entendue dans le texte, est, nous nous en con-
vainquons peu à peu, ce qui explique que la nature du jardin d'Eden
se soit conservée pure et efficace. Lieu de sérénité, il n'y naît que
les luttes aimables de la rose et de la violette, dont les taches vives —
« incarnat » et « azur esclatant » — viennent inonder de couleur
un tableau jusqu'ici en noir et blanc. C'est la gaieté, la vie, le foi-
sonnement; c'est l'éternel Printemps : « la le printemps compose
touttes les Saisons », alexandrin lyrique.

Commencé sur le mode majeur, l'hymne à l'Eden passe insensi-
blement au mode mineur où les bémols suaves invitent à la rêverie.
Aux plus vastes tableaux succède la peinture par touches; les
petites phrases avancent à la cadence des anaphores qui corres-
pondent aux découvertes de l'œil ou de l'oreille. Ruisseaux,
murmures métaphoriques d'un lieu sacré où les choses parlent
aux choses. Les bruits suscitent les mouvements, les mouvements
réveillent les bruits, dans une nature parfaite où l'être emplit
exactement sa fonction, où l'oiseau est une vivante métaphore
et la forêt son domaine obligé. Bruits, murmures, voix, qui se
multiplient comme dans l'orchestre tout à coup monte et d'instrument à instrument se multiplie la symphonie des cordes et des
cuivres; culmination sonore au sommet de laquelle le poète croit
reconnaître l'oiseau-chant, l'oiseau-musique, le rossignol, et qui
métamorphose la nature inanimée en un royaume de vie où la

---

1. Arbres qui dans nos mythologies ont quelque chose de sacré, un caractère divin.
Cf. les Chênes de Dodone.

venue très féminine d'Echo ajoute à la fois un élément de surnaturel mythologique et le sentiment d'une présence familière.

Puis de nouveau, brièvement, le regard se fait contemplatif; il se porte plus loin, vers deux coulées de la palette où le peintre rieur et heureux retrempe son pinceau, « vert guay », vert brillant et précieux :

> « dont le vert guay continu
> faict une emeraude à perte de veue [1] ».

Mais telle est la profusion dont Dyrcona-Cyrano veut nous donner le sentiment, si éprouvante la mobilisation des sens submergés par la beauté, la richesse et l'intimité des objets qui les captivent, que brusquement, comme dans un tableau de Sisley regardé de trop près, le pointillisme engendre la confusion, la vue s'émiette, l'œil pris de vertige se perd dans l'agitation désordonnée des fleurs « pour eschapper aux caresses du vent » — (encore un beau décasyllabe). A mesure que le malaise de l'œil s'accroît, la métaphore initiale s'amplifie [2]; la prairie devient « ocean », « mer sans visage »; et l'esprit qui a besoin du repère de la limite s'inquiète devant l'infini, monstre endormi que l'imagination vient de réveiller.

C'était une angoisse inutile, éphémère en tout cas, qu'un astucieux calembour (« fin du monde ») désamorce et que l'intrusion d'une locution stéréotypée de la poésie amoureuse (« lieux si charmans ») abolit. Pour la seconde fois l'écrivain nous propose le thème fécond, le spectacle béni de la réconciliation du Ciel et de la Terre. Nous sommes dans l'espace et dans le temps d'avant la chute, d'avant la séparation et le morcellement du Cosmos. L'harmonie retrouvée s'exprime immédiatement dans le verset suivant par un alexandrin tout résonnant d'allitérations (« Au milieu d'un tapis si vaste et si parfaict »), et où la prairie réapparaît pour ses qualités apaisantes : elle est la figure même de l'unité, de la planéité, c'est le monde à plat. Toute la phrase d'ailleurs, lue continuement, fait une strophe d'alexandrins et d'hexasyllabes plus ou moins parfaits; preuve que cette nouvelle scène champêtre a vivement ému l'auteur qui y chante le bonheur des yeux. A l'eau murmurante s'est substituée l'eau-couleur de métal précieux, proche de la matière originelle, que cerne la couleur touffue d'un gazon piqueté des pointes indiscrètes de la blanche « pacquerette », du « bacinet » jaune d'or, et de la « violette »; fleurs familières, vision attendrissante de la Nature où cependant le poète ramène le regard à l'élément liquide, l'eau-miroir qui multiplie l'émerveillement.

Les objets, d'abord hybrides, choses-êtres, sont progressivement personnifiés. La description se refuse ici en tant que telle; comme précédemment dans cet hymne, elle cherche à se cacher derrière un détour anecdotique. Ainsi par la personnification de la fontaine, « jeune », « polie », unie, Dyrcona-Cyrano ne veut pas

---

1. Dans ces deux pages le lecteur remarquera certainement le nombre des décasyllabes.
2. Avec l'aide de l'anadiplose.

seulement échapper à la banalité; non content de retracer pour nous le dessin des « grands cercles » d'un ruisseau dans un pré, il suggère l'idée d'un attachement de l'objet au lieu, lieu qui a donc quelque chose d'unique, lieu privilégié, qu'on ne peut abandonner sans douleur; cette idée ne serait pas apparue dans une simple description. La féminisation de la fontaine, de son eau, lui permet en outre d'introduire dans la trame de la rêverie des éléments de sensualité, de sexualité même; le refus n'efface pas le geste et n'empêche pas le contact auquel il est postérieur; la présence de Dyrcona jusqu'à ce moment très abstraite et intellectuelle (même l' « œil » était quelque peu désincarné) surgit dans la mention de sa main, attribut animal. D'une manière très expressive Cyrano reprend et renouvelle l'image mythologique de la Naïade.

Le tableau final commence par une scène familière, scène bucolique dont la quotidienneté reste trompeuse; en fait, jouant sur le rythme impair, Cyrano y retrouve le thème du « petit monde renversé » *(Lettre Diverse VII)*, précisé par un antagonisme entre la Terre et la Lune, et dont il retarde autant qu'il peut le dévoilement pour mieux préparer, par un jeu de mise en scène où le point de vue passe de l'auteur aux personnages, l'image finale dans laquelle la métaphore se double d'une antithèse. Une troisième fois le Ciel et la Terre sont réunis; mais cette fois-ci c'est le Ciel qui a fait tout le chemin : n'est-ce pas cela aussi le Paradis Terrestre?

La poésie cyranienne se caractérise donc par la création spontanée de groupes rythmiques où domine le nombre pair. Pour transcrire le Beau l'écrivain n'hésite jamais à recourir à des moyens qui nous paraissent dans leur nature même traditionnels, mais dont l'usage dans un contexte romanesque est assurément peu fréquent au XVIIᵉ siècle. Cependant la vivacité de cette poésie procède de ce que le texte traduit une expérience personnelle qui est l'accomplissement fugace d'un rêve depuis toujours poursuivi, et de ce qu'il nous lance une invitation à l'imaginaire.

Quelque cent pages plus tard [1] est-ce en poète encore qu'il reviendra sur la symbolique de l'arbre? Le ton a changé; la poésie proche du cœur où perlait l'émotion, où les thématiques éprouvées ne submergeaient pas la naïveté, où les détours d'expression n'éteignaient pas la sincérité, a fait place à une poésie de la féérie, dans laquelle prévaut l'ornement. Ne se déroule plus un paysage-parcours, mais un objet s'offre de lui-même à la vue en tant que spectacle. Cet essai de poétisation en dépit de son objet ne peut être confondu avec une production « précieuse [2] », puisque l'objet décrit se distingue par l'énormité de ses dimensions; le regard de Dyrcona n'est point celui d'un joaillier émerveillé. Les impressions qu'il ressent à la mesure de l'arbre géant, sont fortes; et le tableau qui s'organise sous l'œil frappe par la structuration de ses éléments constitutifs et la violence de ses contrastes de couleurs. La présence

---

1. O. C. Belin, p. 456.
2. Au sens littéraire du terme.

et la place du Rossignol soulignent le caractère architectural et
finalement presque académique du paysage. Le lecteur se rend
compte que les phrases où règne l'impair ne naissent pas du même
registre de sensibilité, ne supposent pas une même cristallisation
poétique qu'au jardin d'Eden. L'écrivain ici moins poète que rhé-
teur s'empêtre parfois dans les complications et les sinuosités d'une
expression qui à force de vouloir échapper au commun s'alour-
dit. Il est ainsi évident que Cyrano compose, qu'il se préoccupe
de raconter une histoire dont l'apparition de l'arbre féerique
n'est qu'un premier temps et où il ne se confie point.

En revanche tout le début de l'épisode des Chênes de Dodone
sera pour lui l'occasion de renouer avec une inspiration personnelle, celle de la Nature immédiatement perçue, aimée, dans un
face-à-face privilégié. Le sentiment de la Nature ne peut surgir
et s'épanouir que dans les conditions du tête-à-tête; le poète
a besoin de la Nature pour soi. C'est l'heure de la rêverie, d'un
abandon bienheureux, d'une fusion dans le monde des éléments :

> « Mais comme enfin
> je me trouvay tout à fait amoly
> de lassitude,
> je me laissai couler sur l'herbe.
> Ainsy étendu à l'ombre de ces arbres,
> je me sentois inviter au sommeil
> par la douce fraischeur
> et le silence de la solitude [1]... »

Une atmosphère se crée. La thématique de la paix entre l'homme et
la Nature, et du bonheur universel, se gorge d'appels de sensibilité.
Un peu plus loin, même la joliesse maniérée des amours de l'arbre
et de la terre, où la métaphore naturaliste s'ajuste au réel, exprime
la tendresse inépuisable du poète pour le monde vivant. Solitude
et silence, silence et solitude, termes indissociables dans l'acces-
sion à la rêverie poétique; la forêt où le voyageur solitaire s'arrête,
où ses sens assoupis s'égarent, souffle dans son âme le silencieux
message de la plénitude de l'être :

> « N'avez-vous point pris garde
> à ce vent doux et subtil
> qui ne manque jamais
> de respirer
> à l'orée
> des Bois ?
> C'est l'haleine de leur parole [2]... »

1. O. C. Belin, p. 477.
2. Ibid., p. 479.

CONCLUSION

Le scepticisme

Si l'on entend par conclusion le jugement qu'il faut à la fin des fins porter non sur le livre que l'on a lu — qui est toujours un peu au-delà de tout jugement, — mais sur les résultats de la lecture qu'on en a faite, notre tâche n'est pas simple. Le livre lui-même accumule les pièges pour le lecteur, et sa transparence n'est le plus souvent que le masque séduisant du douteux. Nous croyons, nous espérons, avoir démontré de façon convaincante, cependant, que la multiplicité des lecteurs et des interprétations provenait moins de l'ambiguïté réelle du roman que de la conjonction d'un projet sceptique chez l'auteur et de présupposés disons idéologiques chez les commentateurs.

Parce qu'il avait été de tout temps rangé parmi les libertins, et — ce qui était une raison supplémentaire de le condamner — parmi les libertins dissidents, extravagants, difficiles à enfermer dans les catégories de l'histoire littéraire; parce qu'on était persuadé qu'il ne pouvait pas ne pas exprimer sans détours une philosophie rebelle, subversive, donc athée et matérialiste; parce qu'on se faisait une idée comme stéréotypée et reposant sur des schémas peu évolutifs, de la littérature, et en particulier de la littérature de cette époque; pour toutes ces raisons, on a pris le risque de commettre des contre-sens, quand ce n'était pas — et nous pensons à Lachèvre — des injustices s'appuyant sur l'usage de contre-vérités; on a continué de lire *L'Autre Monde* à la manière de ses contemporains les moins ouverts, en refusant d'adapter sa lecture, sans souci de témoigner un autre sens critique. C'est ainsi qu'on fait encore grief à Cyrano par exemple d'avoir, contre les leçons de l'école officielle et la minorité la plus rétrograde de l'Église, laissé certains de ses personnages proclamer l'infinité du monde ou leurs doutes sur la littéralité du message biblique dans la Genèse. Outre que cette lecture confond dangereusement le romancier et ses personnages et trahit les règles élémentaires du travail de critique littéraire, elle n'a de sens que si l'on refuse aux hommes la possibilité d'un savoir-mieux qui interdit le dogmatisme : quel chrétien ne reconnaîtrait aujourd'hui en Cyrano, disciple de Giordano Bruno, une sorte de précurseur de théologiens modernes, d'un Teilhard de Chardin?

Ce n'est pas, certes, qu'au terme de notre étude nous prétendions découvrir dans ce roman une œuvre de foi ou d'édification. Bien au contraire notre interprétation d'ensemble s'est affermie : la leçon de *L'Autre Monde* en est une de scepticisme. Mais il ne s'agit pas de ce scepticisme dont on qualifie l'attitude des grands libertins érudits et qui se donnerait pour unique fin de mettre en doute les « vérités chrétiennes ». Cyrano, plus radical, est peut-être plus honnête : la seule chose qu'il avoue savoir, c'est qu'on ne peut pas savoir; nos connaissances se réduisent à des constructions verbales, discours indiscrets et surabondants qui s'opposent, ou plutôt se superposent, les uns aux autres. Même si le raisonnement scientifique, qui fait appel à l'observation, la réflexion et l'expérience, est une activité intellectuelle recommandable et semble promettre quelque progrès vers une vérité, même si un essai d'explication du monde comme celui des Chênes de Dodone contient quelque « sagesse » et peut procurer une tranquillité de l'esprit, Cyrano fait un bilan sévère des systèmes de savoir de son temps. *L'Autre Monde* récuse et la science optimiste et totalitaire, et le mythe harmonieux et rassurant.

Un exemple confirmatif :
le Fragment de Physique

De ce scepticisme, ou de ce que nous avons pu appeler l'incrédulité de Cyrano, un texte comme le *Fragment de Physique* apporte une nouvelle preuve. Démuni de tout document qui lui permettrait de retracer la genèse de ce *Fragment*, le commentateur se voit contraint à des conjectures : les plus enthousiastes cyraniens ont cru que Cyrano avait été le maître de J. Rohault dont le *Traité de Physique* publié en 1671 présente avec le *Fragment* des analogies troublantes; d'autres ont au contraire prétendu que c'était Rohault qui avait inspiré Cyrano, et que celui-ci n'avait fait en somme que prendre des notes de cours; quelques-uns sont même allés jusqu'à supposer que le *Fragment* était de Rohault qui l'aurait publié sous le nom de Cyrano pour éprouver un peu l'opinion publique et savoir comment le *Traité de Physique* à-venir serait reçu. Cette dernière hypothèse ne résiste pas à la réflexion; les deux autres, quoique moins invraisemblables, ont quelque chose d'excessif, mais il importe peu car, maître ou disciple, Cyrano dans son *Fragment* indique clairement des choix qui lui sont propres.

Comme Rohault, Cyrano reçoit les enseignements généraux de

la Physique cartésienne. Il suit Descartes sur l'indéfinité du monde, la divisibilité de la matière, le problème du vide et de la raréfaction, le mouvement et le « lieu »; il reprend à peu près ses définitions de la sensation, ou de la matière en tant que « étendue », etc... Il sacrifie donc à l'orthodoxie cartésienne sur des points importants traités par le philosophe mathématicien dans *Les Principes de la Philosophie, Le Monde,* ou *L'Homme.* Mais il s'en distingue aussi nettement sur des points caractéristiques de ses préoccupations. En effet dans la Première Partie de la table de ce qui serait devenu sa Physique, Cyrano, parlant de la nécessité pour le savant de vérifier toujours ses hypothèses par des expériences — ce qui n'est plus tout à fait du Descartes, — écrit en toutes lettres : « Que d'une disconvenance manifeste s'ensuit la fausseté absolue de nostre suposition, et que de la convenance generale à toutes les aparences, il ne s'ensuit que la simple vraysemblance. Que la Physique ne peut estre qu'une Science conjecturale. Que son incertitude est augmentée par l'ignorance dans laquelle nous sommes des secrets de Dieu. »

Autrement dit, sur le problème fondamental de la vérité et de la certitude, Cyrano s'oppose en sceptique à l'optimisme cartésien, il affirme que l'existence de Dieu même, qui conserve ses « secrets », ne peut lever le doute hyperbolique; il exprime franchement l'idée que nous avions cru déceler dans *L'Autre Monde,* qu'il n'y a de science que du vraisemblable. D'ailleurs il consacre à cette réflexion tout son chapitre II; et, conscient de la relativité de notre jugement et de nos moyens de connaissance, il conclut : « C'est pourquoy tout ce que nous pouvons juger en faveur de notre hypothèse, c'est de la faire passer pour vray semblable, et non pas pour vraie. » Comment ne pas penser que d'une certaine façon c'est aussi Descartes qu'il vise lorsqu'il ajoute :

« Donc encore que par la Physique on puisse se proposer (comme nos superbes et ridicules Pedans) une connoissance certaine et évidente des choses dans leurs causes, qui est à la verité ce qu'on pouroit souhaiter, nous ne le devons pas attendre de la foiblesse de nos raisonnemens, à moins que nous ne fussions aidez des revelations d'un Dieu qui ne peut manquer, et dont la conduite est à l'avanture toute autre que ce que nous nous figurons. C'est ce qui doit encore augmenter notre incertitude, et nous empescher de parler avec bravade »?

L'Autre Monde et les systèmes écrits

Le renvoi implicite ou explicite à d'autres livres constitue un des fils conducteurs de la trame du roman cyranesque. Nous ne nous trouvons nullement devant une somme où l'auteur aurait entassé — certains, nous le savons, ont parlé bien à tort de plagiat — toutes les connaissances acquises par d'autres, prédécesseurs ou contemporains. Cyrano n'est pas un héritier du XVIᵉ siècle. Son roman est le livre des livres dans un sens bien particulier. Lors de son voyage dans la Lune ou sur le Soleil, ce sont des livres que rencontre Dyrcona; des livres qui deviennent des personnages; des personnages qui par leurs discours reproduisent des systèmes écrits, engendrent des épisodes, fabriquent le texte du roman. Dans la Lune le Démon de Socrate nous renvoie à Sorel, Gonsales à Godwin, les philosophes Séléniens aux œuvres libertines; dans le Soleil tous les personnages sortent de livres qu'ils incarnent, auxquels ils prêtent leur voix, et qui suscitent jusqu'à leur moindre propos. Il n'est pas invraisemblable que l'œuvre de Campanella ait procréé *Les Estats et Empires du Soleil*.

Mais qu'on ne s'y trompe pas, Cyrano se soucie fort peu de reprendre les textes d'autrui pour en célébrer les mérites. La répétition chez lui a fonction critique, la recréation se veut le moyen le plus efficace de la dénonciation. Par là il y aurait quelque analogie entre l'entreprise philosophique de *L'Autre Monde* et l'intention satirique de Sorel dans *Le Berger Extravagant*, au premier temps. A l'origine des aventures de Dyrcona se trouve probablement l'idée d'une mise en texte romanesque des aventures d'un lecteur du demi-siècle. Dans *L'Autre Monde* ainsi considéré, tout naturellement les discours qui, au cours des épisodes, ont pour fin de révéler puis de mettre en question des pensées systématisées en écrits, deviennent de plus en plus abondants, parfois même aux dépens d'un récit qui est la part propre de Dyrcona; le dialogue se raréfie, les formes romanesques traduisent l'accroissement du dogmatisme chez les interlocuteurs du voyageur de l'espace, naguère invité à parler ou au moins introduit par un artifice rhétorique dans les soliloques, maintenant réduit pratiquement au silence absolu, de même qu'il est ballotté au gré des inventions de Campanella.

Libération par le texte

En même temps qu'il propose une condamnation, le roman de Cyrano porte au cœur de sa fiction une volonté libératrice, et pour ainsi dire cathartique. Pour éclairer son lecteur, ranimer sa faculté de jugement, redonner de la vigueur à son sens critique affaibli par la pratique quotidienne de « vérités » que bien peu ont encore le courage de contester, pour épurer sa réflexion de toutes les données parasitaires, l'auteur recourt à des procédés familiers : la conversation entre personnages qui pèsent le pour et le contre l'un de l'autre, le dialogue déséquilibré où la logorrhée de l'un rend suspecte sa démonstration, l'habile pastiche qui détruit de l'intérieur le langage stéréotypé ou idéologique. Ironique ou naïf, Dyrcona est donc toujours un interlocuteur nécessaire, puisque — la chose est notable — nul autre que lui n'a droit aux confidences des Séléniens ou des Solaires qui ne conversent pas entre eux : à peine peut-on à un moment parler d'une ébauche de discussion entre « le filz de l'hoste » et le Démon de Socrate; Dyrcona, d'ailleurs, finit par faire le va-et-vient du premier au second. Personne interposée, le personnage central, qui sans doute n'est pas le personnage principal du roman, devient en ces cas une fonction, un truchement, plus qu'il n'est un héros au sens classique. Même la mise en images du texte ne contribue pas pour peu au développement et à l'enrichissement du thème de la libération. En effet, au point de départ de toutes les « situations » de Dyrcona remarquons la constance d'un fait : il est retenu, enfermé, comme prisonnier. Enserré dans le groupe trop étroit de ses amis, enclos dans les frontières de l'ignorance, la sienne et celle des autres, rivé au globe terrestre, mis sous clef dans les prisons toulousaines après avoir été happé par la foule paysanne, il est jusque dans ses rêves voué à des « cavernes », « arresté... (par) quelque muraille », « saisi... (par ses) ennemis », vaincu et accablé par la pesanteur. Le ciel ouvert l'attend, l'aspire comme il y aspire; il s'élance chevauchant ses étranges machines, à la contrainte desquelles il finit par échapper; les sphères aristotéliciennes s'effacent devant lui, les barrières de l'univers dénoncées par la pensée nouvelle s'évanouissent; le Cosmos débridé lui promet l'infini. Et pourtant l'histoire lui prépare dans la Lune et sur le Soleil les mêmes tristes mésaventures; encerclé par la multitude des Séléniens, comme il le sera par « plus d'un million de toutes sortes d'especes d'oiseaux », le voici jeté en cage, livré à la foule, réduit aux dimensions du plus exigu et du plus absurde des mondes clos. Il n'en sort que pour subir les discours sectaires de ses compagnons de rencontre qui l'enferment et s'enferment dans leurs contradictions.

Dyrcona manque sa tentative d'échappée, revient sur terre non sans quelque soulagement, pousse obstinément sa course vers les parties obscures du Soleil, où niche le Royaume de Philosophie, comme si la pleine lumière lui faisait mal, comme s'il lui fallait bien — et à nous avec lui — se résigner à ne savoir qu'obscurément, ayant à peine le pouvoir de chasser les ombres projetées des grands hommes du Passé dépassé. Là-haut, dans cet imaginaire au ciel appliqué, Dyrcona révèle et réveille les mêmes monstres endormis qu'ici-bas. Mais puisque l'ailleurs du rêve répète l'ici-maintenant du réel, n'est-ce pas que l'auteur porte en lui, transporte avec lui, ces structures, ces refus, ces peurs? Les démons sont en lui, et à ces démons-là il ne peut s'arracher. Le voudrait-il? Ne réussit-il pas ainsi à s'accomplir dans le NON qu'il profère?

Ni vraiment confession d'un apprentissage intellectuel, ni fidèle miroir d'une âme (de la confusion d'une âme), L'Autre Monde pourrait abolir les irrémédiables distances entre l'œuvre de fiction et l'essai « philosophique », en renouvelant la pédagogie du déniaisement, en substituant à la leçon doctrinale les plaisirs d'un récit qui joue sur la symbolique du voyage interplanétaire. Mais Cyrano ne fait pas appel en vain à l'imaginaire. Si selon le mot de Breton, dans le *Manifeste du Surréalisme,* « le merveilleux est toujours beau, n'importe quel merveilleux est beau, il n'y a

même que le merveilleux qui soit beau », non seulement le roman
de Cyrano se prêterait à une lecture surréaliste sensible au déploie-
ment de l'insolite, mais par la grâce de son sujet et de ses thèmes
il donnerait source à une poésie essentielle. Il est vrai qu'ici le
langage, dont Cyrano dénonce les avatars et les trahisons chez
les autres, et qu'il utilisait d'abord en moyen de faire justice,
devient enfin lieu, instrument obsédant de jouissance.

BIBLIOGRAPHIE

1. LES PRINCIPALES ÉDITIONS DE L'AUTRE MONDE

Œuvres Comiques, galantes et littéraires de Cyrano de Bergerac, par P.-L. Jacob, Paris, Garnier Frères, 1858-1900, *Ibid.*

Les Œuvres libertines de Cyrano de Bergerac, parisien (1619-1655), par F. Lachèvre, Paris, H. Champion, 1921.

L'Autre Monde (texte complet des *États et Empires de la Lune ;* extraits des *États et Empires du Soleil*). Préface et commentaire par H. Weber. Paris, Éditions Sociales, 1959.

Voyage dans la Lune, présenté, par M. Laugaa. Paris, Garnier-Flammarion 1970.

Cyrano de Bergerac, Œuvres complètes, texte établi et présenté par Jacques Prévot. Paris, Belin, 1977.

2. SOURCES IMPRIMÉES : PRÉDÉCESSEURS, CONTEMPORAINS ET SUCCESSEURS DE CYRANO

BAUDOIN (Jean). *L'homme dans la lune, ou le Voyage chimérique fait au monde de la lune.* (Traduit Fr. Godwin.) Paris, 1648.

BOREL (Pierre). *Discours nouveau prouvant la pluralité des mondes.* Genève, 1657.

BRUNO (Giordano). *Opere di G. Bruno.* Lipsia, Weidmann, 1830.

Giordani Bruni opere latine conscripta. Neapoli, apud D. Morano, 1879-1891.

Le opere italiane di G. Bruno, ristampate da Paolo de_Lagarde. Gottinga, Horstmann, 1888.

CAMPANELLA (Tommaso). *Opere di Giordano Bruno e di Tommaso Campanella, a cura di A. Guzzo e R. Amerio.* Milano-Napoli, 1956.

La Cité du Soleil. Éd. Luifi Firpo, trad. A. Tripet. Genève, Droz, 1972.

GODWIN (Francis). *The man in the Moone, or a Discourse of a voyage thither,* by Domingo Gonsales. London, 1638.

LUCIEN (De Samosate). *Œuvres complètes.* Éd. Eugène Talbot. Paris, Hachette, 1857.

LUCRECE. *De Rerum Natura.* Par A. Ernout. Paris, Les Belles Lettres, 1960-1962.

MORE (Thomas). *Le traité de la meilleure forme de gouvernement, ou l'Utopie.* Par M. Delcourt. Bruxelles, la Renaissance du livre, s.d.

PLUTARQUE. *Les Œuvres morales et philosophiques de Plutarque, tranlatées de grec en françois par Messire J. Amyot.* Paris, chez Claude Morel, 1618.

Œuvres morales et œuvres diverses, trad. en français par V. Bétoland. Paris, 1870.

Œuvres morales. Paris, Les Belles Lettres, 1972.

ROHAULT (Jacques). *Entretiens sur la Philosophie.* Paris, Le Petit, 1671.

WILKINS (John), *Discovery of a New World, or a Discourse tending to prove that it is probable there may be another habitable World in the Moon.* London, 1638.

Discourse concerning a New Planet : tending to prove that it is probable Our Earth is one of the Planets. London, 1640.

Le monde dans la lune divisé en deux livres. Traduction de La Montagne. Rouen, 1655.

3. MONOGRAPHIES CONSACRÉES A CYRANO DE BERGERAC

ALCOVER (Madeleine). *La pensée philosophique et scientifique de Cyrano de Bergerac.* Paris, Minard, 1970.

BALCARCEL (L.-M.). *Une étude des thèmes philosophiques dans l'œuvre de Cyrano de Bergerac.* Thèse. Université de Birmingham : 1969-1970.

BRIDENNE (J.-J.). *A la recherche du vrai Cyrano de Bergerac,* in *Information Littéraire,* 1953.

Cyrano de Bergerac et la science aéronautique, in *Revue des Sciences humaines,* 1954.

BRUN (Pierre-Antonin). *Savinien de Cyrano Bergerac.* Paris, A. Colin, 1893.

Savinien de Cyrano Bergerac. Gentilhomme Parisien. L'Histoire et la Légende. De Lebret à M. Rostand. Paris, H. Daragon, 1909.

CANSELIET (Eugène). *Cyrano, philosophe hermétique,* in *Essays in criticism,* Alchimie. Paris, 1964.

CHAMBERS (Ross). *L'Autre Monde, ou le mythe du libertin*, in *Essays in French Literature*, Nedlands, Nov. 1971.

HARTH (Erica). *Cyrano and the polemics of modernity*. New York, Columbia U.P., 1970.

HARVEY (Howard G.). *Cyrano de Bergerac and the question of human liberties*. Symposium, IV, 1950.

JUPPONT (P.). *L'Œuvre Scientifique de Cyrano de Bergerac*. Mémoires de l'Académie de Toulouse, VII, 1907.

LANIUS (E. W.). *Cyrano de Bergerac and the universe of the imagination*. Genève, Droz, 1967.

LAUGAA (Maurice). *Lune, ou l'Autre*, in *Poétique 1*, 1970. *Cyrano : Sound and language*, in *Yale French Studies*, n° 49, 1973.

LAVERS (A.). *La croyance à l'unité de la science dans L'Autre Monde de Cyrano*. Cahiers du Sud 47, 1958.

LIGER (Christian). *Les cinq envols de Cyrano*, in N.R.F. 26, 1965.

MONGREDIEN (Georges). *Cyrano de Bergerac*. Paris, Berger-Levrault, 1964.

MOUNIN (Georges), *Cyrano de Bergerac et Pascal*, in J. *Tortel, Le Préclassicisme Français*. Paris, les Cahiers du Sud, 1952.

TOLDO (Pietro). *Les voyages merveilleux de Cyrano de Bergerac et de Swift, et leurs rapports avec l'œuvre de Rabelais*, in Revue des Études Rabelaisiennes, 1906 et 1907.

VAN BAELEN (Jacqueline). *Reality and illusion in L'Autre Monde : the narrative voyage*, in *Yale French Studies*, n° 49, 1973.

4. OUVRAGES GÉNÉRAUX — OUVRAGES DE RÉFÉRENCES

ADAM (Antoine). *Théophile de Viau et la libre pensée française en 1620*. Paris, Droz, 1935.
Histoire de la Littérature Française au XVIIe siècle. Paris, Del Duca, 1962.
Les Libertins au XVIIe siècle. Paris, Buchet-Chastel, 1964.

ATKINSON (Geoffroy). *Les Relations de Voyages du XVIIe siècle et l'Évolution des Idées*. Paris, E. Champion, 1920.

BACHELARD (Gaston). *La Formation de l'esprit scientifique*. Paris, Vrin 1938.
Poétique de l'espace. Paris, P.U.F., 1957.
La Poétique de la rêverie. Paris, P.U.F., 1960.
L'air et les songes, Paris, J. Corti, 1968.

BLOCH (Olivier René). *La Philosophie de Gassendi*. La Haye, Martinus Nijhoff, 1971.

BOUTROUX (Pierre). *L'Enseignement de la mécanique en France au XVIIe siècle*. Isis IV, 1921-1922.

BRIDENNE (J.-J.). *La littérature française d'imagination scientifique.* Paris, 1950.

BUSSON (Henri). *La Pensée Religieuse française de Charron à Pascal.* Paris, Vrin, 1933.

CHARBONNEL (Roger). *La pensée italienne et le courant libertin.* Paris, Champion, 1909.

Colloque international de l'université libre de Bruxelles, 1961. *Les Utopies à la Renaissance.* Paris, P.U.F., 1963.

CORNELIUS (Paul). *Languages in seventeenth and early eighteenth century's Imaginary voyages.* Genève, Droz, 1965.

DUHEM (Jules). *Histoire des idées aéronautiques avant Montgolfier.* Thèse, Univ. de Paris, 1943.

Musée aéronautique avant Montgolfier. Univ. de Paris, 1944.

FLAMMARION (Camille). *Les Terres du Ciel.* Paris, Didier, 1877.

GUYENOT (E.). *Les Sciences de la vie aux XVIIe et XVIIIe siècles.* Paris, A. Michel, 1941.

HAZARD (Paul). *La Crise de la conscience européenne.* Paris, Boivin, 1935.

KOYRE (Alexandre). *Du Monde Clos à l'Univers Infini.* Paris, P.U.F., 1962.

Études Galiléennes. Paris, Hermann, 1966.

Études d'histoire de la pensée scientifique. Paris, Gallimard, 1973.

LENOBLE (Robert). *Mersenne ou la naissance du Mécanisme.* Paris, J. Vrin, 1943.

Esquisse d'une Histoire de l'Idée de Nature. Paris, Albin-Michel, 1969.

MANDROU (Robert). *Introduction à la France Moderne.* Paris, A. Michel, 1961.

Magistrats et Sorciers en France au XVIIe siècle. Paris, Plon, 1968.

La France aux XVIIe et XVIIIe siècles. Paris, P.U.F. 1970.

Des humanistes aux hommes de science. Paris, Seuil, 1973.

MICHEL (Paul-Henri). *La Cosmologie de Giordano Bruno.* Paris, Hermann, 1962.

MOUY (Paul). *Le développement de la physique cartésienne.* Paris, Vrin, 1934.

NAMER (Émile). *La pensée de Giordano Bruno et sa signification dans la nouvelle image du monde.* Paris, C.D.U., 1959.

NICOLSON (M. H.). *Voyages to the Moon.* New York, MacMillan, 1960.

PINTARD (René). *Le Libertinage érudit dans la première moitié du XVIIIe siècle.* Paris, Boivin, 1943.

ROGER (Jacques). *Les Sciences de la vie dans la pensée française du XVIIe siècle.* Paris, A. Colin, 1963.

SPINK (J. S.). *French Free-thought from Gassendi to Voltaire.* London, 1960.

TUZET (Hélène). *Le Cosmos et l'Imagination.* Paris, J. Corti, 1965.

TABLE DES MATIÈRES

Imprimé en France par FIRMIN-DIDOT S.A.
Dépôt légal : 4ᵉ trimestre 1977
N° d'édition : 4062 — N° d'impression : 1386